Radatlas Ruhrgebiet

Die schönsten Radtouren im Ruhrgebiet
Mit Route der Industriekultur

Ein original *bikeline*-Radtourenbuch

Esterbauer

bikeline®-Radtourenbuch
Radatlas Ruhrgebiet

A-3751 Rodingersdorf, Hauptstr. 31
Tel.: +43/2983/28982-0, Fax: -500
E-Mail: bikeline@esterbauer.com
www.esterbauer.com
1. Auflage 2010
ISBN: 978-3-85000-255-4

Bitte geben Sie bei jeder Korrespondenz die Auflage und die ISBN an!

Erstellt in Kooperation mit ConTour

Dank an alle, die uns bei der Erstellung dieses Buches tatkräftig unterstützt haben, im besonderen an Britta Schulz, Wien.

Das *bikeline*-Team:
Heidi Authried, Beatrix Bauer, Markus Belz, Michael Bernhard, Michael Binder, Veronika Bock, Sandra Eisner, Roland Esterbauer, Melanie Grubmüller, Dagmar Güldenpfennig, Carmen Hager, Heidi Huber, Martina Kreindl, Eveline Müllauer, Gregor Münch, Karin Neichsner, Niki Nowak, Julia Pelikan, Petra Riss, Christian Schlechte, Erik Schmidt, Mandy Schwalbe, Michael Smogavetz, Matthias Thal, Martin Wischin, Wolfgang Zangerl.

Umschlagbilder: Martin Wischin: Blick auf Ruhr von Wilke, Tetraeder; Heidi Authried: Rathaus Recklinghausen; **Bildnachweis:** Heidi Authried: 13, 14, 19, 20, 21, 22, 24, 28, 31, 33, 35, 36, 38, 41, 42, 44, 104, 106, 108, 109, 110, 120, 121, 122, 126, 128, 130, 131, 132, 135, 136, 138, 147, 148, 149, 150, 152, 153, 155, 156, 157; MST GmbH: 66, 67, 68; Matrin Wischin: 15, 72, 73, 74, 76, 78, 80, 82, 84, 86, 88, 90, 94, 96, 96, 97, 98, 100, 102, 112, 113, 114, 118, 123, 124, 140, 142, 146, 159, 160, 161, 162, 164; Stadt Herdecke: 50; Touristik-Information Schwerte: 45, 46, 47; Veronika Bock: 48, 52, 53, 54, 56, 58, 62, 64, 69; WinDor GmbH/Iris Klahn: 26

Kartografie erstellt mit axpand
(www.axes-systems.com)

Alle Seiten robust und wetterfest!

wetterfest reißfest

Für die Innenseiten dieses Buches haben wir uns etwas Besonderes einfallen lassen. Sie bestehen aus hochwertigem Landkartenpapier, welches mit einer robusten und wasserabweisenden Beschichtung versehen wurde. Somit übersteht es unbeschadet auch mal einen Regenschauer. Bitte beachten Sie: wasserabweisend heißt nicht wasserfest! Die Seiten sind gut gegen Spritzwasser geschützt, jedoch nicht wasserfest oder abwaschbar.

Dieses Buch wird empfohlen von:

Trekkingbike

VCS • VCÖ • VCD
Verkehrsclubs

Naturfreunde Österreich

1021se/mwmib

bikeline

Was ist bikeline?

Wir sind ein Team von Redakteuren, Kartografen, Geografen und anderen Mitarbeitern, die allesamt begeisterte Radfahrerinnen und Radfahrer sind. Ins „Rollen" gebracht hat das Projekt 1987 eine Wiener Radinitiative, die begonnen hat, Radkarten zu produzieren. Heute tun wir dies als Verlag mit großem Erfolg. Mittlerweile gibt's bikeline® und cycline® Bücher in fünf Sprachen und in vielen Ländern Europas.

Um unsere Bücher immer auf dem letzten Stand zu halten, brauchen wir auch Ihre Hilfe. Schreiben Sie uns, wenn Sie Unstimmigkeiten oder Änderungen in einem unserer Bücher entdeckt haben.

Wir freuen uns auf Ihre Rückmeldung (redaktion@esterbauer.com),

Ihre bikeline-Redaktion

Vorwort

Das Ruhrgebiet, das größte Ballungszentrum Deutschlands, bietet viel Raum, diese touristisch oftmals unterschätzte Region neu zu entdecken. Die Metropole Ruhrgebiet als Industriestandort durchlebte in den letzten Jahrzehnten einen beachtenswerten Strukturwandel. Durch die Schaffung zahlreicher kulturhistorischer Highlights und Industriedenkmäler gilt die Region heute als Erlebnislandschaft mit interessanten Freizeiteinrichtungen und Naherholungszonen. Diese Neuorientierung findet ihren Höhepunkt in der Ernennung von Essen (für das Ruhrgebiet) zur Kulturhauptstadt Europas 2010.

Die Radrouten in der besonderen Naturlandschaft des Ruhrgebiets erweisen sich als interessant und abwechslungsreich. So gibt es auf der Route der Industriekultur vor allem wichtige Zeugen der 150-jährigen Industriegeschichte zu entdecken. Die Touren an den Ausläufern des Ruhrpotts, wie die Rotbach-Route, bestechen durch landschaftliche Idylle und vielfältige Erlebnismöglichkeiten.

Präzise Karten, genaue Streckenbeschreibungen, zahlreiche Stadt- und Ortspläne, Hinweise auf das kulturelle und touristische Angebot der Region und ein umfangreiches Übernachtungsverzeichnis – in diesem Buch finden Sie alles, was Sie zu einer Radtour im Ruhrgebiet brauchen – außer gutem Radlwetter, das können wir Ihnen nur wünschen.

Kartenlegende

Radrouten

Hauptroute, wenig KFZ-Verkehr
- asphaltiert (main cycle route, low motor traffic)
- nicht asphaltiert (main cycle route, unpaved road)
- schlecht befahrbar (main cycle route, bad surface)

Radweg / Hauptroute, autofrei
- asphaltiert (cycle path, without motor traffic, paved road)
- nicht asphaltiert (cycle path, unpaved road)
- schlecht befahrbar (cycle path, bad surface)

Ausflug od. Variante
(excursion or alternative route, low motor traffic)
- asphaltiert (excursion or alternative route, paved road)
- nicht asphaltiert (excursion, unpaved road)
- schlecht befahrbar (excursion, bad surface)

Ausflug od. Variante, autofrei / Radweg
(excursion or alternative route, without motor traffic /cycle path)
- asphaltiert (excursion or alternative route, paved road)
- nicht asphaltiert (excursion, unpaved road)
- schlecht befahrbar (excursion, bad surface)

- sonstige Radrouten (other cycle routes)
- Radweg in Planung (planned cycle path)
- Radweg gesperrt (closed cycle path)
- Fährverbindung (ferry connection)

KFZ-Verkehr (vehicular traffic)

- Radroute auf mäßig befahrener Straße (cycle route with moderate motor traffic)
- Radroute auf stark befahrener Straße (cycle route with heavy motor traffic)
- Radfahrstreifen (cycle lane)
- mäßig befahrene Straße (road with motor traffic)
- stark befahrene Straße (road with heavy motor traffic)

Steigungen / Entfernungen (gradient / distance)

- starke Steigung (steep gradient, uphill)
- leichte bis mittlere Steigung (light gradient)
- 3,2 Entfernung in Kilometern (distance in km)
  Durch Rundungen können Differenzen zu den tatsächlich gefahrenen Kilometern entstehen.
- Kopfsteinpflaster (cobbled street)
- Tunnel (Tunnel)
- 374 5424 UTM-Gitter (2 km) (UTM-grid)
- Routenverlauf (cycle route direction)
- Stadt- /Ortsplan (city map)
- 5 Wegpunkt (waypoint)

Radinformationen

- Fahrradwerkstatt* (bike workshop*)
- Fahrradvermietung* (bike rental*)
- überdachter Abstellplatz* (covered bike stands*)
- abschließbarer Abstellplatz* (lockable bike stands*)
- Gefahrenstelle (dangerous section)
- Text beachten (read text carefully)
- Treppe* (stairs*)
- Engstelle* (narrow pass, bottleneck*)

Nur in Ortsplänen

- Parkplatz* (parking lot*)
- Parkhaus* (garage*)
- Post* (post office*)
- Apotheke* (pharmacy*)
- Krankenhaus* (hospital*)
- Feuerwehr* (fire-brigade*)
- Polizei* (police*)
- Theater* (theatre*)

* Auswahl (* selection)

Maßstab 1 : 75. 000

1 cm ≙ 750 m   1 km ≙ 13,3 mm

0 1 2 3 4 5 6 7 8 9 10 11 12 13 14 15 km

Wichtige bzw. sehenswerte thematische Informationen

- Schönern sehenswertes Ortsbild (picturesque town)
- Einrichtung im Ort vorhanden (facilities available)
- Hotel, Pension (hotel, guesthouse)
- Jugendherberge (youth hostel)
- Campingplatz (camping site)
- Naturlagerplatz* (simple tent site*)
- Tourist-Information (tourist information)
- Einkaufsmöglichkeit* (shopping facilities*)
- Kiosk* (kiosk*)
- Gasthaus (restaurant)
- Rastplatz* (resting place*)
- Unterstand* (covered stand*)
- Freibad (outdoor swimming pool)
- Hallenbad (indoor swimming pool)
- Kirche, Kloster (church, monastery)
- Schloss, Burg (palace, castle)
- Ruine (ruins)
- Museum (museum)
- Ausgrabungen (excavation)
- andere Sehenswürdigkeit (other place of interest)
- Tierpark (zoo)
- Naturpark, -denkmal (nature reserve, monument)
- Aussichtspunkt (panoramic view)

Topographische Informationen

- Kirche (church)
- Kapelle (chapel)
- Kloster (monastery)
- Schloss, Burg (castle)
- Ruine (ruins)
- Turm (tower)
- Funk- und Fernsehanlage (TV/radio tower)
- Kraftwerk (power station)
- Umspannwerk (transformer)
- Windmühle; Windkraftanlage (windmill; windturbine)
- Wassermühle (water mill)
- Wegkreuz (wayside cross)
- Gipfel (peak)
- Bergwerk (mine)
- Leuchtturm (lighthouse)
- Sportplatz (sports field)
- Denkmal (monument)
- Flughafen (airport, airfield)
- Schiffsanleger (boat landing)
- Quelle (natural spring)
- Kläranlage (water treatment plant)

- Staatsgrenze (international border)
- Landesgrenze (country border)
- Kreisgrenze, Bezirksgrenze (district border)
- Wald (forest)
- Felsen (rock, cliff)
- Vernässung (marshy ground)
- Weingarten (vineyard)
- Friedhof (cemetary)
- Gewerbe-, Industriegebiet (commercial area)
- Dünen (dunes)
- Gletscher, Watt (glacier, shallows)
- Damm, Deich (embankment, dyke)
- Staumauer (dam, groyne)
- Autobahn (motorway)
- Hauptstraße (main road)
- untergeordnete Hauptstraße (secondary main road)
- Nebenstraße (minor road)
- Fahrweg (carriageway)
- Fußweg (track)
- Straße in Bau (road under construction)
- Eisenbahn m. Bahnhof (railway with station)
- Schmalspurbahn (narrow gage railway)
- Höhenlinie 100m/50m (contour line) — 500

Inhalt

Stadtpläne

Radatlas Ruhrgebiet

Das Ruhrgebiet hat etwa fünf Millionen Einwohner und gilt als größtes Ballungszentrum in Deutschland. Die ersten Großstädte entwickelten sich bereits im Mittelalter, mit der Industrialisierung und der damit einhergehenden wirtschaftlichen Expansion begannen die Städte sowie ihre Stadtteile dann zusammenzuwachsen. Die Bevölkerungszahlen stiegen ab Beginn des 19. Jahrhunderts in Verbindung mit dem wirtschaftlichen Kohleabbau entlang der Ruhr rasant an. Binnen weniger Jahre entstanden zahlreiche Zechen und Kokereien und der Ruhrbergbau breitete sich ausgehend vom Süden bis zur Emscher und zur Lippe in den Norden aus. Somit galt die Region bald als größter industrieller Ballungsraum in Europa. Der Beginn der Kohlekrise 1957 brachte in den folgenden Jahrzehnten einen nachhaltigen Strukturwandel im Ruhrgebiet mit sich – so wurden die meisten Zechen schließlich stillgelegt, Bergbau gibt es heute hauptsächlich an den nördlichen Ausläufern der Region. Im Zuge der Neuorientierung wurden Industriebrachen rekultiviert und neuen Nutzungen zugeführt: es entstanden zahlreiche Industriedenkmäler, Naherholungszonen und Parklandschaften. Außerdem wurde der Wechsel vom Produktions- zum Forschungsstandort angestrebt, neben Universitäten und Gesamthochschulen wurden Wissenschaftsparks und Technologiezentren gegründet.

Aufgrund der umfangreichen Rekultivierungsmaßnahmen gilt das Ruhrgebiet heute als eine der reichsten Kulturlandschaften Europas. In der Region gibt es zahlreiche Industrie- und Technikmuseen, industriegeschichtliche Stätten sowie eine rege Kulturszene mit Theatern und Konzerthäusern. Nicht zuletzt aufgrund dieser hohen Dichte an Kultureinrichtungen sind die Stadt Essen und das Ruhrgebiet Kulturhauptstadt Europas 2010.

Streckencharakteristik

Länge

Die Gesamtlänge aller 18 Touren beträgt rund **980 Kilometer**. Die Varianten und Ausflüge haben eine Länge von 137 Kilometern.

Wegequalität & Verkehr

Wegequalität und Verkehr werden zu jeder der 18 Touren im Detail erklärt.

Die Wegequalität im Ruhrgebiet lässt sich jedoch im Allgemeinen als gut bis sehr gut einstufen, da die Routen auf gut befahrbaren Radwegen und (Land-)Straßen verlaufen. Verkehrsbelastungen treten nur auf kurzen Teilabschnitten auf. Generell wurde versucht, die Routenführung auf Radwege, ehemalige Bahntrassen, Dammwege und ruhige Straßen zu beschränken, um eine zu starke Verkehrsbelastung für die Radler zu verhindern.

Beschilderung

Die Route der Industriekultur und die Rotbach-Route sind einheitlich und durchgehend ausgeschildert. Nähere Informationen bezüglich der Beschilderung finden Sie bei den Charakteristiken der einzelnen Touren.

Tourenplanung

Zentrale Infostellen

ConTour RuhrTouristik,
Ferdinandstr. 57, 46147 Oberhausen,
✆ 0208/6294903, Fax: 0208/62919939,
E-Mail: info@contour-ruhr.de,
www.contour-ruhr.de

Regionalverband Ruhr,
Kronprinzenstr. 35, 45128 Essen,
✆ 0201/2069-0, Fax: 0201/2069-500,
E-Mail: info@rvr-online.de,
www.rvr-online.de

RTG Ruhr Tourismus GmbH,
Centroallee 261, 46047 Oberhausen,
✆ 0208/899590,
Infohotline ✆ 01805/1816-20/-30 (€ 0,14/Min.), E-Mail: info@ruhr-tourismus.de,
www.ruhr-tourismus.de

Besucherzentrum Route Industriekultur,
Welterbe Zollverein, Schacht XII,
Halle A14/Kohlenwäsche,
Gelsenkirchener Str. 181, 45309 Essen,
✆ 01804/000086 (€ 0,24/Anruf),
✆ 0201/244989-32,
Fax: 0201/244989-62, E-Mail:
besucherzentrum@route-industriekultur.de,
www.route-industriekultur.de

Nordrhein-Westfalen Tourismus e. V.,
Worringer Str. 22, 50668 Köln,
✆ 0221/179450, Fax: 0221/1794517,
E-Mail: info@nrw-tourismus.de,
www.nrw-tourismus.de

An- & Abreise

Mit der Bahn

Aufgrund der sich ständig ändernden Preise und Bedingungen für Fahrradtransport bzw. -mitnahme empfehlen wir Ihnen, sich bei nachfolgenden Infostellen über Ihre ganz persönliche Anreise mit der Bahn zu informieren.

Informationsstellen:

Radfahrer-Hotline Deutschland:
✆ 01805/151415 (€ 0,14/Min.),
Mo-So 8-20 Uhr, Infos über Fahrradmitnahme, -vermietung oder -versand

Reise Service: ✆ 0180/5996633
(€ 0,14/Min. aus dem Festnetz, Tarif bei Mobilfunk ggf. abweichend), Mo-So 8-20 Uhr, Auskünfte über Zugverbindungen, Fahrpreise im In- und Ausland, Buchung von Tickets und Reservierungen, www.bahn.de/bahnundbike

Automatische DB-Fahrplanauskunft:
✆ 0800/1507090 (gebührenfrei aus dem Festnetz), ✆ 01805/221100 (€ 0,14/Min. aus dem Mobilfunknetz)

ADFC: weitere Infos und aufgeschlüsselte Einzelverbindungen unter www.adfc.de/bahn

Hermes-Privat-Service:
✆ 0900/1311211 (€ 0,60/Min.)
www.hermes-logistik-gruppe.de
Unter der Rubrik „Paketservice" erfahren Sie die genauen Zustellzeiten und die aktuellen Preise für den Fahrradversand.

Verkehrsverbund Rhein-Ruhr:
✆ 01803/504030 (€ 0,09/Min.), www.vrr.de
Zweckverband Ruhr-Lippe:
✆ 0180/5996633 (Stichwort „Fahrrad“, € 0,14/Min.), www.zrl.de
Die Schlaue Nummer für Bus und Bahn in NRW, ✆ 01803/504030 (€ 0,09/Min.)

Rad & Bahn

Für die Radwege entlang von Bahnlinien finden Sie die besten Verbindungen unter www.bahn.de

Auf dem Rundkurs Ruhrgebiet bietet sich zwischen Bochum-Dahlhausen und Hagen die Möglichkeit, auf die Ruhrtal-Bahn umzusteigen. Nähere Informationen bei der RuhrtalBahn GmbH in Hagen unter ✆ 01801/6600990752 sowie auf www.ruhrtalbahn.de

Rad & Bus

Es gibt mehrere Möglichkeiten, das Fahrrad mit dem Bus zu transportieren.
Öffentliche Verkehrsverbünde:
Verkehrsverbund Rhein-Ruhr:
✆ 01803/504030 (€0,09/Min.), www.vrr.de
Die Schlaue Nummer für Bus und Bahn in NRW, ✆ 01803/504030 (€ 0,09/Min.)

Übernachtung

Bei unseren Recherchen haben wir eine größtmögliche Auswahl für Sie zusammengestellt. Für alle, die Alternativen oder einfach noch mehr Anbieter suchen, gibt es nachfolgende Internet-Adressen, die auch Beherbergungen der etwas anderen Art anbieten:

Der ADFC-Dachgeber funktioniert nach dem Gegenseitigkeitsprinzip: Hier bieten Radfreunde anderen Tourenradlern private Schlafplätze an. Mehr darüber unter www.dachgeber.de.

Das **Deutsche Jugendherbergswerk** stellt sich unter www.djh.de mit seinen vierzehn Landesverbänden vor.

Auch die **Naturfreunde** bieten mit ihren **Naturfreundehäusern** eine Alternative zu anderen Beherbergungsarten an, mehr unter www.naturfreunde.de.

Unter www.camping-in.de oder www.campingplatz.de finden Sie flächendeckend den **Campingplatz** nach Ihrem Geschmack.

Weiters bietet **Bett & Bike** unter www.bettundbike.de zusätzliche Informationen zu den beim ADFC gelisteten Beherbergungsbetrieben in ganz Deutschland.

Mit Kindern unterwegs

Die meisten Touren in diesem Buch sind durchaus auch für Kinder geeignet, da die Routen zum Großteil abseits des Verkehrs auf gut befahrbaren Wegen und Straßen verlaufen. Außerdem kommen starke Steigungen und Gefälle nur selten vor. In den Charakteristiken bei den einzelnen Touren finden Sie detaillierte Informationen zur Wegbeschaffenheit, zur Verkehrsbelastung sowie zu den Steigungen.

Radreiseveranstalter

Simply Out Tours,
Dahlhauser Str. 103, D-45279 Essen,
✆ 0201/5641004, ✆ 0177/4757435,
Fax: 03221/3267153,
E-Mail: info@simply-out-tours.de,
www.simply-out-tours.de

Velotours Touristik GmbH,
Ernst-Sachs-Str. 1, D-78467 Konstanz,
✆ 07531/98280, Fax: 07531/982898,
E-Mail: info@velotours.de,
www.velotours.de

Radissimo GmbH,
Hennebergstr. 6, D-76131 Karlsruhe,
✆ 0721/3548180, Fax: 0721/35481818, E-Mail: info@radissimo.de,
www.radissimo.de

Natours Reisen GmbH,
Untere Eschstr. 15, D-49179 Ostercappeln,
✆ 05473/92290, Fax: 05473/8219,
E-Mail: info@natours.de, www.natours.de

Mecklenburger Radtour,
Zunftstr. 4, D-18437 Stralsund,
✆ 03831/30676-0, Fax: 03831/30676-19,
E-Mail: info@mecklenburger-radtour.de,
www.mecklenburger-radtour.de

Weiss & Nesch,
Schönbuchstr. 51, D-72202 Nagold-Vollmaringen, ✆ 07459/93004-0, Fax: 07459/93004-44, E-Mail: info@weiss-nesch.de,
www.weiss-nesch.de

Zu diesem Buch

Dieser Radreiseführer enthält alle Informationen, die Sie für den Radurlaub im Ruhrgebiet benötigen: Exakte Karten, eine detaillierte Streckenbeschreibung, ein ausführliches Übernachtungsverzeichnis, Stadt- und Ortspläne und die wichtigsten Informationen zu touristischen Attraktionen und Sehenswürdigkeiten.

Und das alles mit der ***bikeline*-Garantie**: die Routen in unseren Büchern sind von unserem professionellen Redaktionsteam vor Ort auf ihre Fahrradtauglichkeit geprüft worden. Um höchste Aktualität zu gewährleisten, nehmen wir nach der Befahrung Korrekturen von Lesern bzw. offiziellen Stellen bis Redaktionsschluss entgegen, die dann jedoch teilweise nicht mehr an Ort und Stelle verifiziert werden können.

Die Karten

Die Detailkarten sind im Maßstab 1 : 75.000 erstellt. Dies bedeutet, dass 1 Zentimeter auf der Karte einer Strecke von 750 Metern in der Natur entspricht. Zusätzlich zum genauen Routenverlauf informieren die Karten auch über die Beschaffenheit des Bodenbelages (befestigt oder unbefestigt), Steigungen (leicht oder stark), Entfernungen sowie über kulturelle, touristische und gastronomische Einrichtungen entlang der Strecke.

Allerdings können selbst die genauesten Karten den Blick auf die Wegbeschreibung nicht ersetzen. Komplizierte Stellen werden in der Karte mit diesem Symbol ⚠ gekennzeichnet, im Text finden Sie das gleiche Zeichen zur Markierung der betreffenden Stelle wieder. Beachten Sie, dass die empfohlene Hauptroute immer in Rot und Violett, Varianten und Ausflüge hingegen in Orange dargestellt sind. Die genaue Bedeutung der einzelnen Symbole wird in der Legende auf den Seiten 4 und 5 erläutert.

Höhen- und Streckenprofil

Das Höhen- und Streckenprofil gibt Ihnen einen grafischen Überblick über die Steigungsverhältnisse, die Länge und die wichtigsten Orte entlang der Radroute. Es können in diesem Überblick nur die markantesten Höhenunterschiede dargestellt werden, jede einzelne kleinere Steigung wird in dieser grafischen Darstellung nicht berücksichtigt. Die Steigungs- und Gefälleverhältnisse entlang der Route finden Sie im Detail mit Hilfe der Steigungspfeile in den genauen Karten.

Der Text

Der Textteil besteht im Wesentlichen aus der genauen Streckenbeschreibung, welche die empfohlene Hauptroute enthält. Stichwortartige Streckeninformationen werden, zum leichteren Auffinden, von dem Zeichen begleitet.

Unterbrochen wird dieser Text gegebenenfalls durch orangefarbige Absätze, die Varianten und Ausflüge behandeln.

Ferner sind alle wichtigen **Orte** zur besseren Orientierung aus dem Text hervorgehoben. Gibt es interessante Sehenswürdigkeiten in einem Ort, so finden Sie unter dem Ortsbalken die jeweiligen Adressen, Telefonnummern und Öffnungszeiten.

Die Beschreibung der einzelnen Orte sowie historisch, kulturell oder naturkundlich interessanter Gegebenheiten entlang der Route tragen zu einem abgerundeten Reiseerlebnis bei. Diese Textblöcke sind kursiv gesetzt und unterscheiden sich dadurch auch optisch von der Streckenbeschreibung.

TIPP Textabschnitte in Violett heben Stellen hervor, an denen Sie Entscheidungen über Ihre weitere Fahrstrecke treffen müssen, z. B. wenn die Streckenführung von der Wegweisung abweicht oder mehrere Varianten zur Auswahl stehen u. ä.
Sie weisen auch auf Ausflugstipps, interessante Sehenswürdigkeiten oder Freizeitaktivitäten etwas abseits der Route hin.

Übernachtungsverzeichnis

Auf den letzten Seiten dieses Radtourenbuches finden Sie zu fast allen Orten entlang der Strecke eine Vielzahl von Übernachtungsmöglichkeiten vom einfachen Zeltplatz bis zum 5-Sterne-Hotel.

Die Route der Industriekultur

Die Route der Industriekultur mit ihren Hauptwegen Rundkurs Ruhrgebiet und Emscher Park Radweg führt Sie – wie der Name schon vermuten lässt – durch die industrielle Kulturlandschaft des Ruhrgebiets. Sie radeln vorbei an beeindruckenden Zeugen der 150-jährigen industriellen Vergangenheit, an Aussichtspunkten mit grandiosem Panorama sowie an ehemaligen Arbeitersiedlungen. Die einzelnen Verbindungswege ermöglichen eine individuelle Kombination und Gestaltung der Route der Industriekultur.

Die Routen verlaufen großteils auf verkehrsarmen Straßen, gut befahrbaren Radwegen, auf ehemaligen Bahntrassen sowie entlang von Flüssen und Kanälen. Starke Steigungen oder Gefälle kommen nur selten vor.

Tour 1 Rundkurs Ruhrgebiet (336 km)

Diese 336 Kilometer lange Tour führt Sie rund um das Ruhrgebiet. Ausgehend von Duisburg folgen Sie zunächst dem Rhein bis Wesel. Von dort geht es in Nähe der Lippe sowie des Wesel-Datteln-Kanals und des Datteln-Hamm-Kanals weiter. Über Unna radeln Sie bis zur Ruhr, deren Verlauf Sie zurück nach Duisburg bringt. Industriegeschichtliche Highlights dieser Rundtour sind u. a. der Landschaftspark Duisburg Nord, das Museum der Deutschen Binnenschifffahrt, der Chemiepark Marl sowie der Maximilianpark Hamm.

Charakteristik

Länge: 336 km

Start & Ziel: Duisburg

Wegbeschaffenheit: Die Route verläuft großteils auf befestigten bzw. asphaltierten Radwegen und verkehrsarmen Straßen. Die unbefestigten Teilabschnitte (ehem. Bahntrassen, Damm- und Waldwege) sind gut befahrbar.

Verkehr: Die Radroute verläuft meist auf ruhigen Radwegen und Straßen, daher ist mit etwas mehr Verkehr nur in den Städten zu rechnen.

Beschilderung: Der Rundkurs Ruhrgebiet ist einheitlich und durchgehend ausgeschildert.

Steigungen: Auf dieser Tour sind nur wenige Steigungen zu bewältigen.

Anschlusstouren: 2, 3, 4, 5, 6, 7, 8, 9, 11, 16

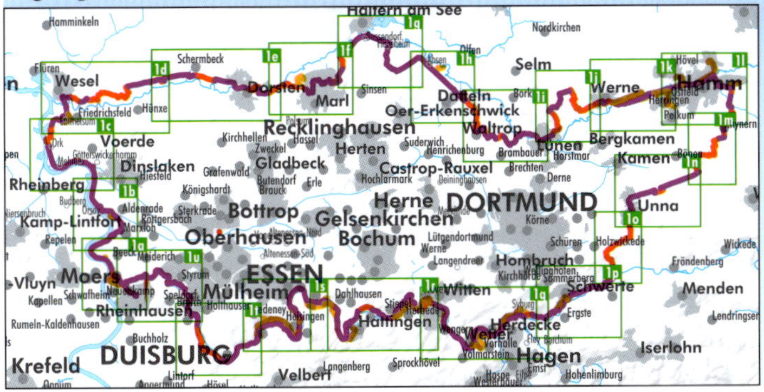

Duisburg

PLZ: 47001-47279; Vorwahl: 0203

- **Tourist-Information,** Königstr. 86, ✆ 285440, www.duisburgnonstop.de
- **Hafenrundfahrten** im größten Binnenhafen der Welt, ✆ 7139667, April-Okt. ab Schwanentor und Schifferbörse in Duisburg-Ruhrort.
- **Wilhelm-Lehmbruck-Museum,** Friedrich-Wilhelm-Str. 40, ✆ 2832630, ÖZ: Di-Sa 11-17 Uhr, So 10-18 Uhr. Das Museum weist zwei Sammelschwerpunkte auf: das Gesamtwerk des Namensgebers (1881-1919) und internationale Bildhauerkunst des 20. Jh.s mit Arbeiten von Archipenko, Ernst, Giacometti, Moore, Laurens u. a. Die Gemäldesammlung vermittelt einen umfassenden, um den Expressionismus zentrierten Überblick über die deutsche Malerei des 20. Jhs.

Duisburg, Deutsche Oper am Rhein

- **Kultur- und Stadthistorisches Museum,** Johannes-Corputius-Pl. 1, ✆ 2832640, ÖZ: Di-Do, Sa 10-17 Uhr, Fr 10-14 Uhr, So 10-18 Uhr. Schwerpunkt bildet die Vor- und Frühgeschichte des Duisburger Raumes sowie die provinzialrömische Archäologie am Niederrhein. Sehenswert ist auch die Schau von niederrheinischer Irdenware und die Mercator-Sammlung. Das Museum liegt im Innenhafen in unmittelbarer Nähe zu dem „Garten der Erinnerungen" und der modernsten Hängebrücke der Welt.
- **Museum Küppersmühle,** Philosophenweg 55, ✆ 30194811, ÖZ: Mi 14-18 Uhr, Do 11-18 Uhr, Fr n. V., Sa, So/Fei 11-18 Uhr. Die denkmalgeschützte Küppersmühle beherbergt eine Kunstsammlung bedeutender Nachkriegskünstler. Hier am Innenhafen stehen denkmalgeschützte Kornspeicher aus der Zeit Anfang des 19. Jhs., als Duisburg die Kornkammer des Ruhrgebietes war.
- **Salvatorkirche,** am Alten Markt. Die dreischiffige Tuffsteinbasilika stammt aus der 1. Hälfte des 15. Jhs. Nach dem Zweiten Weltkrieg blieb lediglich das Mauerwerk bestehen, was eine getreue Wiederherstellung möglich machte. Ein Gedenkstein über dem Grab von Gerhard Mercator macht hier auf den 1594 verstorbenen Begründer der modernen Kartographie aufmerksam.

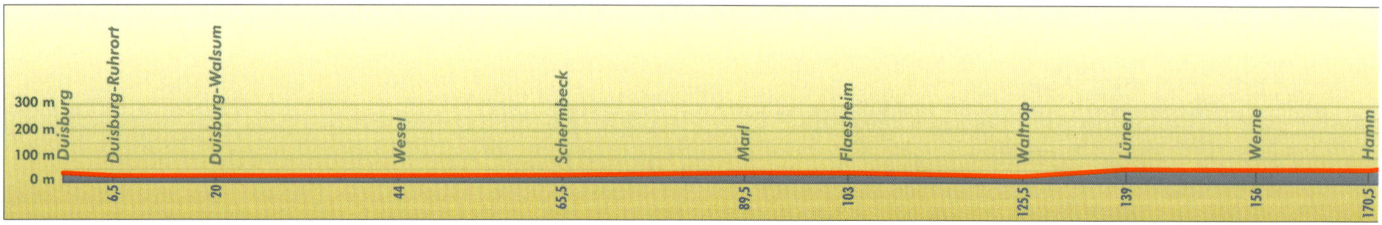

Stadtmauer, Duisburg hat die älteste urkundlich erwähnte Stadtmauer Nordrhein-Westfalens. (1129) Sie befindet sich unmittelbar am Stadthistorischen Museum.

Dickelsbachsiedlung, OT Wanheimerort, entlang der A 59. Als Beispiel für den deutschen Sozialwohnbau der 20er Jahre sind hier 400 Einfamilien-Reihenhäuser zu sehen, die nach dem Modell der Kleinfamilie für ca. 2500 Menschen eine funktional gut durchdachte und architektonische bemerkenswerte Wohnmöglichkeit boten und noch immer bieten.

Revierpark Mattlerbusch mit Niederrhein-Therme, 47196, Wehofer Str. 42, ✆ 995840. Sauna, Sole, Saline und Park sorgen für gesundes Wohlbefinden, Entspannung und Erholung.

Rheinorange. Die Skulptur stellt eine Landmarke dar und wurde 1992 an der Mündung der Ruhr in den Rhein errichtet.

Landschaftspark Duisburg Nord

Innenhafen Duisburg. Während der Hochzeit der Industriellen Revolution zentraler Hafenplatz in Duisburg, wurde das Gebiet in den vergangenen Jahren unter Beteiligung namhafter Architekten zu einem modernen Wohn-, Arbeits-, Kultur- und Freizeitquartier ausgebaut.

Alsumer Berg, Alsumer Straße. Einst als Schutthalde genutzt, bietet sich von der heutigen Grünfläche ein interessanter Ausblick.

Legoland Duisburg, Philosophenweg 23-25, ✆ 5708880, ÖZ: Mo-So 10-17 Uhr. Gezeigt werden u. a. Legobauten zu den Themen Ruhrgebiet, Stars, Abenteuer u. v. m.

Zoo Duisburg. Zwischen Duisburg und Mülheim, Mülheimer Str. 273, ✆ 305590. ÖZ: Mo-So 9-17.30 Uhr. Die europaweit bekannte Zooanlage wartet mit Delphinarium, Afrikanum, darin eines der reichhaltigsten Affenhäuser der Welt oder einem Äquatorium auf. Im Chinesischen Garten mit Original-Architektur sind Rote Pandas und in der freien Wildbahn schon ausgestorbene Arten zu sehen.

Landschaftspark Duisburg Nord, Emscherstraße, Besucherzentrum, ✆ 4291942, ÖZ: ganzjährig geöffnet. Das 200 ha große Gelände bietet dem Besucher u.a. industriegeschichtliche und naturkundliche Führungen sowie zahlreiche Kultur- oder Sportveranstaltungen. Die alten Erzbunker beherbergen heute einen Kletterpark, des weiteren besteht die Möglichkeit, einen

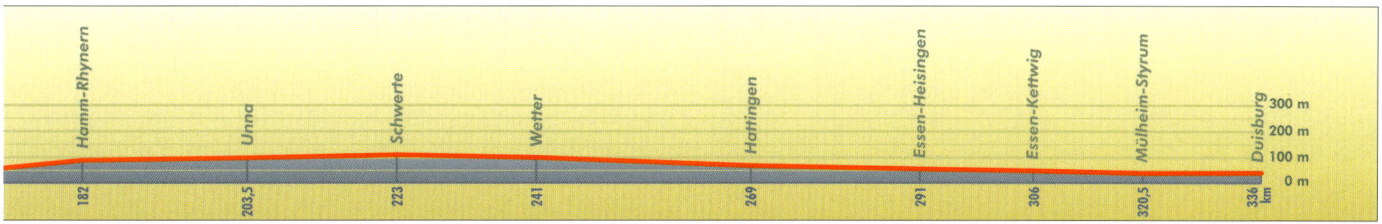

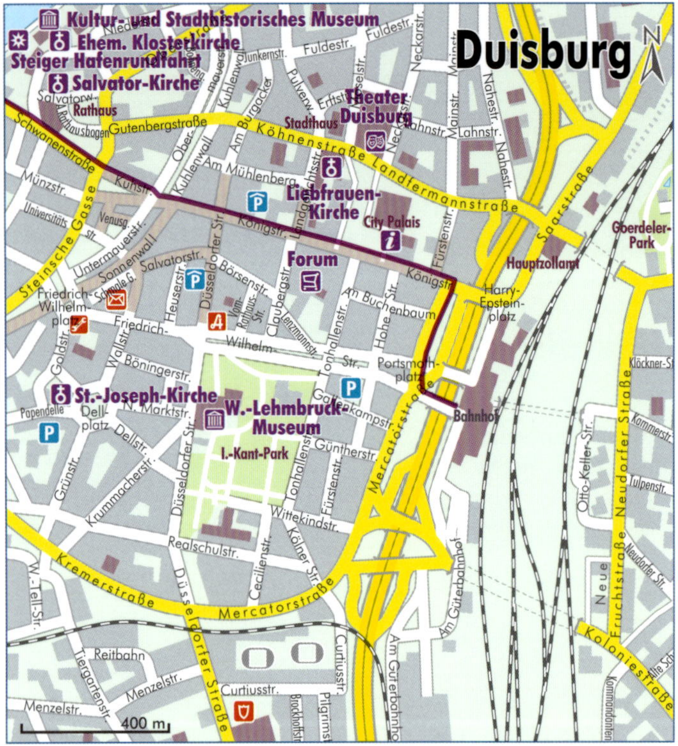

Hochofen zu besteigen sowie in einem ehemaligen Gasometer zu tauchen.

- **Heigei Fahrräder**, Am Buchenbaum 38, ✆ 23722
- **Feine Räder**, Friedrich-Wilhelm-Pl. 7, ✆ 24032
- **RevierRad Station**, Osteingang Hauptbahnhof, Kammerstr. 3, ✆ 8071790

In dem verkehrsgünstig, am Zusammenfluss von Rhein und Ruhr, am westlichen Ende des Hellwegs gelegenen Gebiet gab es bereits im 5. Jahrhundert eine Siedlung. Um 740 wurde hier ein Königshof gegründet. Der 883 von den Normannen überfallene Ort wird in diesem Zusammenhang erstmals urkundlich erwähnt und ist somit gesichertes Datum der Duisburger Geschichte.

Die Geschichte von Duisburg, der „Stadt an Rhein und Ruhr", muss natürlich mit Hafen und Kohle beginnen: Auf der Insel Ruhrort im Mündungsdelta der Ruhr bestand seit 1373 ein Kohlen- und Stapelplatz, kleine Hafenanlagen kamen Anfang des 18. Jahrhunderts hinzu. Der erste größere Hafen entstand um 1845 und diente als Fährhafen für die Köln-Mindener Eisenbahn.

Erst die einsetzende Industrialisierung und der Kanalbau ließen Duisburg jäh erstarken. Als die bedeutendste Umschlagstelle für das rheinisch-westfälische Industriegebiet wurde die Ruhrmündung in der Folge zum größten Binnenhafen der Welt. Derzeit werden in allen Duisburger Häfen zusammen annähernd so viele Güter umgeladen wie in Hamburg.

Heute ist die Stadt neben ihrer wirtschaftlichen Funktion wieder ein geistig-kulturelles Zentrum am Niederrhein. Das war sie bereits vom 16. bis zum frühen 19. Jahrhundert.

In Duisburg wirkte der Begründer der modernen Kartographie, Gerhard Mercator. Er schuf ein umfangreiches Kartenwerk, welches den geographischen und topographischen Wissensstand aus den Entdeckungsreisen des 16. Jahrhunderts wiedergibt. Die baulichen Spuren des alten Duisburg sind vom Zweiten Weltkrieg und der Bauwut danach leider weitgehend verwischt.

In der alten, traditionsreichen Hafenstadt scheint nach einer langen und stürmischen Zeit der Industrialisierung nun eine gewisse Ruhe eingekehrt zu sein. Diese eigene Atmosphäre lässt sich in einem der Gasthäuser am Promenadenweg gut nachempfinden. In der Hafenausfahrt befindet sich das Museumsschiff „Oscar Huber“, ein Raddampfer von 1922. Und nicht weit entfernt ist über eine Brücke am Eisenbahnhafen das Museum der Deutschen Binnenschifffahrt zu erreichen.

Von Duisburg nach Duisburg-Walsum 20 km

Startpunkt ist der Hauptbahnhof ~ rechts auf den straßenbegleitenden Radweg ~ links in die Fußgängerzone und das Fahrrad geradeaus schieben ~ anschließend auf den Radweg entlang der **Schwanenstraße** wechseln ~ die Autobahn unterqueren ~ beim Kreisverkehr die zweite Ausfahrt nehmen ~ es geht über die Ruhr ~ nach der Brücke über den Vinckekanal links in die **Krausstraße** – da das direkte Abbiegen auf dieser verkehrsreichen Straße nicht zu empfehlen ist, verläuft die offiziel-

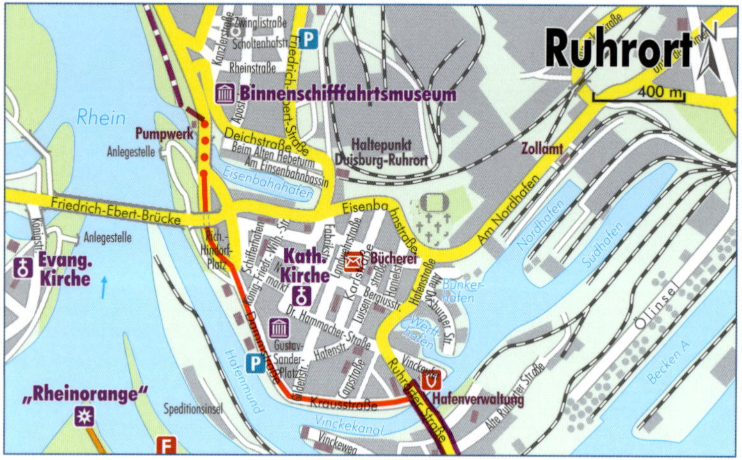

le Radmarkierung bis zur Straßenbahnstation, wo Sie die Straße bei der Ampel überqueren können, dann wieder retour zum Beginn der Brücke, nun abbiegen in die **Krausstraße** ~ weiter auf der **Dammstraße**.

Duisburg-Ruhrort

Museum der Deutschen Binnenschifffahrt, Apostelstr. 84, ✆ 8088940, ÖZ: Di-So 10-17 Uhr. Schiffsmodelle im Maßstab 1:100, in Drehvitrinen untergebracht, gewähren einen Überblick über 2000 Jahre Binnenschifffahrt vom Einbaum bis zum Schubverband. Ein Diorama zeigt die mühselige Arbeit des Schleppers mit Pferdevorspann, auch Treidel genannt. Das Museumsschiff an der Ruhr bildet eine Ergänzung zur Schau.

Unter der Brücke hindurch ~ die nächste Brücke überqueren ~ anschließend links und entlang des Rheins am Damm weiter ~ die Autobahn unterqueren ~ nach dem Alsumer Berg rechts in die Straße **Alsumer Steig** ~ an der Kreuzung links ~ auf dem Radweg bis zur T-Kreuzung mit dem **Willy-Brandt-Ring** ~ dort links.

Duisburg-Marxloh

Pumpwerk Schwelgern (1927)

An der **B 8** links und über Gleise ~ an der Gabelung links in die **Walsumer Straße**.

AUSFLUG: Wenn Sie an der **Hafenstraße** links abbiegen, gelangen Sie zum Südhafen Walsum.

Links in die **Doktor-Wilhelm-Roelen-Straße** in Richtung Rheinberg und Orsoy ~ am Bergwerk Walsum vorüberfahren.

Duisburg-Walsum

Rheinfähre Walsum-Orsoy, ✆ 492244 od. ✆ 01737111601, Fahrzeiten: April-Nov., Mo-Fr 6.15-21 Uhr, Sa, So/Fei 8-21 Uhr, Nov.-März, Mo-Fr 6.15-19.30 Uhr, Sa 8-18 Uhr, So/Fei 10-18 Uhr

Rheinaue, eines der größten Naturschutzgebiete

Allwetterbad Walsum, Scholte-Rahm-Str. 16, ✆ 473290

Von Duisburg-Walsum nach Wesel 24 km

Die Brücke und somit den Nordhafen Walsum überqueren ~ links in den Radweg ~ dieser führt zur Emscher-Mündung ~ dort die Emscher überqueren ~ links weiter ~ bis zur **Frankfurter Straße** und an dieser entlang.

Brückenturm der Ruhrorter Rheinbrücke

Haus Wohnung

♁ **Haus Wohnung**. Zuerst als Rittersitz im 14. Jh. erwähnt, wurde das Schloss im 17. Jh. im barocken Stil erweitert. Die gut erhaltene Anlage befindet sich in Privatbesitz.

Gemäß der Ausschilderung links ~ bei der Vorfahrtsstraße wieder links und entlang des Rheins weiter nach Götterswickerhamm.

Voerde-Götterswickerhamm

PLZ: 46562; Vorwahl: 02855

ℹ **Stadtverwaltung Voerde**, Rathauspl. 20, 46562 Voerde, ☎ 800

♁ **Evang. Kirche** (11./12. Jh.). Sehenswert ist u. a. der aus Bentheimer Sandstein gehauene Taufstein aus dem 12./13. Jh.

✲ **Haus Storchennest**, Dammstr. 1. Der alte Mühlenturm mit seiner Aussichtsplattform befindet sich heute in Privatbesitz.

Die Kirche ist das Wahrzeichen von Götterswickerhamm und vom Rhein schon von weitem sichtbar. Sie wurde während ihres Bestehens mehrfach umgebaut, zuletzt im Stil des Klassizismus. An den Planungen und Detailentwürfen hierzu war Karl-Friedrich Schinkel, preußischer Oberlandesbaudirektor in Berlin und hochgerühmter Baumeister des Klassizismus, persönlich beteiligt. Interessant ist auch die Innenausstattung der Kirche: der aus Bentheimer Sandstein

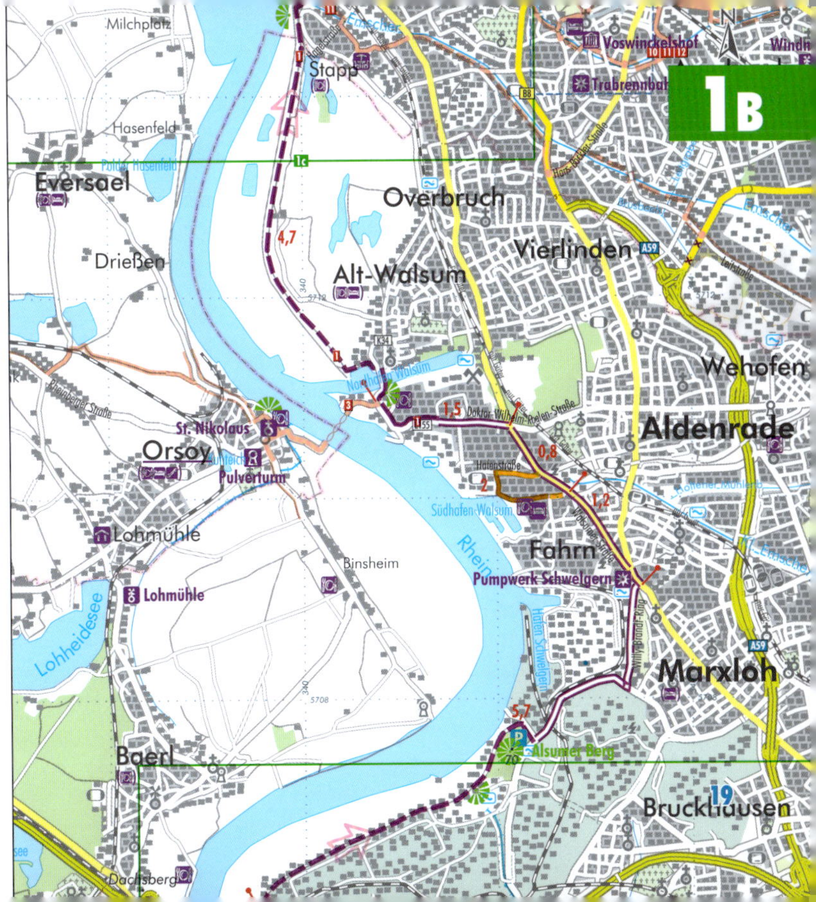

gehauene Taufstein und die historische Orgel. Die Orgel, sie wurde 1933 von der Schwelmer Firma Faust gebaut, ist die einzige spätromantische Orgel am Niederrhein.

Beim Kreisverkehr links ⇝ anschließend auf den Dammweg ⇝ es geht im weiteren Verlauf am Ort Mehrum vorüber ⇝ rechts in Richtung **Ork** ⇝ dort den Schildern links in Richtung Wesel folgen ⇝ an der zweiten Möglichkeit nach dem Gesterhof links abbiegen ⇝ bald wieder links in Richtung Schleuse ⇝ rechts halten und kurz darauf auf den Radweg wechseln ⇝ an der T-Kreuzung links in die **Weseler Straße** ⇝ weiter bis zur folgenden T-Kreuzung.

UMLEITUNG Zur Zeit der Routenerhebung vor Ort wurde die Route aufgrund einer Baustelle folgendermaßen umgeleitet.

An der T-Kreuzung rechts ⇝ mit einer Rechtskurve über Bahngleise ⇝ an der Kreuzung mit der **Böskenstraße** links ⇝ durch die Unterführung ⇝ an der **Frankfurter Straße links.**

Voerde-Friedrichsfeld

Offizierspark, mit diversen Ehren- und Mahnmalen

Mündung der Emscher in den Rhein

Die Hauptroute führt an der T-Kreuzung links in die **Bühlstraße** ⇝ über die Brücke ⇝ an der **Frankfurter Straße** links.

Geradeaus weiter ⇝ an der Kreuzung mit der **B 8** links ⇝ die Lippe überqueren ⇝ entlang der **Dinslakener Landesstraße** nach Wesel ⇝ **rechts in die Kurt-Kräcker-Straße** ⇝ durch die Unterführung.

Wesel

PLZ: 46483, 46485, 46487; Vorwahl: 0281

Weseler Verkehrsverein e. V./Stadtinformation Wesel, Großer Markt 11, ✆ 24498, www.wesel.de

Rheinfähre „Keer Tröch II", Bislicher Fährkopf, ✆ 02852/272 od. ✆ 02857/740

Preußen-Museum Nordrhein-Westfalen, An der Zitadelle 14-20, ✆ 339960, ÖZ: Di-Do, Sa, So 11-17 Uhr. Themen: Geschichte Brandenburg-Preußens, Rheinland im 17. Jh., Kirchengeschichte im 19. Jh. u. a.

Willibrordi-Dom (1501-1540), fünfschiffige Sandsteinbasilika, benannt nach dem angelsächsischen Missionar Willibrord

Zitadelle, An der Zitadelle. Sie ist die größte erhaltene preußische Festungsanlage des Rheinlandes.

Berliner Tor, zwischen 1718 und 1722 im preußischen Barock errichtet.

Schilldenkmal (1834), Grabstele in den Lippewiesen

Altes Wasserwerk an der Lippe, Fusternberger Str. 90 & **Wasserturm**, Brandstr. 44, Besichtigung auf Anfrage bei den Weseler Stadtwerken, ✆ 9660101. Das alte Wasserwerk gehört zu den schönsten mit Dampf betriebenen Anlagen Deutschlands.

Auesee, Auedamm, ✆ 203320, ÖZ: März-Okt. Nahe des Rheins ist dieser See durch Auskiesung der Rheinaue entstanden.

RheinBad, Rheinpromenade 1, ✆ 29043, ÖZ: Mo-Fr 6-8 Uhr und 10-20 Uhr, Sa, So 8-20 Uhr

HeubergBad, Gantesweilerstr. 6, ✆ 9660400, ÖZ: Mo 6-8 Uhr, Di-Fr 6-8 Uhr, 10-12 Uhr und 14-22 Uhr, Sa, So 8-18 Uhr

Zweirad Hetkamp, Korbmacher Str. 19, ✆ 22400

Rhein bei Götterswickerhamm

Schon die Karolinger entdeckten die günstige Lage Wesels an der Mündung der Lippe in den Rhein und gründeten dort einen Königshof. Wesel wuchs stetig und erhielt 1241 die Stadtrechte. 1407 wurde es Teil der Hanse, was der Stadt Reichtum und Wohlstand verschaffte und sie zu einer der bedeutendsten Handelsmetropolen im Westen machte. Im 16. Jahrhundert kamen dann zusätzliche gewerbliche Einflüsse nach Wesel, als wallonische und flandrische Tuchmacher vor den religiösen Verfolgungen in ihrer Heimat flüchteten und sich in Wesel niederließen. Die Willibrordi-Kirche wurde

Wesel-Datteln-Kanal

daraufhin aus einer katholischen Pfarrkirche zur Heimat der calvinistischen Gemeinde in Wesel.

Die geografische Lage Wesels war allerdings nicht nur eine günstige Voraussetzung für den Ausbau eines florierenden Handelsnetzes und den städtischen Reichtum. Es bedeutete auch, dass die Stadt an einem strategisch sensiblen Punkt für militärische Auseinandersetzungen lag. Aus diesem Grunde wurde Wesel am Ende des 17. Jahrhunderts zur größten Festungs- und Garnisonsstadt Preußens am Rhein ausgebaut, in der mehrere Tausend Soldaten stationiert waren. 1892 wurden die Befestigungen weitestgehend wieder abgebaut, die Zitadelle wie der Torso des Berliner Tors sind die noch sichtbaren Reste der Garnisonsstadt.

Ein weiteres Zeugnis dieser militärischen Vergangenheit ist das von Schinkel entworfene Schilldenkmal auf den Lippewiesen. Dort wurden 1809 elf Offiziere des Freikorps von Major Ferdinand von Schill standrechtlich erschossen, nachdem sie mit einem Aufstand gegen Napoleon gescheitert waren. In der Zitadelle erzählt das Schillmuseum vom Schicksal des Freikorps. Schließlich, als trauriger Höhepunkt der militärischen Verwicklungen Wesels, wurde die Stadt am Ende des Zweiten Weltkrieges fast vollständig zerstört. Mit viel Geduld und Mühe wurden viele Gebäude rekonstruiert, wie z. B. der Willibrordi-Dom, dessen Wiederaufbau erst 1994 abgeschlossen wurde.

Von Wesel nach Schermbeck 21,5 km

Beim Kreisverkehr rechts in die Straße **An de Tent** ⇝ parallel zu den Gleisen weiter ⇝ rechts in die **Fusternberger Straße** ⇝ rechts über die Bahngleise ⇝ an der T-Kreuzung rechts ⇝ geradeaus in einen unbefestigten Weg ⇝ an der **RWE-Straße** rechts ⇝ bald darauf links in einen Anliegerweg ⇝ rechts in Richtung Vinkel weiter ⇝ an der Kreuzung mit der Asphaltstraße links ⇝ an der T-Kreuzung rechts ⇝ rechts in Richtung Hünxe ⇝ über

Drevenack, Dorfkirche

1D
Feldmark
Lackhausen
Obrighoven
Wesel
Wackenbruch
Fürstenberg
Berliner Tor
Preußen-Museum
Altes Wasserwerk
Schilldenkmal
Lippeddorf
Ölhafen
Rhein
Hafen Emmelsum
Wesel-Datteln-Kanal
Emmelsum
Unteremmelsum
Friedrichsfeld
Holthausen
Waldheideweg
Aaperhöfe
Vinkel
Welmen
Lippe
Drevenacker Dünen
Haus Schwarzenstein
Drevenack
Krudenburg
Bucholt
Testerberge
60
Heimatmuseum
Hünxe
Peddenberg
Tenberg
55
Wachtenbrink
Malberg
Damm
Wertberg
30
Schulte Loosen
Kaninchenberge
35
Schloss Gartrop
Gartrop
Bühl
Hinsenberg
45
Ochsenberg
65
Golfplatz
Naturpark Hohe Mark
Furth
Mühlenbach
23
A3
B58
B8
B70
L463
K16
Obrighovener Graben
Hollebach
Landwehr
Lange Fortsbach
Bruchgraben
Testerweg
Alte Weseler Straße
Schleusenstraße
Baskenstraße
Frankfurter Straße
Rhein
Lippe
0,8
0,6
0,5
1,2
1,8
2,2
2
3
6
7
9
10

die Brücke und somit über die Autobahn ⇝ rechts in den **Krudenburger Weg** ⇝ gemäß den Schildern links abbiegen ⇝ rechts in den **Römerweg** ⇝ an der T-Kreuzung links ⇝ an der Kreuzung im Ort links in die **Hünxer Straße**.

Drevenack (Hünxe)

PLZ: 46569; Vorwahl: 02858

Fahrrad C. Köster, Heierfeld 5, ✆ 7227

Rechts in die **Buchenstraße** ⇝ links halten und an einem Spielplatz vorbei ⇝ anschließend auf den Radweg entlang der ehemaligen Hamburg-Venloer Eisenbahn ⇝ nach einem Rechtsschwenk wieder auf die Trasse ⇝ an der Kreuzung mit der **Beckenbreiter Stege** rechts ⇝ eine Linkskurve fahren ⇝ vor einer Brücke im spitzen Winkel links ⇝ rechts auf den unbefestigten Radweg einbiegen ⇝ weiter bis Schermbeck ⇝ dort an der **Maassenstraße** rechts ⇝ links in die **Alte Poststraße** ⇝ dem Straßenverlauf folgen.

Schermbeck

PLZ: 46514; Vorwahl: 02853

Touristinfo, Weseler Str. 2, ✆ 910-202, www.schermbeck.de

Heimatmuseum im Alten Ackerbürger- oder Handwerkerhaus (16. Jh.), Steintorstr. 17, ✆ 4709, ÖZ: So 10-13 Uhr u. n. V. Das Gebäude wurde in den 80er-Jahren des 20. Jhs. restauriert. Im Museum sind römische Funde aus der Region ausgestellt.

St. Ludgerus, Mittelstr. 71, neuromanische kath. Pfarrkirche aus den Jahren 1914/15

St. Georg (14./15. Jh.), Georgstr. 15, evangelische Pfarrkirche.

Ehem. Wasserschloss Schermbeck (um 1300), Burgstr. 10, seit dem 17. Jh. in Privatbesitz.

Gasthof Pannebäcker, Malberger Str. 49, ✆ 2343

Hotel Zur Linde, Mittelstr. 96, ✆ 91360

Von Schermbeck nach Marl — *24 km*

Nach Ortsende weisen die Schilder nach links ⇝ rechts auf den unbefestigten Rad-

weg ⇝ die Autobahn unterqueren ⇝ bei **Holsterhausen** rechts in die **Baldurstraße** ⇝ bei der Linkskurve wieder rechts ⇝ über die Brücke und erneut rechts ⇝ weiter nach Dorsten ⇝ dort die Bundesstraße unterqueren ⇝ anschließend weiter auf der **Wasserstraße** ⇝ unter der Bahn hindurch ⇝ links in die Straße **Im Harsewinkel** ⇝ beim Kreisverkehr geradeaus, also die zweite Ausfahrt nehmen ⇝ an der **Burgsdorffstraße** rechts.

Dorsten

PLZ: 46282, 46284, 46286; Vorwahl: 02362

Stadtinfo Dorsten, Westwall 61, ✆ 308080, www.win-dor.de, www.dorsten.de

Jüdisches Museum Westfalen, Julius-Ambrunn-Str. 1, ✆ 45279, ÖZ: Di-Fr 10-12.30 Uhr u. 15-18 Uhr, Sa, So/Fei

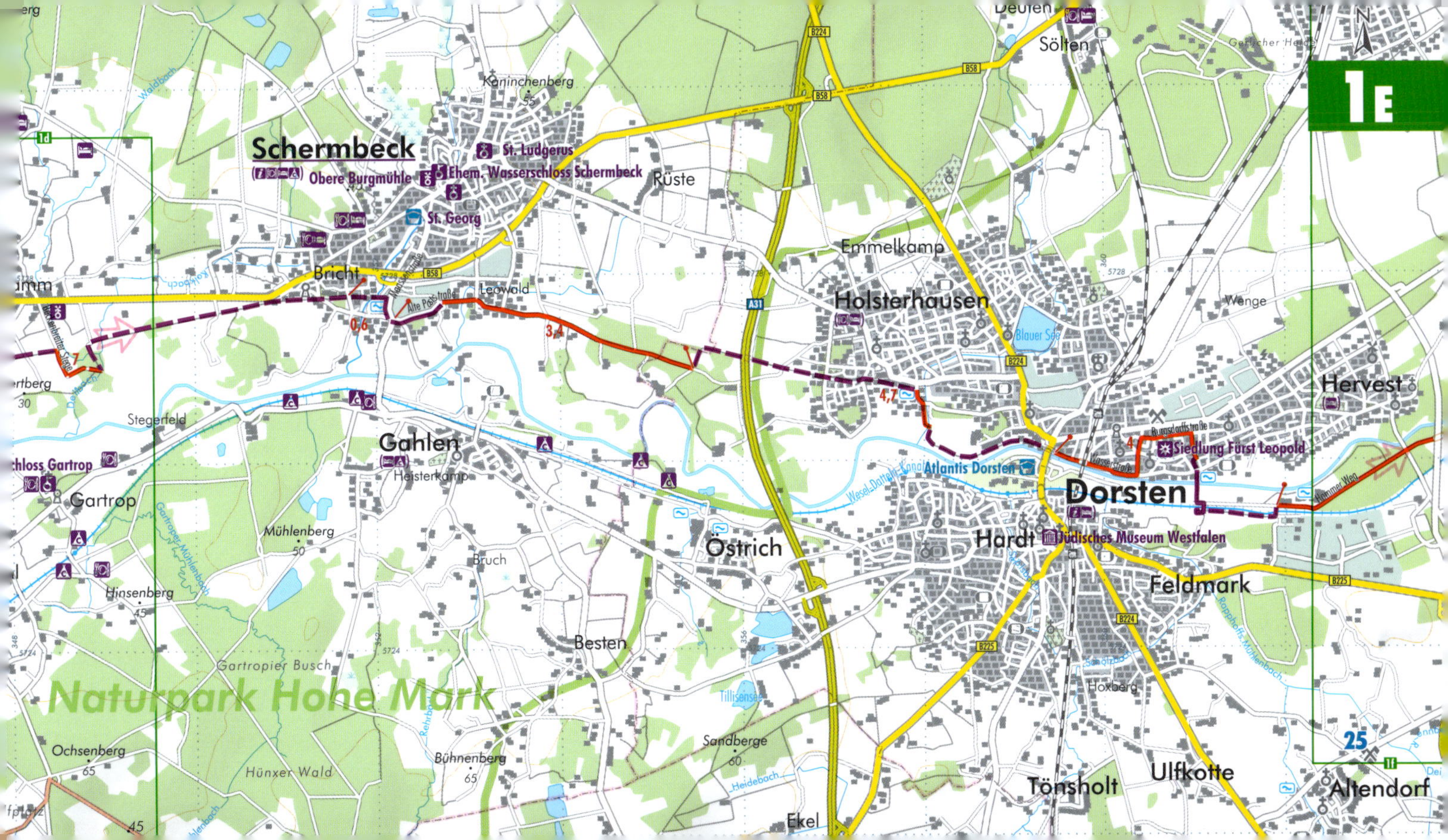

1E
1d
Sölten
B224
B58
Kaninchenberg
55
Schermbeck
St. Ludgerus
Obere Burgmühle
Ehem. Wasserschloss Schermbeck
Rüste
St. Georg
Emmelkamp
Bricht
Leowald
Alte Poststraße
Holsterhausen
A31
Blauer See
Wenge
0,6
3,4
4,7
Hervest
Stegerfeld
Gahlen
Heisterkamp
Atlantis Dorsten
Siedlung Fürst Leopold
Dorsten
Wesel-Datteln-Kanal
Hammer Weg
Hardt
Jüdisches Museum Westfalen
Gartrop
Mühlenberg
50
Östrich
Bruch
Feldmark
B225
Hinsenberg
45
Besten
Gartropier Busch
Naturpark Hohe Mark
Hoxberg
Sandberge
60
Ochsenberg
65
Hünxer Wald
Bühnenberg
65
Tönsholt
Ulfkotte
Altendorf
Ekel
25

14-17 Uhr. Den Besucher erwarten zahlreiche Ausstellungsstücke zur jüdischen Geschichte und Kunst. Auch das jüdische Leben in Deutschland ist Thema des Museums.

- **Schloss Lembeck**, Lembeck, ✆ 02369/7167. Das Wasserschloss ist in seiner heutigen Form zwischen 1674 und 1692 entstanden, als es im Stil des Barock umgebaut wurde. Im Inneren befinden sich ein **Schlossmuseum** und ein **Heimatmuseum**. Im Untergeschoss des Herrenhauses wurde außerdem die **Merveldt Galerie** eingerichtet, die Werke des Malers Hans Hubertus Graf von Merveldt (1901-1969) präsentiert.
- **Atlantis Dorsten**, Konrad-Adenauer-Pl. 1, ✆ 95170, ÖZ: Mo 10-22 Uhr, Di-Do 8-22 Uhr, Fr 8-23 Uhr, Sa 10-23 Uhr, So 9-21 Uhr, Fei 9-23 Uhr
- **Siedlung Fürst Leopold**, 1912-1920 fertig gestellte Gartenstadt-Kolonie.
- **Nachtwächter- und Stadtführungen** durch die malerische Altstadt, Näheres bei der Stadtinfo.
- **Der 2-Radexperte Schmitz**, Barbarastr. 55, ✆ 605060

Im seit 1251 vom Kölner Erzbischof Konrad von Hochstaden mit den Stadtrechten ausgestatteten Dorsten sind bereits seit 700 v. Chr. erste bäuerliche Siedlungen belegt. Durch die Erhebung zur Stadt wuchs die Bevölkerung stark an, wodurch Handel und Gewerbe

Dorsten, Schloss Lembeck

aufblühten – nicht zuletzt auch durch die Lage an der Lippe und die Nähe zu den großen Handelsstraßen. Wohlstand war die logische Folge, welcher durch den Beitritt zum Hansebund (Dorsten als „kleine Hansestadt") noch mehr wuchs. Der Dreißigjährige Krieg machte dem florierenden Handel ein Ende, selbst nach dem Westfälischen Frieden konnte der frühere Reichtum nicht mehr erreicht werden. Die Stadt wandelte sich durch die weitgehende Zerstörung der urbanen Strukturen zu Beginn des 19. Jahrhunderts zur Landgemeinde, was dazu führte, dass sie an den Kreis Recklinghausen fiel. Ein Aufschwung kam erst wieder durch die Industrielle Revolution und den Bau des Wesel-Datteln-Kanals. Noch heute verbindet man Dorsten mit Kohle sowie dem Stahl- und Maschinenbau.

An der **Marxstraße** rechts ⤳ an der folgenden Kreuzung wieder rechts ⤳ kurz darauf links in den Radweg ⤳ die Lippe und anschließend den Wesel-Datteln-Kanal überqueren ⤳ bei der Schleusengruppe Dorsten wieder über den Kanal ⤳ anschließend rechts weiter ⤳ dem Verlauf des **Hammer Weges** folgen ⤳ an der Vorfahrtsstraße geradeaus ⤳ durch die Unterführung ⤳ bei der Gabelung rechts halten ⤳ rechts über den Wesel-Datteln-Kanal ⤳ danach links weiter ⤳ an der Gabelung rechts in die **Forststraße** ⤳ an der T-Kreuzung rechts.

AUSFLUG: Wenn Sie an der T-Kreuzung links abbiegen, gelangen Sie zur Halde Lipper Höhe.

Die Autobahn unterqueren ⤳ beim Kreisverkehr die zweite Ausfahrt in die **Zechenstraße** nehmen ~ diese führt nach Marl ~ der Linkskurve folgen.

Marl

PLZ: 45768, 45770, 45772; Vorwahl: 02365

i-Punkt, Marler Stern 10 D, ✆ 994310, www.marl.de

Fahrradbüro, Brassertstr. 122, in der Markenkontrolle der ehem. Zeche Brassert, ✆ 66078, ÖZ: Mi, Sa 10-13 Uhr, Do 10-12 Uhr, Fr 14-18 Uhr, Infos zur fahrradfreundlichen Stadt Marl, zu Radtouren u. v. m.

Skulpturenmuseum Glaskasten, Creiler Platz, Rathaus, ✆ 992257, ÖZ: Di-So 10-18 Uhr. Rund um das Rathaus und im verglasten Museumsraum sind zahlreiche Skulpturen der klassischen Moderne sowie der zeitgenössischen Kunst aufgestellt.

Stadt- und Heimatmuseum, Am Volkspark 6, ✆ 56919, ÖZ: Di-So 15-18 Uhr. Gezeigt werden u. a. Handwerksgeräte, Wohnungseinrichtungen der vergangene Jahrhunderte, landwirtschaftliche Geräte sowie historische Funde.

Museum am Erzschacht, Am Wetterschacht, ✆ 37075 u. ✆ 0175/2055409 (Horst Schmitz), ÖZ: Besichtigung n. V., Geschichte des Erzbergbaus in Marl

St. Georg, Alt-Marl. Die Kirche wurde zwischen 1856 und 1859 restauriert, die romanischen Grundmauern blieben jedoch erhalten.

- **Theater Marl**, Am Theater 1, nähere Informationen beim i-Punkt
- **Chemiepark Marl**. Der 650 ha große Industriepark ist einer der größten Chemiestandorte in Deutschland und Europa.
- **Scharoun-Schule** (1964-1970), Westfalenstraße. Der Berliner Architekt Hans Scharoun wurde v. a. mit der Berliner Philharmonie berühmt. Die ehem. Grund- und Hauptschule, die seit 2004 unter Denkmalschutz steht, gilt als exemplarisch für seine „organhafte Bauweise".
- **Hügelhäuser**. In den 1960er-Jahren wurde im Gegensatz zu den Massenwohnungsbauten ein Haustyp mit großen Terrassen und Gartenanlagen entwickelt. Vier Häuser dieses neuen Konzepts wurden insgesamt errichtet.

Im Heberegister des Benediktinerklosters Werden erscheint „Meronhlare" 890 zum ersten Mal. 1111 wird eine Wasserburg durch die Grafenfamilie von Loe errichtet, Mitte des 19. Jahrhunderts wird dieses „Haus Loe" allerdings wieder abgerissen. Von 1111-1801 gehört die Stadt zum Kurfürstentum Köln, 1936 erhält die Gemeinde die Stadtrechte. Marl hat noch zu Beginn der Neuzeit nur wenige hundert Einwohner, erst mit der Entdeckung von Kohlevorkommen 1875 und der damit verbundenen Industrialisierung im 20. Jahrhundert wächst die Stadt sehr schnell. Seit 1964 wird der Adolf-Grimme-Preis, welcher zu den renommiertesten Auszeichnungen für Fernsehsendungen in Deutschland zählt, durch das ortsansässige Adolf-Grimme-Institut jährlich verliehen.

Von Marl nach Flaesheim 13,5 km

An der T-Kreuzung links ~ die Brücke und somit die Autobahn überqueren ~ anschließend links und an der nächsten Kreuzung rechts ~ an der folgenden Kreuzung geradeaus ~ an der T-Kreuzung rechts ~ nach der Unterführung links in die **Dormagener Straße** ~ die Autobahn erneut unterqueren ~ nach einem Rechtsbogen über Gleise ~ anschließend in die **Knappenstraße** ~ an der T-Kreuzung rechts ~ geradeaus durch die Unterführung ~ links in die **Silvertstraße** ~ an der **Cheruskerstraße** wieder links abbiegen ~ an der Gabelung rechts halten ~ eine Rechtskurve fahren.

Bei Flaesheim

Marl-Hamm

An der T-Kreuzung links in die **Römerstraße**.

ANSCHLUSS Nach der Brücke über den Silvertbach haben Sie die Möglichkeit, an den R 27 (Tour 3) anzuschließen, der zum Emscher Park Radweg bei Resse führt.

Dem Straßenverlauf folgen ~ eine Linkskurve fahren ~ rechts in die Straße **Am Vogelherd** und geradeaus in den Radweg.

ACHTUNG ⚠ Es folgt eine gefährliche Kreuzung mit einer Vorfahrtsstraße, diese vorsichtig überqueren.

Geradeaus weiter in den Waldweg ~ die Autobahn überqueren ~ an der nächsten Kreuzung geradeaus in den Anliegerweg ~ an der

Gabelung rechts halten ⤳ eine Rechtskurve fahren.

Herne

Vor der Autobahn links halten ⤳ mit einer Linkskurve zu einer Brücke ⤳ den Wesel-Datteln-Kanal überqueren ⤳ anschließend rechts weiter ⤳ im weiteren Verlauf auf den Dammweg ⤳ die Autobahn unterqueren ⤳ unter der Bahnbrücke hindurch ⤳ die nächsten 6 km am Kanal entlangfahren ⤳ in Höhe von Flaesheim zunächst noch unter der Straße hindurch ⤳ anschließend rechts über die Brücke ⤳ auf der **Kanalstraße** nach Flaesheim weiter ⤳ an der Kreuzung rechts in die **Flaesheimer Straße** ⤳ an der nächsten Straße links abbiegen.

Flaesheim (Haltern am See)

♁ **St. Maria-Magdalena.** Die ursprünglich romanische Stiftskirche wurde im 14. Jh. erbaut.

Von Flaesheim nach Waltrop *22,5 km*

Geradeaus weiter ⤳ nach Ortsende in ein Waldstück ⤳ nach dem Parkplatz den Schildern nach rechts folgen ⤳ einen Linksbogen fahren ⤳ an der Kreuzung geradeaus weiter

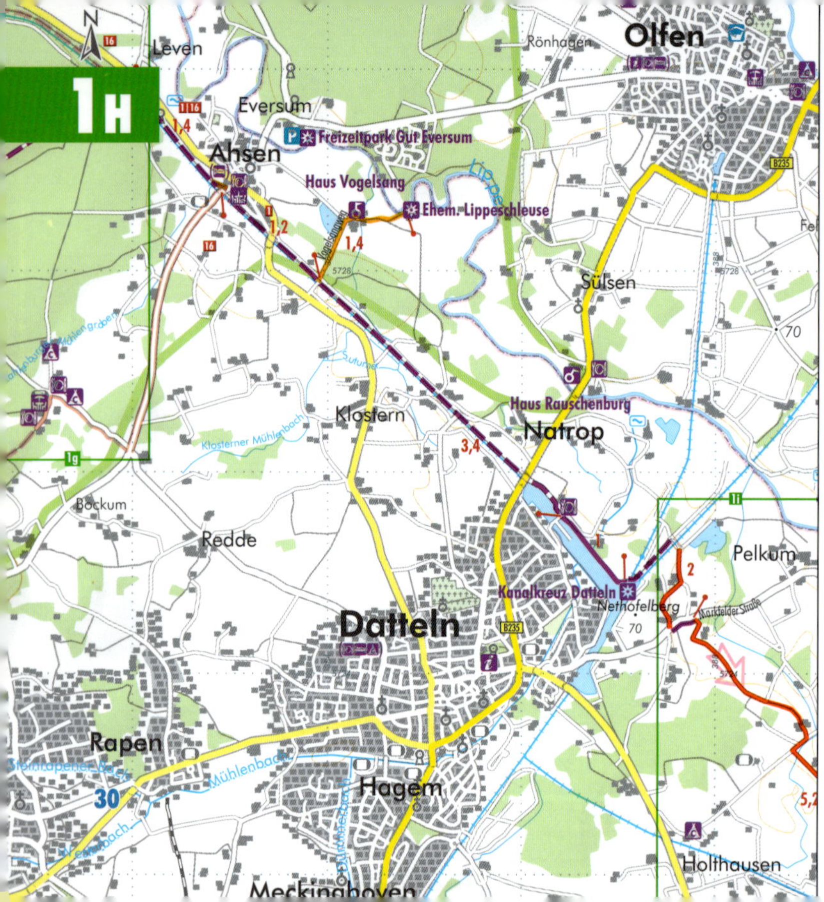

⇝ an der Kreuzung mit dem **Brandbergweg** links ⇝ rechts halten ⇝ dem Wegeverlauf folgen ⇝ an der **Ahsener Allee** links ⇝ geradeaus weiter ⇝ am Ende des Weges rechts ⇝ mit einem Linksbogen zur Brücke ⇝ über den Wesel-Datteln-Kanal ⇝ anschließend rechts auf den Dammweg ⇝ in Höhe von Ahsen zwei Brücken unterqueren ⇝ geradeaus weiter am Kanal entlang.

AUSFLUG In Höhe der Schleusengruppe Ahsen haben Sie die Möglichkeit, einen Abstecher zur ehemaligen Lippeschleuse zu unternehmen.

Dafür halten Sie sich an der Gabelung vor der Schleusengruppe links und biegen dann an der Straße **Vogelsangweg** links ab.

Sie radeln weiter am Dammweg des Wesel-Datteln-Kanals ⇝ nach Unterqueren der Bundesstraße fahren Sie an Datteln vorüber ⇝ anschließend passieren Sie das **Kanalkreuz Datteln** ⇝ der Radweg führt links hinab ⇝ mit einer Rechtskurve unter der Kanalbrücke hindurch ⇝ anschließend rechts weiter ⇝ an der Gabelung rechts halten ⇝ an der Kreuzung mit der Vorfahrtsstraße links in die **Markfelder Straße** ⇝ kurz darauf gemäß der Ausschilderung rechts abbiegen ⇝ erneut rechts ⇝ dem Straßenverlauf folgen ⇝ rechts und gleich darauf wieder links ⇝ rechts in die Straße **Im Eickel** ⇝ geradeaus über den Datteln-Hamm-Kanal ⇝ anschließend links ⇝ in Waltrop rechts in die **Gasstraße** ⇝ links in die **Ziegeleistraße** ⇝ an der Kreuzung mit der Bahnhofstraße links ⇝ beim Kreisverkehr rechts in die Straße **Am Moselbach**.

Waltrop

PLZ: 45731; Vorwahl: 02309

- **Stadtverwaltung**, Münsterstr. 1, ✆ 9300, www.waltrop.de
- **Heimatmuseum**, Riphaushof, Riphausstr. 31, ✆ 72759, ÖZ: Do 10-12 Uhr, jeden 1. u. 3. So im Monat 10-12 u. 15-18 Uhr, Exponate zur regionalen Geschichte inkl. Fotosammlung
- **St. Peter** (10./11. Jh.). Die Pfarrkirche befindet sich im hist. Ortskern von Waltrop, inmitten eines hübschen Fachwerkensembles. Hier sticht besonders der „Tempel" (16. Jh.) mit seinen zahlreichen Schmuckelementen hervor.
- **Zeche Waltrop**, Brockenscheidt. Heute befindet sich ein Gewerbepark rund um das ehem. Steinkohlen-Bergwerk. Die noch

Zeche Waltrop

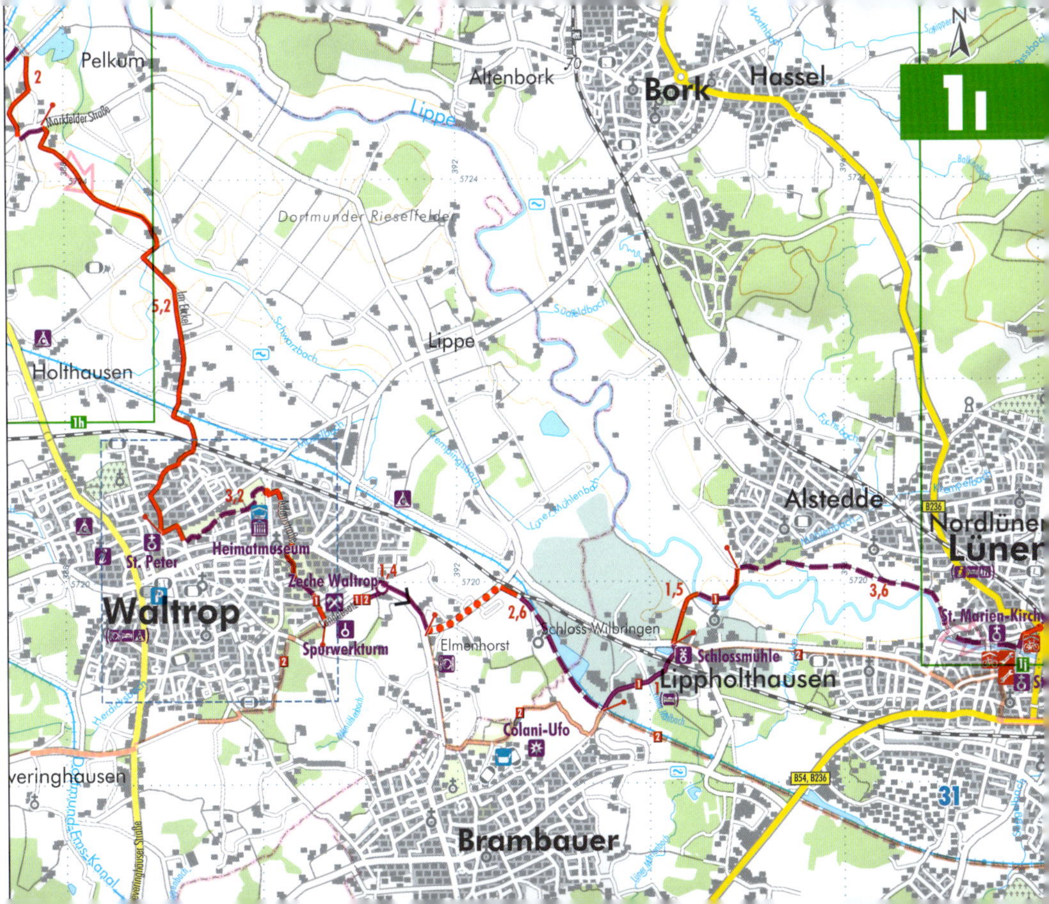

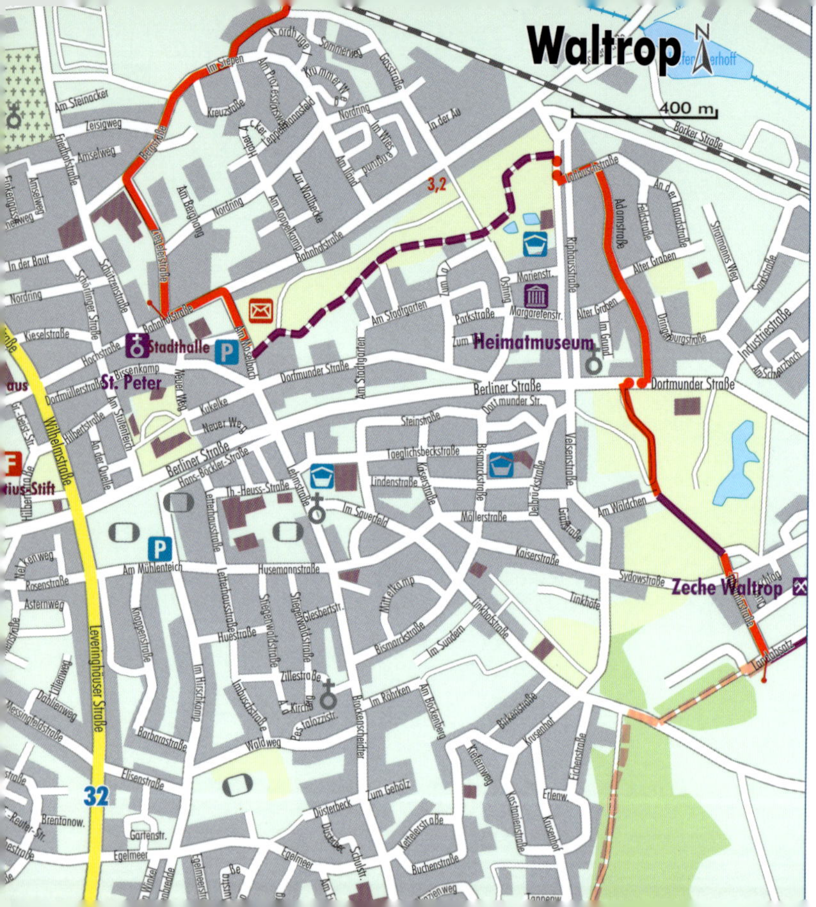

erhaltenen 11 Hallen des Areals stehen seit 1988 unter Denkmalschutz.

- **Spurwerkturm**, ehem. Zechengelände, Hiberniastr. 5. Der vom Künstler Jan Bormann konstruierte begehbare Turm bietet einen Panoramablick über Waltrop.
- **Schleusenpark Waltrop**, Am Hebewerk 2, ✆ 02363/97070. Das **Alte Schiffshebewerk Henrichenburg** gehört als einer von 8 Standorten zum Westfälischen Industriemuseum. Zu besichtigen sind neben dem Hebewerk auch 5 Schwimmerschächte, hist. Schiffe sowie Arbeitsgeräte. Zum Schleusenpark gehören außerdem noch ein Neues Schiffshebewerk (1962 in Betrieb genommen) und zwei Schleusen.

Waltrop kann sich mit einem berühmten Namen schmücken: Niemand geringerer als Karl der Große (747-814) gründete in der Bauernschaft Elmenhorst, welche heute zur Gemeinde gehört, einen Reichshof. Schon um Christi Geburt war die Gegend um Waltrop dauerhaft besiedelt, der Ortsname „Waltorpe" wurde aber erst 1032 zum ersten Mal in Verbindung mit der gleichnamigen Kirche erwähnt. Bis ins 20. Jahrhundert war Waltrop ein Gebiet ohne urbane Strukturen, was sich aber 1903 durch das Einsetzen der Industrialisierung schnell änderte und die Bevölkerung nahm stark zu. Aufgrund dieser Entwicklungen wurde der Gemeinde 1939 das Stadtrecht verliehen. Durch den Bau des Dortmund-Ems-Kanals entstanden ab dem Beginn des 20. Jahrhunderts zwei Schiffshebewerke und Schleusen im Stadtteil Henrichenburg, welche zum Zeitpunkt ihrer Entstehung zu den Wunderwerken der Ingenieurskunst zählen durften.

Heute ist Waltrop durch seine zahlreichen Grün- und Ruheflächen als

Schlossmühle bei Lippholthausen

Niederlassungsort bei den Arbeitnehmern der umliegenden Städte des Ruhrgebietes sehr beliebt, was ihr auch den Beinamen „Wohnstadt im Grünen“ einbrachte.

Von Waltrop nach Lünen 13,5 km

Links in den Radweg ~ dieser führt durch den Moselbachpark ~ an der Riphausstraße geradeaus ~ rechts in die **Adamstraße** ~ an der **Dortmunder Straße** rechts ~ gleich darauf links in den Anliegerweg ~ links in einen Radweg ~ geradeaus in die **Hiberniastraße** ~ links und an der Zeche Waltrop vorüber ~ beim Kreisverkehr rechts ~ nach Ortsende links in Richtung Selm und Datteln ~ vor der Brücke rechts in Richtung Lünen ~ mittels der Brücke über den Datteln-Hamm-Kanal.

Lünen-Lippholthausen

Schlossmühle (1760). Das zur Wassermühle gehörige Schloss, Haus Buddenburg, wurde in den 1970er-Jahren aufgrund von Baufälligkeit weggerissen.

Links halten und Gleise überqueren ~ an der Schlossmühle vorbei ~ an der Vorfahrtsstraße geradeaus in den Anliegerweg

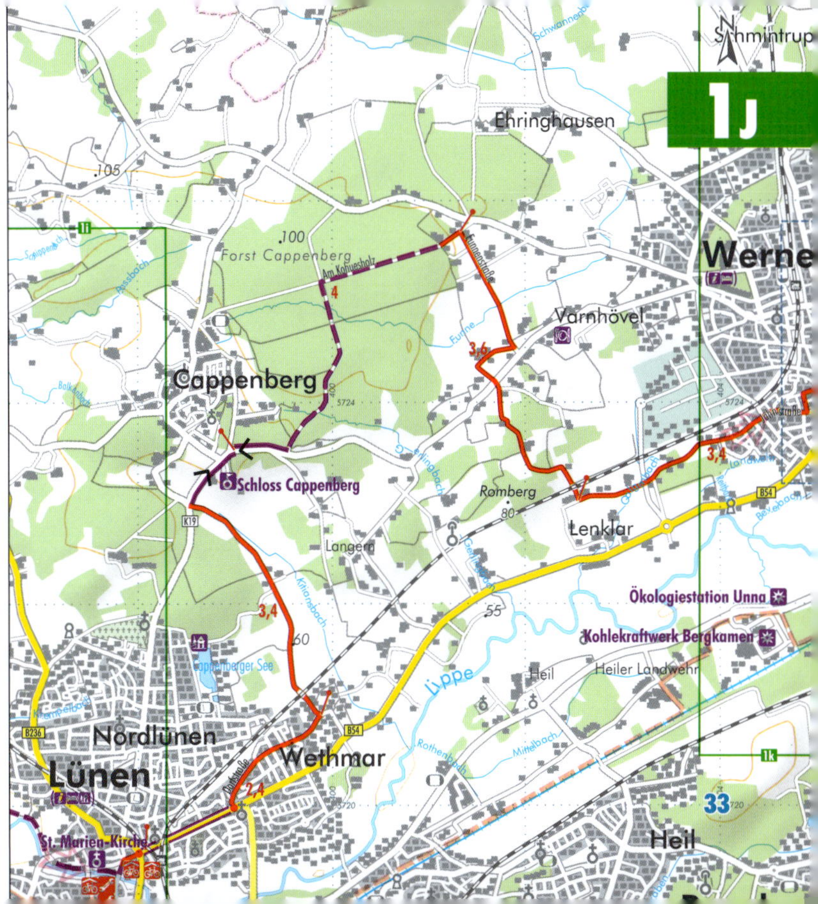

die Lippe überqueren rechts in den unbefestigten Radweg dieser führt im Anschluss entlang der Lippe nach Lünen durch die Unterführung entlang des Flusses weiter links in die Fußgängerzone rechts bis zur Kreuzung mit der Kurt-Schumacher-Straße dort geradeaus.

Lünen

PLZ: 44532, 44534, 44536; Vorwahl: 02306

Touristischer Informationspunkt der Lippetouristik e. V., Münsterstr. 1j, ✆ 781007, www.luenen.de

Museum der Stadt Lünen, Schwansbeller Weg 32, ✆ 1041649, ÖZ: April-Sept., Di-Fr 14-18 Uhr, Sa, So 13-18 Uhr, Okt.-März, Di-Fr 14-17 Uhr, Sa, So 13-17 Uhr. Das Museum ist folgenden Themenbereichen gewidmet: Wohnkultur zwischen 1840 u. 1930, Spielzeug aus dem 18. Jh.bis 1930, Gusseisen, Öfen, Keramik sowie landwirtschaftl. Arbeitsgeräte.

Bergmannsmuseum, Bahnstr. 31, ✆ 93390, ÖZ: Mo-Do 9-16 Uhr, Fr 9-13 Uhr, Ausstellungsstücke zur Bergbaugeschichte sowie zum Alltagsleben von Bergmannsfamilien.

St. Marien-Kirche (1894-1896). In der neugotischen Basilika befindet sich das älteste Mariengnadenbild des Bistums Münster.

St. Georg (1360-1366). Die evangelische Stadtkirche ist das älteste Bauwerk in Lünen.

Schloss Schwansbell (1872-1875). Im ehem. westfälischen Wasserschloss befinden sich heute Wohnungen, der Schlosspark ist frei zugänglich.

Colani-Ufo, Technologiezentrum LünTec, Lünen-Brambauer. Der Förderturm der ehem. Zeche Minister Achenbach 4 wurde vom Designer Luigi Colani umgestaltet.

Zweiradhaus Möllmann, Borker Str. 91, ✆ 51680

2-Rad Mönninghoff, Marktstr. 22, ✆ 258125

Fahr Rad, Marktstr. 2b, ✆ 22623

Radstation Arbeiterwohlfahrt, Hauptbahnhof, ✆ 72393

Radstation Brambauer, Zum Verkehrshof 7, ✆ 0231/8802655

Radstation Markt, Marktstr. 7, ✆ 268869

Erstmalig um 880/890 im Heberegister des Klosters Werden als „Sudenliunon" erwähnt, wird Lünen durch Graf Adolf II. von der Mark ab 1336 auf das südliche Lippeufer verlegt und bekommt 1341 das Stadtrecht verliehen. Das heute älteste Gebäude der Stadt, die Kirche St. Georg, wird 1366 eingeweiht. Das Industriezeitalter für Lünen beginnt, als die Lippe 1823 für die Schifffahrt nutzbar gemacht wird und 1826 Diedrich Wehrenbold die gleichnamige Eisenhütte in Betrieb nimmt. 1873 wird die Bergbauära eingeläutet, was zu einem stetigen Bevölkerungswachstum führt, 1874 wird Lünen dann an das Verkehrsnetz des Ruhrgebiets angeschlossen. 1928 zur kreisfreien Stadt erklärt, verliert Lünen diese Eigenständigkeit 1975 durch die Zuordnung zum Kreis Unna auch schon wieder. Mit der Schließung der letzten Zeche endet die über hundertjährige Bergbauära der Stadt im Jahr 1992.

Von Lünen nach Werne 17 km

Links in die **Dorfstraße** an der Gabelung rechts geradeaus über die Vorfahrtsstraße an der Gabelung links halten gegen Ortsende links in die Straße **Im Brok** durch die Bahnunterführung an der Kreuzung mit der **K 19** rechts am Schloss Cappenberg vorbeifahren.

Schloss Cappenberg

Schloss Cappenberg (17. Jh.), ✆ 02306/71170, ÖZ: Di-So 10-17 Uhr. In der ehem. Klosteranlage ist ein Museum mit einer

Schloss Cappenberg

Dauerausstellung zur Geschichte des Schlosses und seinem bekanntesten Bewohner, Freiherr von Stein, untergebracht. Auf dem Gelände von Schloss Cappenberg befinden sich außerdem ein Wasserturm (1899), eine Greifvogelwarte sowie ein Wildpark.

Links abbiegen in den Forst Cappenberg ~ im Wald rechts in den Weg namens **Am Kohuesholz** ~ ab dem Waldrand ist der Weg wieder befestigt ~ rechts in die **Funnenstraße** ~ die Schildern weisen bald nach rechts ~ anschließend wieder links ~ an der Vorfahrtsstraße geradeaus ~ ein Waldstück durchfahren ~ nach der Rechtskurve durch die Unterführung ~ an der T-Kreuzung links in Richtung Hamm und Werne ~ an der folgenden Kreuzung geradeaus weiter ~ Sie nähern sich nun Werne ~ dort an der Kreuzung geradeaus in die **Jahnstraße** ~ links in Richtung Hamm ~ rechts in die **Cappenberger Straße** ~ die Vorfahrtsstraße geradeaus überqueren ~ beim Kreisverkehr rechts, also die erste Ausfahrt nehmen.

Werne

PLZ: 59368; Vorwahl: 02389

- **Stadtmarketing**, Markt 19, ✆ 534080, www.stadtmarketing-werne.de
- **Karl-Pollender-Stadtmuseum**, Kirchhof 13, ✆ 780773, ÖZ: Di-Fr 10-12 Uhr u. 14-17 Uhr, Sa n. V., So 10-13 Uhr. Themen: Vor- und Frühgeschichte, mittelalterl. Stadtwerdung von Werne, Werne im 19. u. 20. Jh., Sonderausstellungen sowie Dia- und Filmvorführungen.
- **Kapuzinerkloster**, gegründet 1659, Anlage erbaut zwischen 1671 u. 1673.
- **St. Christophorus**. Die Pfarrkirche wurde um 1400 als dreischiffige Hallenkirche erbaut.
- **Freilichtbühne**, Südring 2, ✆ 532696, Kindertheaterstücke
- **Hist. Ortskern** mit Fachwerkhäusern, **Rathaus** (1512-1514) u. **Wärmehäuschen/Spiker**. Diese wurden rund um den Kirch-

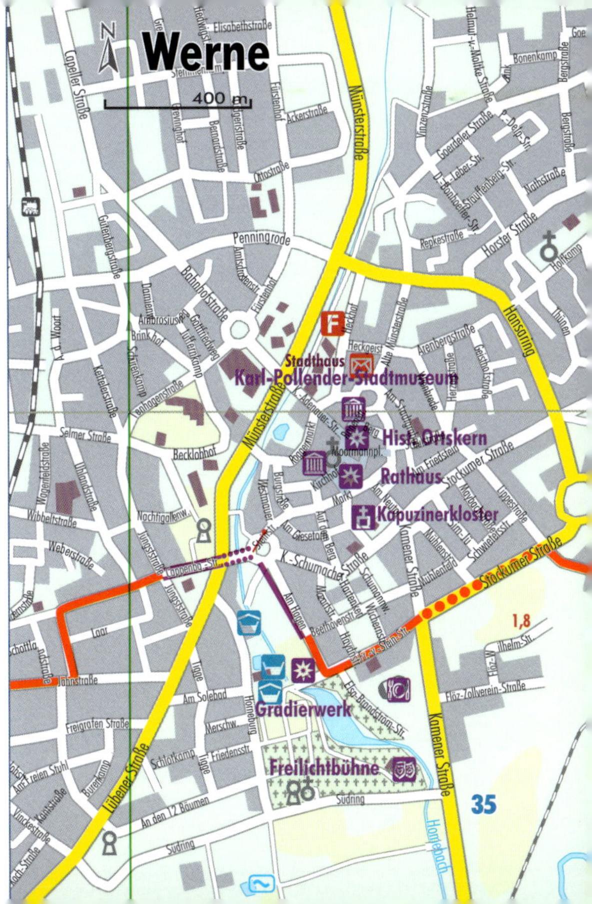

platz als Speicher sowie als Möglichkeit zum Aufwärmen vor/nach dem Kirchenbesuch erbaut.

- **Gradierwerk**, am Stadtpark. Die 1990 errichtete Anlage zur Salzgewinnung erzeugt ein maritimes Klima.
- **Natur-Solebad Werne**, Am Hagen 2, ✆ 98920, ÖZ: Mo 14-21 Uhr, Di-Fr 6-20 Uhr, Sa, So/Fei 7-20 Uhr
- **Möllmann**, Burgstr. 6, ✆ 1885
- **Radstation**, Am Bahnhof 9, ✆ 4022690
- **Radstation** , Roggenmarkt, ✆ 02307/91221248

In Werne

Bischof Liudger von Münster lässt um 800 im heutigen Gebiet Wernes eine Kapelle errichten, in deren Umfeld sich eine Gemeinde bildet. Diese Gemeinde wird 834 zum ersten Mal urkundlich erwähnt. Mit dem Bau eines Walls und der Aushebung eines Grabens um den Kirchhof beginnt 1302 die Befestigung Wernes, welche 1383 abgeschlossen wird. 1385 erhält Werne das „Wigboldrecht" (minderes Stadtrecht). Graf Adolf von der Mark lässt die Stadt 1400 niederbrennen, woraufhin sie ab 1415 vollständig mit Mauern, Türmen und Toren befestigt wird. Auch diese Wehranlage wird bis 1843 vollständig abgerissen. Im Zuge von Kohlebohrungen in den Jahren 1873-1874 wird in Werne eine Solequelle entdeckt, was die Gemeinde zur Badestadt macht. Mit der Gründung der Zeche Werne 1899 (Schließung 1975) beginnt die Industrialisierung.

Von Werne nach Hamm 14,5 km

Links in die **Freiherr-von-Stein-Straße** ~ an der Kamener Straße geradeaus ~ rechts in die **Lippestraße**.

VARIANTE Alternativ zum nächsten Abschnitt entlang der Lippe können Sie links in den Radweg auf der ehem. Bahnstrecke einbiegen. Gegen Ortsende von Stockum biegen Sie rechts ab und gelangen so wieder zur Hauptroute.

Rechts in die Straße **Am Fischerhof** ~ auf dem Radweg die Lippe überqueren ~ anschließend links ~ entlang des Flusses weiter ~ die Autobahn unterqueren ~ der Weg führt anschließend zwischen Lippe und dem Datteln-Hamm-Kanal bis zur Vorfahrtsstraße ~ in der Linkskurve rechts ab ~ mit einer Links-/Rechtskuve den Hafen umfahren.

AUSFLUG An der nächsten Brücke haben Sie die Möglichkeit, einen Abstecher zur Halde Kissinger Höhe zu unternehmen.

Dem Radweg zwischen Lippe und Kanal weiterhin folgen.

AUSFLUG An der folgenden Brücke über die Lippe bietet sich ein Ausflug zur Zeche Radbod an.

Sie radeln am Stadthafen Damm vorüber ~ unter der Eisenbahnbrücke hindurch.

Hamm

PLZ: 59001-59077; Vorwahl: 02381

- **Verkehrsverein Hamm e. V.**, Willy-Brandt-Platz, ✆ 23400, www.hamm.de, www.verkehrsverein-hamm.de
- **Gustav-Lübcke-Museum**, Neue Bahnhofstr. 9, ✆ 175714, ÖZ: Di-Sa 11-18 Uhr, So 10-18 Uhr, kunstgeschichtl. Exponate aus

dem Mittelalter bis in die Gegenwart, ägyptische Kunst, Kunst aus dem 20. Jh., Wechselausstellungen

Pauluskirche (13. Jh.), Marktplatz. Die evangelische Kirche befindet sich in der hist. Innenstadt von Hamm und gilt als ältestes Bauwerk der Stadt.

Maximilianpark, Alter Grenzweg 2, ✆ 982100, ÖZ: April-Sept., 9-21 Uhr, Okt.-März, 10-19 Uhr, mit Kinderspielland, Schulbiologischem Zentrum, Maximiliansee, Schmetterlingshaus u. v. m. Der begehbare **Glaselefant** ist eine Umgestaltung der ehem. Kohlenwäsche der Zeche Maximilian. Im Inneren des Wahrzeichens befindet sich ein Palmengarten mit einer Dauerausstellung. Es bietet sich außerdem ein toller Ausblick über den Maximilianpark sowie Hamm.

Otmar Alt-Stiftung, Obere Rothe 7, ✆ 02388/2114, ÖZ: Di, Do 15-19 Uhr, So 11-16 Uhr, Ausstellungen, Konzert-, Theater- u. Kabarettveranstaltungen

Hauptbahnhof, Willy-Brandt-Platz. Das Gebäude wurde im neobarocken Sil errichtet und für seine gelungene Restaurierung mit dem Europa-Nostra-Diplom prämiert.

Alfred-Fischer-Halle, Sachsenweg 8, Hamm-Heessen, ✆ 175511. Die Halle befindet sich auf dem Gelände der ehem. Zeche Sachsen und dient als Veranstaltungsort für Messen, Konzerte, Theaterstücke sowie Musikereignisse.

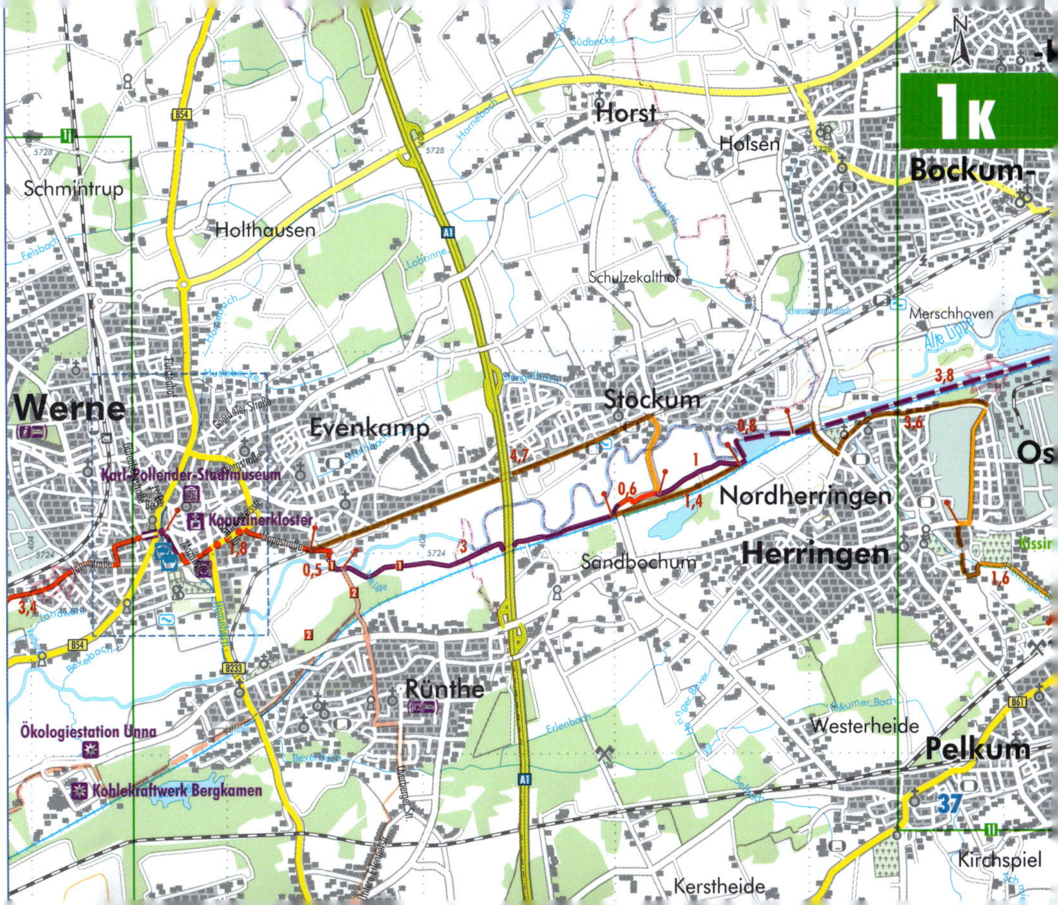

Zeche Sachsen

- **Ehem. Zeche Radbod**, Bockum-Hövel, Führungen n. V. unter ✆ 3077521 (Hans Brall). Zu besichtigen sind die Doppelschachtanlage, eine ehem. Maschinenhalle u. a.
- **Wassertürme Berge**, Hellweg, Hamm-Berge. Die Türme wurden 1907 bzw. 1915 errichtet und fassen 2000 bzw. 3000 m³. Sie können nur von außen besichtigt werden.
- **Tierpark Hamm**, Grünstr. 150, ✆ 53132, ÖZ: März-Okt., 9-18.30 Uhr, Nov.-Feb., 9-16.30 Uhr
- **Erlebnistherme Maximare**, Jürgen-Graf-Allee 2, ✆ 8780, ÖZ: Mo-Fr 8-22 Uhr, Sa, So 9-22 Uhr
- **Radstation**, Hauptbahnhof Hamm, ✆ 927191

1226 wird Hamm als Planstadt von Graf Adolf I. von der Mark gegründet. Sie steht am Beginn einer Reihe von Stadtgründungen durch dieses Geschlecht, um die Grafschaft Mark militärisch und wirtschaftlich zu stärken. Von 1469 bis 1651 ist Hamm Mitglied bei der Hanse, die Entwicklung der Stadt wird aber durch Katastrophen wie zum Beispiel den großen Stadtbrand 1741 immer wieder gebremst. Bei Kohlebohrungen 1876 stößt man bei Hamm-Mark auch auf eine Sole, was zur Gründung eines Kurbades führt. In der Folge wächst die Einwohnerzahl stärker, wodurch die Stadt 1901 kreisfrei wird. Hamm ist heute, in der Tradition der alten Hanse im Mittelalter, Mitglied der „Neuen Hanse“. Diese wurde gegründet, um in den dort zusammengeschlossenen Städten Handel und Tourismus zu fördern.

AUSFLUG Wenn Sie die nächste Brücke überqueren, können Sie einen Ausflug zum ehemaligen Steinkohlebergwerk Zeche Sachsen in Heessen unternehmen.

Zeche Radbod

Von Hamm nach Unna — 33 km

Sie radeln südlich des Kanals weiter → nach einem Rechtsbogen nun entlang der Ahse → diese überqueren und rechts weiter bis zur K 26 → der Radweg führt anschließend an Mark entlang.

AUSFLUG In Höhe der Brücke führt links der Abstecher zum Maximilianpark weg.

Rechts über die Brücke → anschließend links weiter → rechts in die Straße **Neuenkamp**

~ an der Vorfahrtsstraße geradeaus ~ über eine Brücke und durch ein Waldstück ~ am **Caldenhofer Weg** links ~ Westtünnen durchfahren.

Hamm-Westtünnen

Am Ortsende rechts in die **Brucknerstraße** ~ an der T-Kreuzung links ~ bald darauf rechts in die **Weißenstraße** ~ Bahngleise überqueren ~ dem Straßenverlauf bis in den nächsten Ort, Rhynern, folgen ~ dort an der Vorfahrtsstraße links abbiegen.

Hamm-Rhynern

An der folgenden Kreuzung links ~ gleich darauf wieder rechts in die Straße **An der Windmühle** ~ kurz darauf links in den **Bördenweg** ~ nach Ortsende die Autobahn unterqueren ~ an der Straße **Oberster Kamp** rechts ~ die Bundesstraße geradeaus überqueren ~ die Ausschilderung weist bald links ~ in **Opsen** rechts abbiegen ~ eine Linkskurve fahren ~ die Opsener Straße geradeaus überqueren ~ bei **Drechen** rechts in die **Kumper Heide** ~ an der nächsten Kreuzung links ~ gleich darauf wieder rechts ~ dem Straßenverlauf

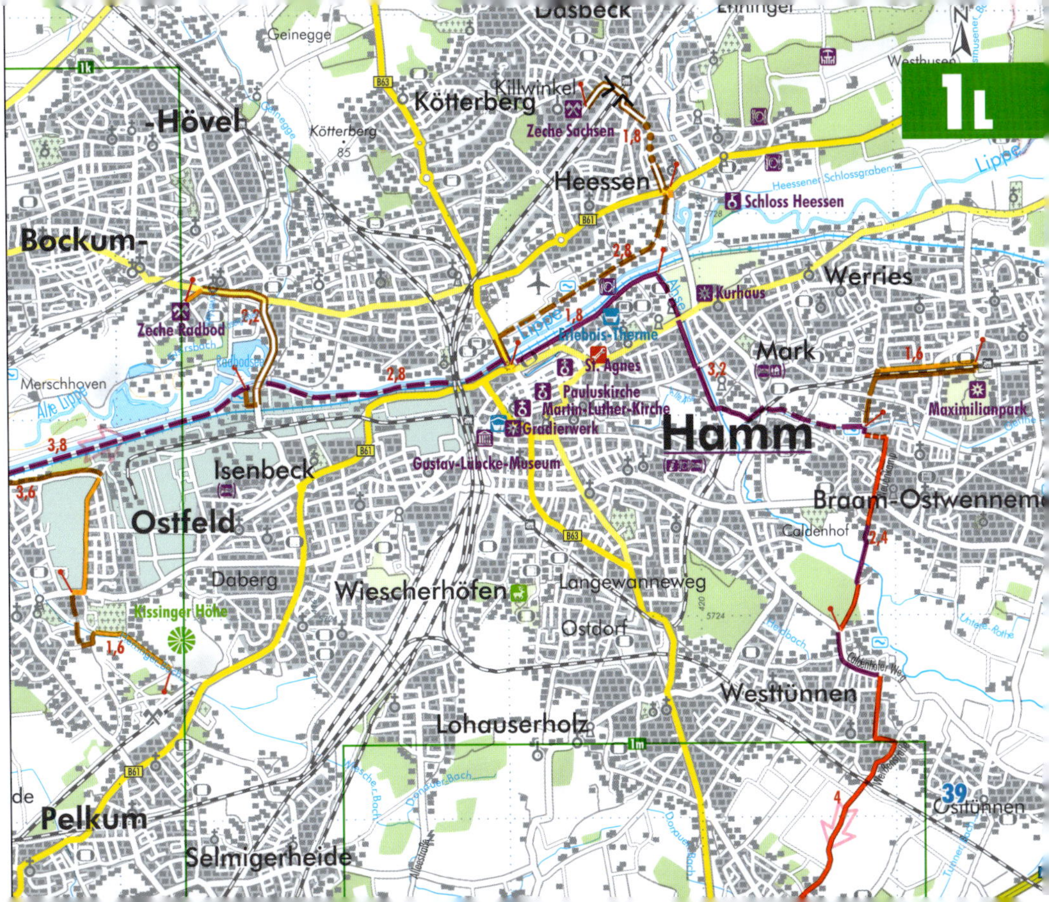

folgen ↝ links in die **Disselstraße** ↝ bis Flierich weiter.

Bönen-Flierich

PLZ: 59199; Vorwahl: 02383

Backhaus Flierich, Kamener Straße, ✆ 8546. Im hübschen Fachwerkhaus kann eine kleine Ausstellung zur Dorfgeschichte mit Alltagsgegenständen sowie Dokumenten besichtigt werden.

An der Vorfahrtsstraße links ↝ anschließend rechts in die **Sinnerstraße** ↝ Flierich verlassen ↝ in der Rechtskurve im spitzen Winkel nach rechts ↝ der unbefestigte Radweg verläuft entlang der ehemaligen Westfälischen Eisenbahn ↝ Sie durchfahren Bramey-Lenningsen.

Lenningsen (Bönen)

Die Ausschilderung weist an der Vorfahrtsstraße links ↝ bald darauf rechts in einen Landwirtschaftsweg ↝ an der T-Kreuzung rechts ↝ Gleise überqueren ↝ links hinauf und auf dem unbefestigten Radweg weiter ↝ dieser führt im Anschluss nach Unna ↝ dort an der Kreuzung links ↝ rechts in die **Hubert-Biernat-Straße** ↝ links in den **Kurpark Königsborn** ↝ auf dem Radweg durch den Park ↝ an der **Parkstraße** links ↝ an der Ampelkreuzung rechts ↝ bergauf und bis zum Kreisverkehr weiter ↝ dort links in die **Friedrich-Ebert-Straße** ↝ nach rechts hin durch die Unterführung ↝ geradeaus weiter ↝ der Ausschilderung nach links folgen.

AUSFLUG: Geradeaus gelangen Sie über die Fußgängerzone und anschließend die **Massener Straße** zur Lindenbrauerei Unna.

Unna

PLZ: 59423, 59425, 59427; Vorwahl: 02303

i-Punkt, Lindenpl. 1, ✆ 103777, www.unna.de

Hellweg-Museum, Burgstr. 8, ✆ 256445, ÖZ: Di-Fr 10-12.30 Uhr u. 15-17 Uhr, Sa 11-13 Uhr, So/Fei 11-13 Uhr u. 15-17 Uhr, Themen: Geschichte der Stadt, Unna im Zusammenhang mit dem Hellweg (Fernhandelsstraße), Der Goldschatz von Unna (230 im Burgturm gefundene mittelalterliche Goldmünzen), u. a.

Zentrum für Internationale Lichtkunst Unna, Lindenpl. 1, ✆ 103770, ÖZ: Führungen Di, Mi, Fr 14 Uhr, 15.30 Uhr, 17 Uhr, Do 14 Uhr, 15.30 Uhr, 17 Uhr, 18.30 Uhr, Sa, So/Fei 13 Uhr, 14 Uhr, 15 Uhr, 16 Uhr, 17 Uhr. Das einzigartige Museum in der ehem. Lindenbrauerei Unna widmet sich der Lichtkunst auf 2.400 m² unter der Erde. Es werden Installationen berühmter Künstler dargeboten, außerdem finden hier regelmäßig Wechselausstellungen, Symposien und Workshops statt.

♁ **St. Katharina** (1933/34). Katholische Pfarrkirche. Sie wurde aus Anröchter Sandstein erbaut. Die Tympana über den drei Westportalen und die Heiligenfiguren Bonifatius und Canisius wurden vom Bildhauer Josef Baron 1955/56 geschaffen.

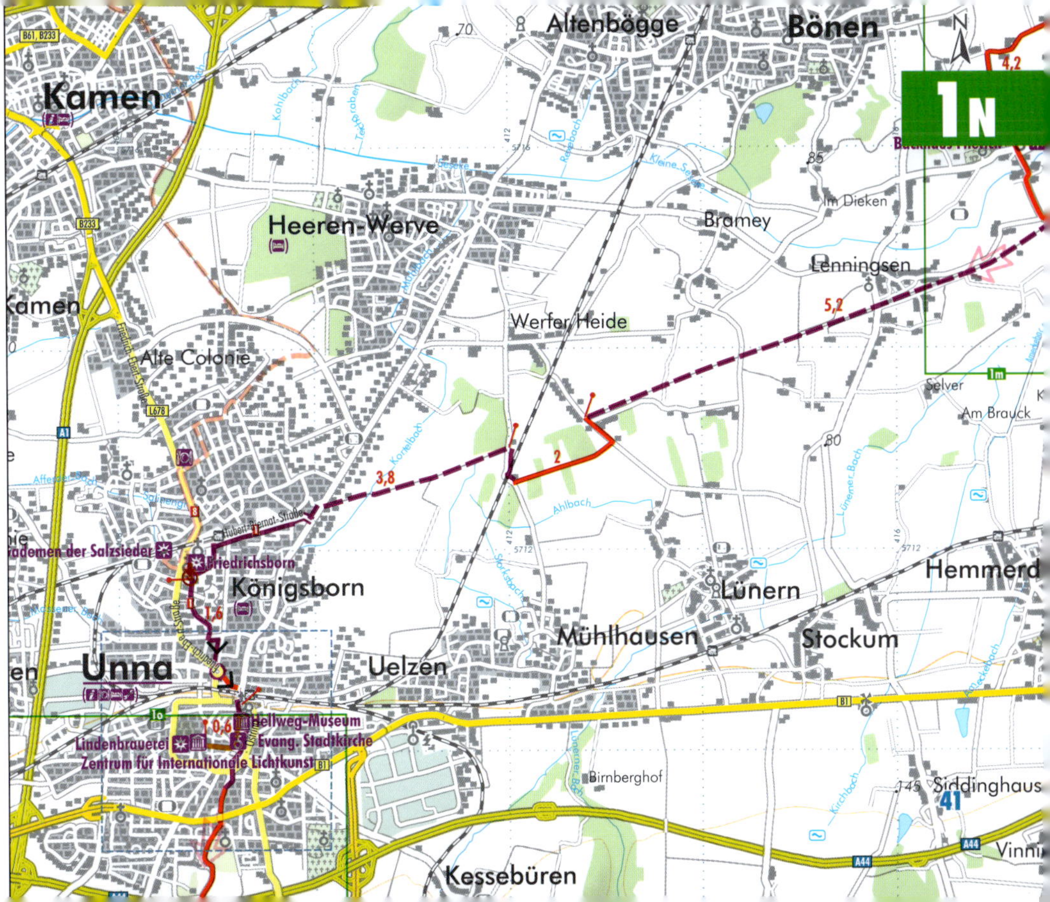

Unna, Lindenbrauerei

Evangelische Stadtkirche. Sie ist ein dreischiffiger Hallenbau in gotischem Stil. Nach einem Blitzschlag 1863 wurde der neugotische Turmhelm aufgesetzt. Der 84 m hohe Turm wird von zwei mächtigen Säulen mit neun Metern Umfang gestützt.

Theater Narrenschiff, im Kultur- und Kommunikationszentrum Lindenbrauerei, Massener Str. 33-35, ✆ 770505

Lindenbrauerei Unna (errichtet ab 1859), Massener Str. 33-35, ✆ 251120. Das ehem. Sudhaus, das Kesselhaus, der Schornstein (1936) sowie das Schalandergebäude stehen unter Denkmalschutz. Heute finden in der ehem. Braustätte u. a. Konzerte und Ausstellungen statt.

„Zum König von Preußen", Markt 13. In diesem ehemaligen Gasthof übernachtete 1821 und 1843 der Dichter Heinrich Heine.

Altes Rathaus (1829-33), Markt. Anstelle des ehemaligen Gildehauses erbaut. Es diente bis 1914 der Stadtverwaltung, seit 1969 ist es eine öffentliche Bibliothek.

Fachwerkhäuser (16. u. 17. Jh.). Markt 10 und 11. Hier befinden sich die bedeutendsten noch erhaltenen Fachwerkhäuser der Innenstadt.

Schokoladenhaus (1889). Dieses Haus wurde anstelle des 1882 abgerissenen gotischen Rathauses erbaut. Dabei wurden die Toiletten vergessen und später als Balkone zur Gasse hin eingebaut.

Eulenturm (Oelckenturm) (1475). Der Turm ist ein Rest eines Wehrturms der mittelalterlichen Stadtbefestigung. Durch eine fehlerhafte Übersetzung aus dem Niederdeutschen wurde Mitte des 19. Jhs. aus „Oelckenturm" (Illtisturm) der Eulenturm.

Fachwerkhaus (1577), Gürtelstr. Haus 19. Das älteste Fachwerkhaus in Unna. Eine Balkeninschrift weist die Jahreszahl 1577 auf.

Unnas letzter Nachtwächter (1904). Dem letzten Nachtwächter Friedrich-Wilhelm Werbinsky (1822-1905) wurde mit diesem Standbild ein Denkmal gesetzt.

Kurpark Königsborn

Höni, Gerhart-Hauptmann-Str. 16, ✆ 12702

Radstation, Bahnhof Unna, ✆ 237143

Radstation, Parkhaus, Massener Straße, ✆ 2001314

Schon vor ca. 5000 Jahren war das Gebiet um Unna aufgrund des fruchtbaren Lössbodens von Ackerbauern und Viehzüchtern dauerhaft besiedelt. Zum ersten Mal erscheint der Name „Unna" mit der Erwähnung der Kirche zu Unna 1032. Um diese Kirche entstand nach und nach das gleichnamige Dorf, welches 1290 durch Graf Eberhard II. von der Mark Unna das Stadtrecht erhielt und ab 1469 zur Hansestadt

Auffahrt zur ehemaligen Westfälischen Eisenbahn bei Unna

wurde. Es folgten Wohlstand und Reichtum, wovon Gebäude wie die Stadtkirche, das Rathaus, das Gilde- und Krameramtshaus sowie der berühmte Goldschatzfund von Unna (vergraben um 1373) zeugen. Ab der Mitte des 16. Jahrhunderts ging die wirtschaftliche Blütezeit unter anderem durch den Niedergang des Hansebundes, die Pest, der über 50% der damaligen Bevölkerung zum Opfer fielen, und den Dreißigjährigen Krieg dem Ende zu. Erst durch die Anbindung Unnas an die neuen Zentren des Ruhrgebiets um 1855 und den Beginn des Steinkohlebergbaus ab 1870 erfolgte ein wirtschaftlicher Erholungsprozess. Seit der Strukturkrise des Ruhrgebiets in den 1960er-Jahren wandelt sich Unna immer mehr vom Industrie- zum Dienstleistungsstandort.

Von Unna nach Schwerte 19,5 km

Auf dem Radweg entlang des **Ostringes** weiterradeln ~ rechts halten ~ links in die **Grabengasse** ~ den Südring und die Schillerstraße auf der Brücke überqueren ~ an der **Bornekampstraße** nach links wenden ~ am Ortsende durch die Unterführung ~ an der Gabelung rechts ~ die Autobahn unterqueren ~ an der T-Kreuzung links ~ gleich darauf wieder rechts ~ ein Waldstück durchfahren

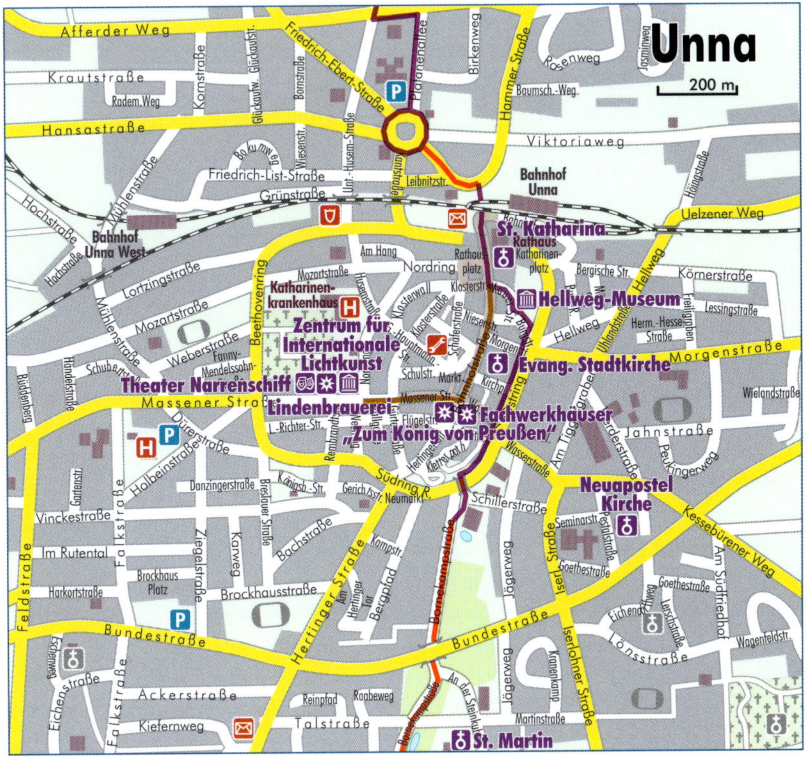

⇝ gemäß der Ausschilderung rechts und in Richtung Billmerich weiter ⇝ dort rechts halten ⇝ an der T-Kreuzung rechts ⇝ kurz darauf links in die **Liedbachstraße**.

Billmerich (Unna)

Am Ortsende der Rechtskurve bergauf folgen ⇝ bei den nächsten Häusern links in den Anliegerweg ⇝ an der Kreuzung mit der L 678 geradeaus ⇝ anschließend links halten ⇝ weiter bis Opherdicke ⇝ dort am Ortsbeginn links in den **Krämersweg**.

Opherdicke (Holzwickede)

Haus Opherdicke (12. Jh.). Die Wasserburg wurde im 17. Jh. umgestaltet und erhielt so ihr heutiges Aussehen. Der Schlosspark ist in Form eines englischen Gartens angelegt. Heute ist Haus Opherdicke Veranstaltungsort für diverse kulturelle Veranstaltungen.

An der T-Kreuzung rechts ⇝ nach der Katholischen Kirche links in die **Kuhstraße** ⇝ an der **K 27** rechts ⇝ an der nächsten Vorfahrtsstraße geradeaus in die **Ruhrstraße** ⇝ durch die Bahnunterführung.

Haus Opherdicke

TIPP: Von nun an begleitet Sie bis Duisburg auch die Ausschilderung des Ruhrtal-Radweges.

Sie radeln nun vorbei an den sieben Zeichen an der Ruhr.

Die sieben Zeichen an der Ruhr

Verschiedene Skulpturen mit dem Vermerk: Diese sind zugetan dem Wasser, der Erde, der Luft, dem Feuer und allen anderen möglichen Dingen.

Über eine große Brücke und der Ausschilderung nach rechts folgen in Richtung Schwerte ⇝ Sie befinden sich nun im Wasserschutzgebiet und radeln direkt neben der Ruhr ⇝ an der Ohler Mühle vorbei ⇝ hier eine Brücke überqueren und weiter geht's auf dem asphaltierten Weg ⇝ direkt vor dem Lettenhof scharf rechts in den **Letteweg** ⇝ die Häuser oben am Berg gehören zu Hennen ⇝ nach zirka einem Kilometer erreicht man die Vorfahrtsstraße ⇝ hier gibt es eine Schranke, diese kann man aber leicht umfahren – rechts auf die Vorfahrtsstraße ⇝ es gibt einen Radstreifen auf der rechten Seite ⇝ die Ruhr überqueren und gleich danach links Richtung Wasserwerk Villigst einbiegen ⇝ bis Schwerte Zentrum sind es 6 Kilometer ⇝ zunächst rechts neben der Ruhr radeln, zur Rechten befindet sich Geisecke ⇝ an der Kreuzung biegt der A 10 rechts ab Richtung Geisecke Zentrum ⇝ die Route führt geradeaus weiter ⇝ direkt rechts daneben verläuft ein Kanal ⇝ die Ruhr fließt etwas weiter links ⇝ nun mitten durch die Viehweiden fahren ⇝ genau vor Ihren Augen haben Sie den Kirchturm der Stadt Schwerte ⇝ am Gut Ruhrfeld rechts und über die Brücke ~ danach links, bei der nächsten Brücke wieder links über den **Mühlenstrang** ~ die Route geht rechts weiter ~ unter der B 236 hindurch ~ weiter an den Kleingärten entlang ~ an der T-Kreuzung rechts ~ links ab in einen geschotterten Rad- und Fußweg ~ vor dem kleinen Flüsschen weist die Ausschilderung nach links.

VARIANTE Die Hochwasserumfahrung führt an dieser Stelle nach rechts hin weiter.

Schwerte, Marktplatz

Hochwasserumfahrung Schwerte 3 km

Dem Radschild beim Flüsschen nicht nach links folgen, sondern rechts ab ~ eine Brücke nach links hin überqueren ~ dem unbefestigten Rad- und Fußweg bis zu seinem Ende folgen ~ im spitzen Winkel links in einen kleinen, schmalen Weg einbiegen, der nur für Radfahrer freigegeben ist ~ es geht bergauf und an Sportplätzen vorüber ~ einige Wohnhäuser passieren ~ an der Kreuzung mit der **Hagener Straße** links auf diese einbiegen ~ links ab in die Straße **Am Ochsenhügel** ~ im weiteren Verlauf in den unbefestigten Rad- und Fußweg.

Für die Hauptroute vor der Ruhr die Brücke nach rechts hin überqueren ~ danach links auf dem Radweg entlang der Ruhr weiter.

Schwerte

PLZ: 58239; Vorwahl: 02304

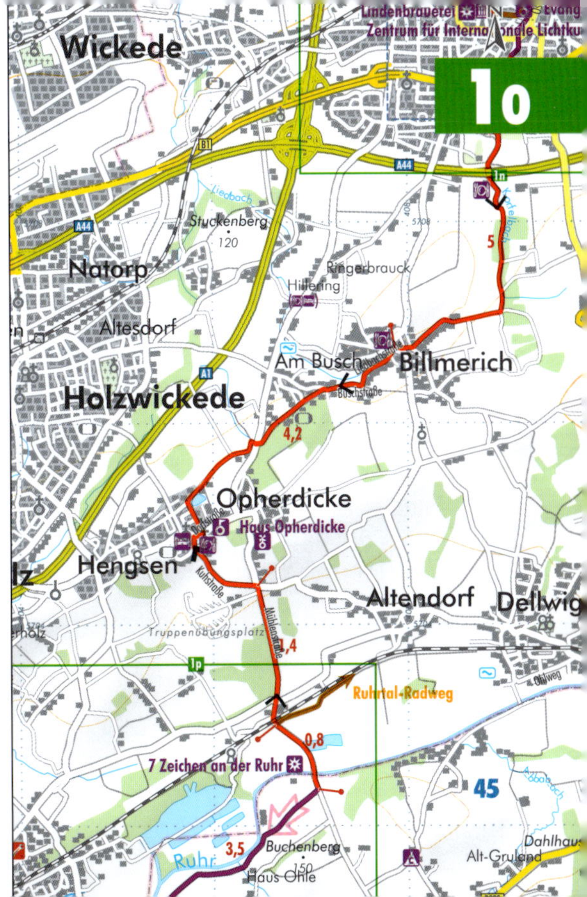

Touristik-Information Schwerte, Brückstr. 14, ✆ 104777, www.schwerte.de

Ruhrtalmuseum, Brückstr. 14, ✆ 219950, ÖZ: Di-So 11-17 Uhr. Das Museum zeigt die Entstehung und Entwicklung des mittleren Ruhrtals sowie der Stadt Schwerte.

Schwerter Senfmühle, Ruhrstr. 16, ✆ 776111, ÖZ: Mi und Sa 10-13 Uhr und n. V. Westfalens letzte historische Senfmühle, deren Stammhaus seit 1845 existiert – Führungen mit Kostproben.

St. Viktor, ÖZ: Mi und Sa 10-13 Uhr. Die Kirche mit dem schiefen Turm ist ebenfalls ein bauliches Wahrzeichen der Stadt Schwerte. Eine Besonderheit im Inneren ist der Antwerpener Schnitzaltar.

Schwerte, Ruhrtalmuseum und St. Viktor-Kirche

Altes Rathaus (1547). Es zählt zu den baulichen Wahrzeichen von Schwerte. Spätgotischer Bau mit Stufengiebel und der von neuen Bögen gesäumten Laubenhalle. Diese war in früherer Zeit Standort des Wochenmarktes und der Stadtwaage. Heute befindet sich das Ruhrtal-Museum darin.

Haus Ruhr, Hagener Str. 241, ✆ 996000. Spätmittelalterliche Burganlage. Die baulichen Erweiterungen reichen bis ans 19. Jh. heran. Heute beherbergt das Haus die Ruhr-Akademie.

Rohrmeisterei Schwerte, Ruhrstr. 20, ✆ 2013001. Die ehem. Pumpstation wurde zu einem Kultur- und Bürgerzentrum umgewandelt, in dem heute diverse Veranstaltungen stattfinden.

Elsebad, Am Winkelstück 113, ✆ 78783

Fahrrad Fachmarkt, Hagener Str. 59, ✆ 15748

Zweirad-Center Markgraf, Zwischen den Wegen 8, Geisecke, ✆ 467601

Radstation Schwerte-Ergste, Lindenufer 6, Ergste, ✆ 0152/03805374

Im Jahre 962 erstmals urkundlich erwähnt, kann die alte westfälische Hansestadt Schwerte auf eine lange Geschichte zurückblicken. 1397 wurden, durch Graf Dietrich I. von der Mark, die vollen Stadtrechte verliehen. Durch den Einfluss der Hanse nahm das metallverarbeitende Gewerbe einen wirtschaftlichen Aufschwung. Nach dem Anschluss an das Eisenbahnnetz 1867 siedelten sich metallverarbeitende Betriebe an. In den 60er und 70er Jahren wuchs die Bevölkerung durch die Standortvorteile im überregionalen Verkehrsnetz und dem hohen Wohnwert. Heute ist Schwerte ein beliebtes Ausflugsziel für Erlebnis- und Erholungsuchende. Die sehenswerte Altstadt hat viele liebevoll gepflegte Fachwerkhäuser und zahlreiche historische Gebäude zu bieten.

Von Schwerte nach Wetter — 18 km

Der Ausschilderung weiterhin folgen ~ der Radweg führt entlang des Flusses bis zum Sportplatz in Wandhofen.

Schwerte-Wandhofen

Am Sportplatz vorbei, dann rechts ~ auf der Straße **Untere Wülle** links ~ an der Kreuzung links hinunter zum Wassergewinnungswerk ~ erst noch die Bahn unterqueren ~ nun hinunter

Ruhr bei Westhofen

zum Werk und dann ganz rechts hinauf auf dem asphaltierten Weg ~ bergab und unter der Autobahn hindurch ~ der Rechtskurve folgen ~ bald darauf eine Linkskurve fahren ~ an der T-Kreuzung links ab ~ vor der Ruhrakademie rechts hinab ~ mit einer Links-rechts-Kombination in ein Waldstück ~ es folgen zwei weitere Links-rechts-Kombinationen.

Schwerte-Westhofen

In der Kreuzung mit der Wasserstraße geradeaus weiter ~ direkt vor dem Ufer der Rechtskurve folgen ~ unmittelbar am Ufer der Ruhr entlang ~ noch vor dem

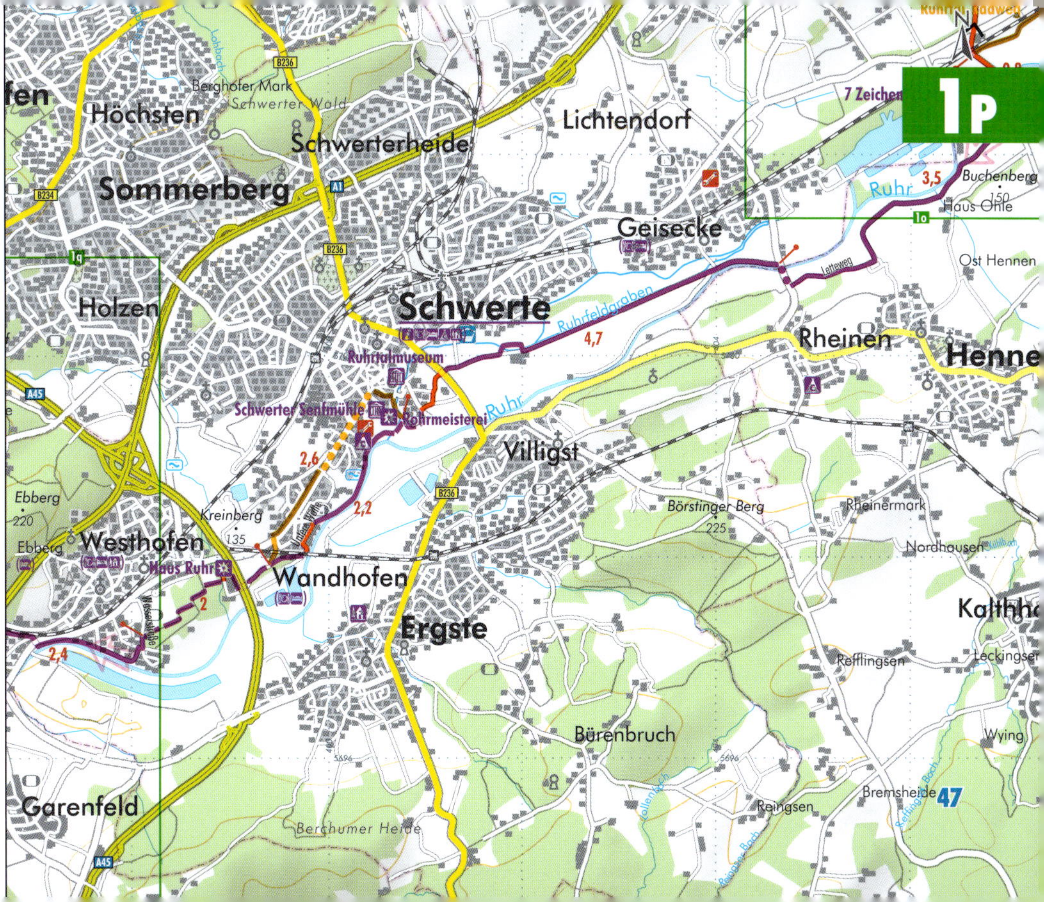

Wasserwerk Westhofen rechts abbiegen ⇝ unter der Straße durch und weiter parallel zu den Bahngleisen ⇝ kurz nach dem Unterqueren der Autobahn rechts unter der Bahnstrecke durch ⇝ an der Straße nach links.

AUSFLUG An der nächsten Kreuzung können Sie entweder an der Ruhr eben weiterfahren, oder einen äußerst sportlichen Ausflug über Hohensyburg zur Festung unternehmen.

Variante über Hohensyburg 3,5 km

Bei der Kreuzung geradeaus und es geht bergauf ⇝ die Straße verläuft sehr kurvenreich ⇝ am Gasthaus Eichkamp und an der Naturbühne Hohensyburg vorbei ⇝ immer dem Straßenverlauf folgen ⇝ zur Linken liegt ein Campingplatz ⇝ an der Kreuzung rechts ⇝ an der nächsten Kreuzung bei dem Hotel links abbiegen ⇝ Sie befinden sich in Hohensyburg ⇝ zur Festung geht es links hinauf.

Hengsteysee mit Hohensyburg

Hohensyburg

Peterskirche auf der Hohensyburg. Zählt zu den ältesten Kirchen in Westfalen, der Bau wurde im 12. Jh. begonnen und die Kirche entwickelte sich zu einem bedeutenden Bestattungsort.

Hohensyburg, mittelalterliche Steinburg aus dem 12. Jh. auf dem Syberg. Wahrscheinlich wurde die Burg vom adeligen Geschlecht von Syburg erbaut, welches 1235 erstmals urkundlich erwähnt wurde. Um die Burg befindet sich ein Wall- und Grabensystem aus dem 8. Jh., das aus Holz und Erde konstruiert worden ist. Auf der Hohensyburg befinden sich 3 sehenswerte Denkmäler: das Kaiser Wilhelm-Denkmal, der Vincke-Turm und ein Kriegerdenkmal in der Burgruine.

Casino Hohensyburg, Hohensyburgstr. 200, ✆ 0231/7740-0

Von der Kreuzung ein kurzes Stück vor zur Hauptstraße fahren und dort links ⇝ es geht nun in einigen Kurven steil bergab ⇝ schließlich kommen Sie unten beim See an ⇝ vor der Brücke rechts.

Die Route führt links hinunter Richtung Hagen/Hengsteysee ⇝ rechts neben der Bahn weiter ⇝ der Weg ist ziemlich schmal ⇝ eine Brücke überqueren, dann links hinunter ⇝ der Weg ist bald nur mehr für Anlieger und Radfahrer frei ⇝ zirka einen Kilometer am Seeufer entlang fahren und danach zur **Hengsteystraße**.

TIPP An dieser Stelle trifft die Variante über Hohensyburg wieder auf die Hauptroute. Zudem trifft hier der Radweg Lenne-Route auf den Ruhrtal-Radweg. Sie haben an dieser Stelle außerdem die Möglichkeit, eine Alternativroute am nördlichen Ufer des Hengsteysees zu wählen.

Variante nördlich des Hengsteysees 3,5 km

Die Variante verläuft geradeaus weiter ⇝ die Hengsteystraße überqueren und gemütlich

1q
Holzen
Rüdinghausen
Löttringhausen
Witten
Märkisches Museum
Haus Witten
Schloss Steinhausen
Zeche Theresia
Ardey
Auf dem Schnee
Semberg
Schanze
Borbach
Hohenstein
Berger-Denkmal
Kleine Borbach
Ahlenberg
Schraberg
Ostende
Syburg
Brandskopf
Buchholz
Schorveskopf
Ebberg
Kaiser-Wilhelm-Denkmal
Hohensyburg
Klusenberg
Asenberg
Bölsberg
Bommern
Wartenberg
Kermelberg
Kirchende
Westende
Necken
Hengsteysee
Bathey
In der Molle
Ravendahl
Gedern
Trienendorf
Rehberg
Weinberg
Hengstey
Herdecke
Ruhrviadukt
Kabel
Boele
Garenfeld
Wengern
Henriette-Davidis-Museum
Harkortturm
Harkortsee
Wetter
Freiheit
Bahnhof
Esborn
Kaisberg
Werdringen
Wasserschloss Werdringen
Brockhausen
Helfe
Fley
Sandberg
Oberwengern
Höstreichberg
Vosshöfen
Im Böllberg
Vorhalle
Eckesey
Boelerheide
Grundschöttel
Albringhausen
Altenhagen
Halden
Herbeck
Volmarstein

am Seeufer weiterradeln ⤳ noch 3,5 Kilometer am See entlang ⤳ danach kommen Sie beim Speicherkraftwerk Köppchenwerk wieder heraus.

Für die Hauptroute die Brücke nach links hin überqueren ⤳ unmittelbar danach rechts in Richtung Freibad und Hengsteysee in den Rad- und Fußweg ⤳ dem Wegeverlauf bis zur Fußgängerbrücke folgen ⤳ diese in Richtung Herdecke überqueren ⤳ in der **Hengsteyseestraße** an den Ruhrtal-Radweg anschließen ⤳ geradeaus weiterfahren ⤳ vorne links befindet sich das Laufwasserkraftwerk ⤳ beim Restaurant gegenüber der Bootsanlegestelle endet der Stausee ⤳ links der Straße auf den Radweg wechseln ⤳ dieser verläuft nun zwischen Ruhr und Straße ⤳ er führt in der Folge am Schul- und Sportzentrum vorbei ⤳ noch ein Stück weiter passiert man das Kraftwerk Stiftsmühle ⤳ der asphaltierte Radweg führt rechts neben der Ruhr entlang.

VARIANTE An der Straßenbrücke der B 54 besteht die Möglichkeit, eine Alternativroute südlich des Harkortsees zu wählen.

Herdecke, Bachplatz

Variante südlich des Harkortsees 6 km

Für diese Variante unmittelbar nach der Unterführung rechts zur Brücke hinauf und diese auf dem Radweg überqueren ⤳ danach rechts ab ⤳ bei der Kreuzung mit der Vorfahrtsstraße rechts halten ⤳ ⚠ es sind einige Bodenschwellen zu meistern ⤳ unter der Eisenbahnbrücke hindurch ⤳ an der Kläranlage vorüber ⤳ nicht der Rechtskurve des Asphaltbandes in den Privatweg folgen, sondern links an der Schranke vorüber und bergauf in ein Waldstück ⤳ gleich darauf an der Gabelung rechts halten ⤳ auf dem unbefestigten Weg wiederum zu einer Schranke und an dieser vorüber ⤳ an der darauffolgenden Gabelung links ⤳ weiter geradeaus durch das Waldstück ⤳ durch den mittlerweile lichten Wald erblickt man nach rechts hin Campingplätze ⤳ an der Gabelung nach Verlassen des Waldstücks rechts ⤳ weiterhin unbefestigt ⤳ nach der Linkskurve an der ersten Möglichkeit rechts in einen befestigten Weg ⤳ unmittelbar vor den Bahngleisen der Linkskurve folgen ⤳ die Bahn nach rechts hin in die **Westpreußenstraße** unterqueren ⤳ an der Kreuzung mit der **Weststraße** rechts ⤳ der Radweg führt in die Stadt Wetter ⤳ nach rechts hin über eine Radfahrer- und Fußgängerbrücke in Richtung Freibad ⤳ an der Kreuzung mit der **Gustav-Vorsteher-Straße** rechts ⤳ geradeaus in die nur für Radfahrer freigegebene Straße bis direkt zum „Ufer" ⤳ dort nach rechts wenden.

Für die Hauptroute unter der Straßenbrücke der B 54 hindurch ~ zwischen Minigolf und Ruderclub zweigt ein Radweg nach rechts ins Zentrum Herdeckes ab, wenn Sie dieses besuchen möchten.

Herdecke

PLZ: 58313; Vorwahl: 02330

- **Stadtverwaltung**, Rathaus, Kirchplatz 3, ✆ 6110, www.herdecke.de
- **Personenschifffahrt, MS „Freiherr von Stein"** (Hengsteysee), Abfahrtzeiten ab Anlegestelle Schiffswinkel, Mo-Sa 14-17 Uhr, So/Fei 10-18 Uhr.
- **Personenschifffahrt, MS „Friedrich Harkort"** (Harkortsee), ✆ 02330/802047, Abfahrtzeiten ab Anlegestelle Zweibrücker Hof, Mo-Sa 14.30-18.30 Uhr, So/Fei 10.30-18.30 Uhr.
- **Theater am Stiftsplatz**, Stiftsplatz, ✆ 13814
- **Historische Altstadt** mit zahlreichen alten Fachwerkbauten
- **Ruhrviadukt**. Die Eisenbahnbrücke ist etwa 30 m hoch und 313 m lang. Die 12 halbkreisförmigen Bögen haben eine Spannweite von je 30 m.
- **Kanustation Herdecke**, Freizeitgelände Bleichstein, Verleih von Einer-, Zweier- und Dreierkajaks sowie Zweier-, Dreier- und Vierercanadier. Weitere Auskünfte erteilt: Lenne-Ruhr-Kanu-Tour, 58239 Schwerte, Alter Hellweg 4, ✆ 02304-61699.
- **Pumpspeicherwerk mit Speicherbecken**. Das alte Pumpspeicherwerk steht seit 1986 unter Denkmalschutz, wurde 1994 stillgelegt. Das neue Kraftwerk arbeitet seit 1989 und produziert 150 Megawatt. Das sich der Bergkuppe anpassende Speicherbecken fasst 1,5 Millionen Kubikmeter Wasser.
- **Freibad**, im Freizeitpark Bleichstein, ✆ 611299 od. 611325
- **Die Tretmühle**, Wilhelm Gräfe Str. 5, ✆ 916278
- **Radstation Herdecke**, Zweibrücker Hof 2, ✆ 607965

Der schriftlich dokumentierte Beginn der Stadt Herdecke liegt im 9. Jahrhundert. In diese Zeit fällt die Gründung des freiweltlichen Damenstiftes durch Frederuna. Ihr Denkmal befindet sich heute gegenüber dem Rathaus. Namensversionen von Hirreke oder Herreke sind aus dem 13. Jahrhundert bekannt.

Ein Denkmal in Form des Sackträgerbrunnens, nahe dem Stadteingang, erinnert an den Kornmarkt. Dieser Markt entwickelte sich hier im Mittelalter und führte dazu, dass Herdecke 1355 die Marktrechte verliehen bekam. Die Stadtrechte erhielt Herdecke 1739.

Heute ist das vorrangigste Ziel, sich als Mittelzentrum zwischen den Großstädten zu be-

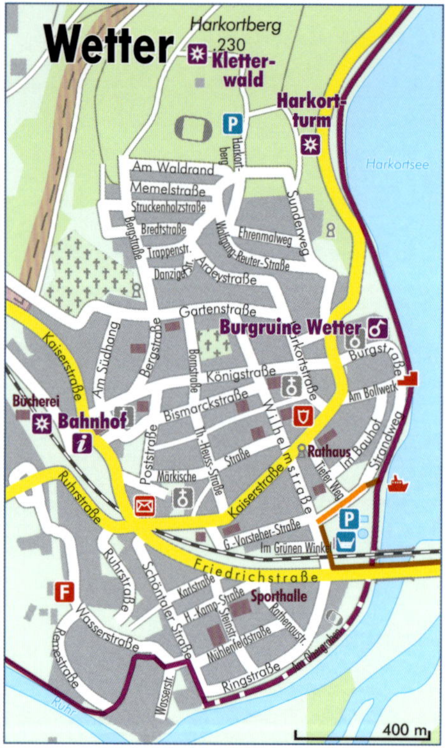

haupten. Dazu trägt natürlich auch die günstige Verkehrslage von Herdecke bei.

Beim Segelhafen entfernt sich der Radweg vom Fluss ~ an der Querstraße links und dann geradeaus weiter unter der Eisenbahnbrücke hindurch ~ Sie befinden sich nun auf einem Rad- und Fußweg ~ auf diesem nun zirka zwei Kilometer am Harkortsee entlangradeln ~ von diesem Radweg aus können Sie schon die Burgruine von Wetter, die Freiheit, und rechts oben auf dem Berg den Harkortturm sehen ~ bis direkt nach Wetter geht es am See entlang ~ Sie fahren dann unterhalb der Ruine und gelangen schließlich zum Freibad.

Wetter

PLZ: 58300; Vorwahl: 02335

- **Stadtmarketing für Wetter e. V.**, Kaiserstr. 78, ✆ 840188, www.stadtmarketing-wetter.de
- **Personenschifffahrten, MS „Friedrich Harkort"**, Anlegestelle beim Schwingrad am Seeplatz, ✆ 02330/802047, Saison: April-Okt. Rundfahrten auf dem Harkortsee.
- **Burgruine Wetter**, zwischen 1250 und 1274 errichtet
- **Freiheit**, Burgstraße. Im mittelalterlichen Zentrum stehen einige hübsch restaurierte Fachwerkhäuser.

Wetter, Burgruine Wetter

- **Harkortturm**, Harkortberg, ✆ 840188, Besichtigung n. V. Der 35 m hohe Turm wurde 1884 in Gedenken an den Politiker Friedrich Harkort (1793-1880) errichtet.
- **Bahnhof Wetter** (1904/1905), hübscher Sandsteinbau im Stil des Historismus
- **Kletterwald**, ✆ 1701100. Acht verschiedene Parcours mit über 120 Übungen.

Die von einem Ruhrbogen umschlossene Ortschaft bestand im Mittelalter aus zwei Siedlungskernen. Die Burg Wetter wurde in der Zeit von 1250 bis 1274 von den Grafen von der Mark errichtet. Der Hauptgrund für die Errichtung der Burg war wahrscheinlich die Sicherung der

Gebiete nördlich und südlich der Ruhr durch die Grafen von der Mark gegen das kurkölnische Volmarstein. Die beiden Siedlungskerne bildeten eine Verwaltungseinheit und bekamen 1355 das Freiheitsprivileg zugesprochen. Um die Burg Wetter bildete sich eine handwerklich-bäuerliche Siedlung, die allerdings durch die mit der Zeit immer mehr abnehmende Benutzung der Burg in wirtschaftliche Bedrängnis kam. Durch Friedrich Harkort und den seine Geschäfte weiterführenden Heinrich Kamp konnte Wetter im 19. Jahrhundert zu einer bedeutenden Ortschaft für den deutschen Maschinenbau werden.

Von Wetter nach Hattingen 28 km

Geradeaus weiterfahren ⁓ nun direkt neben der Ruhr weiterradeln bis zur Straße **Am Obergraben** ⁓ auf dem Radweg weiter, mit einer Rechtskurve in die **Schöntaler Straße** ⁓ links ab in Richtung Witten in einen Rad- und Fußweg ⁓ im weiteren Verlauf auf den linksseitigen Radweg der **Wasserstraße** ⁓ dieser führt von der Wasserstraße weg zur Ruhr hin ⁓ anschließend entlang des Flusses

Bei Witten

weiter ⁓ auf der **Ruhrstraße** über die Brücke ⁓ anschließend die Ruhrstraße nach rechts hin überqueren ⁓ bergab bis zur Kreuzung mit der Oberwengerner Straße ⁓ diese geradeaus überqueren und links weiter ⁓ die Ausschilderung weist bald darauf nach rechts ⁓ die Bahngleise unterqueren ⁓ links weiter ⁓ der Weg verläuft parallel zur Bahn und zur Oberwenger Straße ⁓ hinter den Edelstahlwerken entfernt sich der Radweg von der Straße und nähert sich der Ruhr ⁓ schließlich sind dann Bahn, Radweg und Ruhr ganz eng beisammen ⁓ bei Wengern links unter der Bahn hindurchfahren und an den rot-weißen Pfosten vorbei und geradeaus weiter, nochmals an rot-weißen Pfosten vorbei ⁓ nun befinden Sie sich in Wengern.

Wetter-Wengern

PLZ: 58300; Vorwahl: 02335

Henriette-Davidis-Museum, Elbscheweg 1, ✆ 61116, ÖZ: So 15-17 Uhr. Henriette Davidis (1801-1876) gilt als Deutschlands berühmteste Köchin und Kochbuchautorin. Das Museum zeigt u. a. eine umfangreiche Schriftensammlung, Puppenstuben, Möbel der Davidis sowie eine eingerichtete Dienstbotenkammer, eine Museumsküche u. a.

Zweirad Niestroj, Osterfeldstr.43, ✆ 71147

Weiter rechts auf dem Rad- und Fußweg rechts neben der **Wittener Straße** ⁓ der Ausschilderung nach rechts bergab folgen.

VARIANTE: Für die Hochwasserumfahrung halten Sie sich hier noch geradeaus.

Hochwasserumfahrung 2 km

Sie folgen dem Schild an der zweiten Möglichkeit rechts ⁓ immer geradeaus geht es am Sportplatz vorüber ⁓ dem Schild durch die Bahnunterführung folgen

⇝ links hinauf zu den Gleisen ⇝ nun wieder auf dem Ruhrtal-Radweg entlang der Schienen weiter.

Auf der Hauptroute entlang der Gleise weiterradeln.

Witten-Bommern

PLZ: 58452; Vorwahl: 02302

- **Gruben- und Feldbahnmuseum Zeche Theresia,** Nachtigallstr. 27-33, ✆ 2024791 od. ✆ 0177/4938504, ÖZ: Mai-Okt. jeden 1. und 3. So 10-18 Uhr. Hier ist alles versammelt, was sich so unter Tage bewegt hat.
- **Wasserturm Bommerholz.** Der 1910 errichtete Turm gilt als Wahrzeichen von Bommern. Er steht heute unter Denkmalschutz, kann allerdings leider nur von außen besichtigt werden.

Auf der **Uferstraße** vor der Brücke links abbiegen und entlang der Gleise weiter ⇝ durch die Unterführung ⇝ entlang der Gleise weiterradeln ⇝ im Anschluss auf die **Nachtigallstraße** wechseln.

VARIANTE Da Sie im weiteren Verlauf der Hauptroute mit einer Fähre über die Ruhr übersetzen werden, besteht außerhalb der Fährbetriebszeiten die Möglichkeit, hier eine Alternativroute zu wählen.

Radlerbrücke bei Witten

Alternative zur Fähre 3 km

Hierzu wenden Sie sich nach rechts hin über die Nachtigallbrücke ⇝ durch den Auwald und an der **B 226** links und auf den Radweg ⇝ dieser führt im späteren Verlauf zwischen Herbeder Straße und Ruhr entlang und bringt Sie wieder zur Hauptroute.

Für die Hauptroute geradeaus weiter auf der Nachtigallstraße der Ausschilderung weiterhin folgen und mit der Fähre über die Ruhr übersetzen.

Ruhrtal-Fähre

- **Fähre Hardenstein,** ✆ 02302/23923, Betriebszeiten: April-Okt., Mo, Di, Do-So 9-18 Uhr, Mi 12-18 Uhr

Dem Verlauf des Radweges in der Rechtskurve folgen ⇝ Sie befinden sich auf der Straße **In der Lake**.

VARIANTE Es besteht hier die Möglichkeit, eine Alternativroute südlich des Kemnader Sees zu wählen.

Alternative südlich des Kemnader Sees 4 km

Mittels der Radfahrer- und Fußgängerbrücke die Ruhr überqueren ⇝ auf der Straße **Ruhrtal** wiederum über eine Brücke ⇝ vor den Gleisen rechts ab ⇝ die Wittener Straße unterqueren ⇝ entlang des Mühlengrabens weiter ⇝ unter der A 43 hindurch und parallel zu dieser weiter ⇝ der Weg entfernt sich im Anschluss von der Autobahn ⇝ über eine Brücke geht es über die Ruhr und wieder zur Hauptroute.

Auf der Hauptroute weiter geradeaus ⇝ unter der Straßenbrücke hindurch ⇝ zuerst geradeaus und nach zirka 200 Metern links auf dem Radweg weiter ⇝ der Weg ist durchgehend asphaltiert ⇝ in weiterer Folge auch unter der

1R
Eppendorf
Munscheid
Eiberg
Neuling Mark
Brenschede
Querenburg
Laerheide
Heven
Horst
Dahlhausen
Eisenbahnmuseum
Linden
Weitmarer Holz
Haar
Schrick
Sundern
St. Michael
Stiepel
Henkenberg
Brockhausen
Kemnader See
Ruhr
Zeche Nachtigall
Schloss Steinhausen
Zeche Theresia
Bergbaurundweg Muttental
Burgruine Hardenstein
Herbede
Vormholz
Baak
Welper
Hüttenau
FEUER WEHR
Henrichshütte
Stadtmuseum Hattingen
Burg Blankenstein
Hattingen
Blankenstein
Westherbede
Wesperkopp
Kämpen
Trienendorf
Rauendahl
Winz
St.-Georgs-Kirche
Altes Rathaus
Buchholz
Hammertal
Holthausen
Winzermark
Ruine Isenburg
Haus Custodis
Lembeck
Hülsberg
Durchholz
Bommerholz
Brunsberg
Isenberg
Beikhausen
Niederbonsfeld
Nierenhof
Schemmberg
Oberbredenscheid
Rauendahlstraße
Brockhauser Straße
4,5
6,5
4,7
3,4
6,5
2,6
1,4
1,5
5,7
7
B51
A43
B226, B235

Autobahn hindurchfahren ⤳ nun ganz nahe an den Kemnader See heran ⤳ an dessen Ufer nun für die weiteren vier Kilometer radeln ⤳ am Segelhafen vorbei ⤳ dieser Abschnitt ist sehr ansprechend, sowohl von der Aussicht als auch von den Bedingungen her ⤳ der Weg verläuft eben und ist asphaltiert ⤳ nach dem See geht es weiter an der Ruhr entlang ⤳ die Kemnader Straße unterqueren und danach auf dem asphaltierten Radweg radeln ⤳ der Radweg verläuft auf dem Leinpfad ⤳ nach rechts auf die Straße **An der alten Fähre** ⤳ der Radweg geht nach links ab ⤳ der Vorfahrtsstraße rechts und dem Schild nach links auf die **Brockhauser Straße** folgen.

Der Leinpfad

In der zweiten Hälfte des 18. Jahrhunderts wurde die mittlere Ruhr zur Schifffahrtsstraße ausgebaut. Bis zum Beginn des Eisenbahnzeitalters war der Fluss der wichtigste Transportweg der Kohle und anderer Güter.

Der Leinpfad ist der ehemalige Treidelweg längs des Flusses. Vor dem Eintritt der

Bei Hattingen

Dampfkraft in den Dienst der Schifffahrt wurden die Lastkähne von meist mehreren Kaltblutpferden, die über diesen Leinpfad geführt wurden, an Seilen (Leinen) gegen die Strömung gezogen.

Die Schiffe, sogenannte „Ruhraaken", konnten bis zu 150 Tonnen befördern. Da der Leinpfad gelegentlich das Ufer wechselte, mussten die Pferde mit dem Schiff zum anderen Ufer gebracht und dort neu angespannt werden. So war die Fahrt flussaufwärts sehr zeitaufwändig und konnte mit der flexibleren Bahn nicht mehr mithalten. 1889 wurde die Schifffahrt vollständig eingestellt.

Der Radweg setzt auf der linken Straßenseite fort ⤳ er führt an der Kreuzung hinten herum und dann geht's direkt auf der Straße weiter ⤳ unter der Brücke hindurch und dann weiter auf der **Blankensteiner Straße** ⤳ links in die **Rauendahlstraße**, dies ist ein Privatweg und nur für Anlieger und Radfahrer frei ⤳ er ist asphaltiert und im Sommer angenehm schattig ⤳ schon bald findet man sich mitten im Forst wieder ⤳ zur Linken befindet sich ein eingezäuntes Wiesengrundstück, die Wassergewinnungsanlage ⤳ nun zwei Kilometer an diesem Zaun entlangradeln ⤳ bei den ersten Häusern links hinunter auf den Leinpfad ⤳ vor dem Hof wieder links ⤳ auf dem Leinpfad geht's an der Ruhr entlang bis zum Campingplatz ⤳ die **Ruhrstraße** rechts hinauffahren ⤳ weiter geradeaus vor zur Vorfahrtsstraße ⤳ dort links ⤳ der Leinpfad wird hinter der Ruhrbrücke fortgesetzt ⤳ also bei Hattingen die Ruhrbrücke überqueren und auf der anderen Seite wieder zum Fluss hinunterrollen.

VARIANTE Für die Hochwasserumfahrung Hattingen bis Überruhr-Hinsel halten Sie sich weiterhin geradeaus und fahren nicht wieder hinab zur Ruhr.

Hochwasserumfahrung Hattingen bis Überruhr-Hinsel 12,5 km

Weiterhin geradeaus auf dem Radweg entlang der **Bochumer Straße** ⁓ rechts ab in die **Nierenhofer Straße** ⁓ wiederum rechts ab in die **Isenbergstraße** ⁓ in der Linkskurve der Isenbergstraße geradeaus weiter in die Straße **Am Kempel** ⁓ der Hochwasserumfahrung-Ausschilderung nach rechts in Richtung Essen folgen ⁓ abermals rechts in die Sackgasse **Auf dem Stade** ⁓ an der Kläranlage und am Tennisplatz vorüber ⁓ im Anschluss in den unbefestigten Rad- und Fußweg ⁓ den Klärteich passieren ⁓ im weiteren Verlauf in die **Worringstraße** ⁓ rechts ab in die **Holteyer Straße** ⁓ der Linkskurve in die Straße **Charlottenberg** folgen ⁓ vor der Rechtskurve dieser Straße rechts ab in den kleinen Weg ⁓ im weiteren Verlauf auf die kleine Straße **Wichteltal** ⁓ geradeaus vor bis zur Ruhr und entlang des Flusses weiter auf der Hauptroute.

Hattingen

PLZ: 45525, 45527, 45529; Vorwahl: 02324

Tourist-Information, Haldenpl. 3, ✆ 951395, www.hattingen.de

Stadtmuseum, Marktpl. 1-3, Blankenstein, ✆ 681610 od. ✆ 6816111, ÖZ: Di, Mi, Fr-So 11-18 Uhr, Do 15-20 Uhr. Neben wechselnden Ausstellungen locken den Besucher der Museumsgarten und das Museumscafé sowie verschiedene Veranstaltungen.

Westfälisches Industriemuseum Henrichshütte, Werksstr. 31-33, ✆ 92470, ÖZ: Di-So 10-18 Uhr, Fr 10-21.30 Uhr. Zwischen 1854 und 1987 wurden hier Koks, Eisen und Stahl bearbeitet. Bis zu 10.000 Menschen verdienten hier ihren Unterhalt. „Der Weg des Eisens“ lässt sich hier beispielhaft und beeindruckend verfolgen. Neben einer Schaugießerei erwarten Sie hier auch Sonderausstellungen, Themenführungen und Vorträge.

FEUER.WEHRK, Werksstraße 25/33, ✆ 2984685. Hier wird vor allem der elementare Wandel des Feuerwehrwesens seit der Nachkriegszeit dokumentiert. Industriebrandschutz, Umweltschutz und Rettungsdienst finden hier erstmals Berücksichtigung.

Heimatkundliches Museum im BüGleisenhaus, ✆ 201110, ÖZ: April-Dez., So 14-17 Uhr. In dem sehenswerten Fachwerkhaus von 1611 gibt es eine Präsentation zur Heimatgeschichte, Dichterstube Otto Wohlgemuth, Grabungsfunde von der Isenburg und Burg Altendorf und diverse Sonderausstellungen.

Haus Custodis (Ruine Isenburg), Isenbergstraße, ✆ 28516, ÖZ: ganzjährig tagsüber; Museum, Wechselausstellung und Cafeteria So/Fei. Im 1858 in der Burgruine erbauten Landhaus Custodis werden die Forschungs- und Grabungsergebnisse einschließlich der Nutzungsgeschichte des Isenberges im 19. u. 20. Jh. sowie der 1225/26 zerstörten Isenburg präsentiert.

Bei Hattingen

Außerdem bietet sich von der Ruine aus ein Blick über die Ruhrschleife und Hattingen.

St. Georgs-Kirche. Sie wurde nach den Zerstörungen Hattingens 1424 und 1429 als dreischiffige, gotische Hallenkirche wieder aufgebaut. Dabei erhielt der Kirchturm seinen gotischen Spitzhelm, der stark nach Südwesten geneigt ist. Die Erklärung dafür liegt in der Baupraxis. Ein Spitzhelm ist sehr windempfindlich, deshalb wurde er mit leichter Neigung gegen die Hauptwindrichtung gebaut.

Kirchplatz. Bis 1813 befand sich hier die Begräbnisstätte. Einige Grabplatten des alten Kirchhofes sind noch erhalten. Als Grundsteuer mussten die um den Kirchplatz gebauten Fachwerkhäuser Bienenwachs abliefern. Dieses diente zur Beleuchtung der Kirche. Daher heißen die Häuser auch „Wachszinshäuser“.

Altes Rathaus. Vor 1420 war das Haus Markthalle für den Fleischverkauf. 1576 erneuerten die Bürger ihr „raithus“ und Ende des 18. Jhs. wurde es im klassizistischen Stil modernisiert. Nach dem Zweiten Weltkrieg wurde das frühere Erscheinungsbild mit seinen 400 Gefachen wieder freigelegt. Heute befindet sich hier die Städtische Galerie und eine Kleinkunstbühne.

Turm der Burg Blankenstein. Von dessen Plattform hat man einen wunderbaren Blick über das Ruhrtal und den historischen Kern des Ortsteiles Blankenstein.

Ackerbürgerhaus (1729), Steinhagen 6-8. Nicht nur Handwerker und Kaufleute, sondern auch Bauern siedelten sich in der mittelalterlichen Stadt Hattingen an. Ihre Felder und Wiesen hatten sie vor den Toren, ihre Gehöfte jedoch im Schutz der Stadtmauern. Der Wohnbereich lag hier auf der Vorderseite, die Stallungen und der Wirtschaftsbereich auf der Rückseite.

Fahrräder Hecken, Heggerstr. 38a, ✆ 6868073

Fahrrad Wurm, Kreisstr. 31, ✆ 55572

Urkundlich erwähnt wurde die Ortschaft Hattingen zum ersten Mal im Jahr 990. Die Bedeutung des Name Hattingen ist ungeklärt, allerdings wird angenommen, dass er von einem germanischen Volk, den Hattuariern abstammt. Die Sachsen konnten in das Gebiet vordringen und schließlich im 8. Jahrhundert den Gau Hatterun gründen. Unter Karl dem Großen entstand an einer strategisch wichtigen Stelle ein fränkischer Reichshof. Dieser Reichshof hatte die Aufgabe die fränkischen Herrschaftsansprüche zu sichern.

Der spätere Kaiser Heinrich II. übergab den Reichshof an die Benediktinerabtei Deutz. 1225 ermordete Friedrich von Isenberg den Kölner Erzbischof Engelbert. Dieser Mord bewirkte gravierende Änderungen in der Struktur der Herrschaft. Die Isenburg wurde zerstört und die neuen Landsherren errichten die Burg Blankenstein.

Auf Grund seiner Grenzlage konnte Hattingen zahlreiche Privilegien erreichen. 1396 wurde es wegen des Befestigungsvertrages zu einer stadtähnlichen Siedlung. Die Textilherstellung war die bedeutendste Erwerbsquelle in der Ortschaft. Innerhalb des Westens der Grafschaft Mark war Hattingen der bedeutendste Handelsort. Auf Grund von Krieg und Pest erlitt er im 17. und 18. Jahrhundert wirtschaftliche Rückschläge. Zusätzlich zur Textilindustrie konnte schließlich der Bergbau an Bedeutung gewinnen. 1853, mit dem Beginn der industriellen Revolution im Ruhrtal, begann die moderne Schwerindustrie die Textilindustrie abzulösen. Heute wird Hattingen als ein leistungsfähiges Mittelzentrum, das sich an der Pforte des Ruhrgebietes befindet, gesehen.

Von Hattingen nach Heisingen — 22 km

Von der Brücke in Hattingen im Linksbogen hinunterfahren, in einer Runde unter der Brücke hindurch ~ Sie kommen zu einer Schranke ~ dort links Richtung Ruhr ~ unter der Brücke hindurch setzt der Radweg fort ~ die ganze Zeit auf dem Leinpfad radeln, welcher in diesem Bereich aufgrund der Pflasterung sehr schlecht zu befahren ist ~ er verläuft nahe der L 925, aber immer neben der Ruhr ~ unterhalb der Isenburg wird ein längeres historisches Teilstück des Leinpfades befahren.

Hattingen-Niederwenigern

Die Route verläuft weiterhin auf dem Leinpfad neben der Ruhr ~ bei der Brücke bei Dahlhausen an der Straße **Auf dem Stade** heraus ~ geradeaus weiter ~ neben der Ruhr entlang.

AUSFLUG: Über die Radlerbrücke nach etwa 2 Kilometern gelangen Sie zum Eisenbahnmuseum in Bochum-Dahlhausen.

Bochum-Dahlhausen

DGEG-Eisenbahnmuseum, Dr.-C.-Otto-Str. 191, ✆ 0234/412305, ÖZ: März-Nov., Di-Fr, So/Fei 10-17 Uhr, April-Okt., jeden 3. So im Monat 10-17 Uhr. Das Museum beherbergt mit über 200 Fahrzeugen die größte deutsche private Fahrzeugsammlung, wovon einige noch betriebsfähig sind. Weitere Ausstellungen befassen sich mit den letzten 150 Jahren Eisenbahngeschichte sowie der Geschichte und Entwicklung der Dampflokomotive in Deutschland.

Bis Überruhr verläuft die Route auf dem Leinpfad neben der Ruhr.

Essen-Überruhr-Hinsel

Essen Marketing GmbH Touristikzentrale, Im Handelshof, Am Hauptbahnhof 2, 45127 Essen, ✆ 0201/19433, www.essen.de

Schleusenhaus Spillenburg (um 1780), Langenberger Str. 306, ✆ 0201/8001205 (Hr. Malone). Im restaurierten historischen Schleusenhaus wurde eine Ausstellung zur Geschichte der Wasser- und Gasversorgung sowie zur Abwasserentsorgung eingerichtet.

Zeche Heinrich, Langenberger Straße. Von der ehem. Zeche sind nur noch ein Fördergerüst sowie eine Pumpanlage erhalten.

Über eine kleine Brücke auf Pflaster fahren, aber nur ein kurzes Stück ⇝ dann rechts weiterhin neben der Ruhr auf dem Weg **Wichteltal** ⇝ unter der Eisenbahn- und Straßenbrücke hindurch ⇝ danach links hinauf in der Linkskurve ⇝ auf die Straße und auf der Ruhrbrücke den Fluss überqueren – der Gehsteig ist für Radler freigegeben ⇝ nach der Brücke befinden Sie sich in Steele.

Essen-Steele

PLZ: 45279; Vorwahl: 0201

Radhaus, Horster Str. 54, Essen-Steele-Horst, ✆ 4389393

Der Ausschilderung nach links folgen ⇝ durch den Park ⇝ der Weg ist asphaltiert und führt rechts oberhalb der Ruhr weiter ⇝ auf diesem Weg neben der Ruhr bis nach Rellinghausen fahren.

Essen-Rellinghausen

PLZ: 45134; Vorwahl: 0201

Fahrradies, Frankenstr. 40-46, ✆ 4308160

Nach zirka zwei Kilometern am Wasserkraftwerk vorbeifahren ⇝ der Weg führt weiter links in die Straße **Zornige Ameise** ⇝ hinauf zur Brücke ⇝ dort finden Sie eine Ampelkreuzung vor ⇝ an dieser Kreuzung mit der Konrad-Adenauer-Brücke geradeaus ⇝ es gibt einen roten Radstreifen.

VARIANTE Hier eröffnen sich wieder zwei Möglichkeiten: Die Hauptroute verläuft in Flussnähe, die Durchfahrt ist hier zur Hochwasserzeit allerdings nicht möglich. Als Ausweichvariante können Sie den Radweg entlang der stark befahrenen Hauptstraße benutzen.

Hochwasserumfahrung Essen — 2,5 km

Nach der Brücke auf dem Radweg links neben der **B 227**, der **Wuppertaler Straße**, bleiben ⇝ nach zirka drei Kilometern führt der Radweg links unter der Theodor-Heuss-Brücke hindurch ⇝ Sie finden sich dann wieder an der **Wuppertaler Straße** ⇝ der Radweg bringt Sie bald wieder auf der Hauptroute.

Für die Hauptroute neben der Ruhr auf der anderen Seite der Brücke vom Radweg neben der Wuppertaler Straße links abfahren ⇝ nun auf dem Radweg direkt neben dem Fluss fahren ⇝ schon zu Beginn des Weges weist ein Schild auf eine schlechte Wegstrecke und auf Hochwassergefahr hin ⇝ der Radweg verläuft immer dicht neben der Ruhr und nach zirka 2,5 Kilometern entfernen Sie sich bei Heisingen wieder vom Fluss, denn beim Gasthaus Rote Mühle fahren Sie rechts ⇝ Sie gelangen an die **Wuppertaler Straße** ⇝ hier links weiter.

Sobald rechts der Stauseebogen abzweigt, führt der Radweg bergauf ⇝ er verläuft ein kurzes Stück oberhalb der Straße und kommt dann wieder herunter ⇝ nun geht's auf der Straße weiter ⇝ bei der blauen Tafel mit Aufschrift Fischerhaus am See links hineinfahren

⁓ links zwischen den Häusern schimmert schon der Balteneystausee durch ⁓ Sie befinden sich am Stadtrand von Heisingen.

Essen-Heisingen

Von Heisingen nach Kettwig 15 km

Weiterhin dem Verlauf des **Stauseebogens** folgen ⁓ es beginnt ein Rad- und Fußweg ⁓ beim Parkplatz links hineinfahren und weiter geht's auf dem Rad- und Fußweg neben dem Stauseebogen ⁓ Sie kommen nun direkt an den See.

VARIANTE Es besteht hier die Möglichkeit, eine Alternativroute nördlich des Baldeneysees zu wählen.

Alternative nördlich des Baldeneysees 8,5 km

Für diese Alternative nicht links über die Stahlbrücke, sondern rechts weiter ⁓ nun immer dem Verlauf des Radweges folgen ⁓ schräg links in die Straße **Lanfermannfähre** und durch ein Wohngebiet ⁓ im

weiteren Verlauf entlang des Baldeneysees radeln ⤳ der Weg entfernt sich dann vom See und führt am Schloss Baldeney und später an Tennisplätzen und an einem Golfplatz vorüber.

AUSFLUG Wenn Sie in Höhe des großen Parkplatzes scharf rechts abbiegen, können Sie einen Abstecher zur Villa Hügel (✆ 0201/1884823) machen. Diese war zwischen 1873 und 1945 Wohnsitz der Industriellenfamilie Krupp. Heute befindet sich dort die Kulturstiftung Ruhr. Neben überregionalen Kunstausstellungen gibt es auch Ausstellungen zur Unternehmensgeschichte der Familie Krupp.

Vor dem Kraftwerk führt der Weg nach rechts hin und somit wieder am See entlang ⤳ im Anschluss parallel zur stark befahrenen **Bredenyer Straße** und weiter zur **Gustav-Heinemann-Brücke** ⤳ hier treffen Sie wieder auf die Hauptroute.

Links die Stahllbrücke überqueren ⤳ nach der Brücke rechts auf das **Hardenbergufer** ⤳ nun zwischen See und Museumsbahn

Baldeneysee

weiterradeln, das ist die Hespertalbahn ⤳ nach zirka drei Kilometern kommen Sie zur Anlegestation Haus Scheppen ⤳ um diese links herumfahren sowie um den Jachthafen ⤳ schließlich mündet der Radweg in die Straße **Pörtingssiepen** ⤳ hier rechts halten.

Sie kommen zu einem Parkplatz ⤳ weiter auf dem **Hardenbergufer**, direkt neben dem See ⤳ an einem Campingplatz vorbei ⤳ der Weg ist durchgehend asphaltiert ⤳ nach einiger Zeit endet der Rad- und Fußweg und das Hardenbergufer ist auch für Autos befahrbar ⤳ zur Rechten befindet sich die Kraftwerksschleuse ⤳ am Ortsbeginn von Werden links in die **Heckstraße** fahren.

Essen-Werden

PLZ: 45239; Vorwahl: 0201

Abtei Werden, Brückstr. 77. Im ehem. Benediktinerkloster befindet sich seit 1945 die Folkwang-Hochschule, eine Kunsthochschule für Musik, Theater, Tanz und Gestaltung.

Two Wheels, Brückstr.2, ✆ 491578

Rechts ab in die **Joseph-Breuer-Straße** ⤳ links in die **Körholzstraße** einbiegen, die im weiteren Verlauf in einem Rechtsbogen in die **Grafenstraße** übergeht ⤳ an der Kreuzung mit der **Brückstraße** rechts ⤳ in weiterer Folge die Ruhr auf der **Gustav-Heinemann-Brücke** überqueren ⤳ am besten auf dem Gehsteig über die Brücke fahren ⤳ auf der anderen Seite bei der großen Kreuzung gibt es wieder ein Radschild unter der Verkehrstafel ⤳ nach links wenden und den Zebrastreifen überqueren ⤳ auf der anderen Straßenseite erstmal auf dem Gehsteig rechts neben der Ruhr fahren ⤳ nach einigen Metern geht es links hinunter auf dem schmalen asphaltierten Fußweg ⤳ hier gibt es ein Schild Richtung

Essen, Kettwig und Duisburg ~ unten angekommen, sehen Sie einen großen Parkplatz unter der Straßenbrücke ~ diesen einfach überqueren ~ an eine Kreuzung ~ rechts geht's zum Bahnhof, aber links weiter vorbei am Restaurant Löwental ~ den Wegweisern Richtung Leinpfad links hinunter folgen ~ direkt an der Ruhr nach rechts fahren ~ nun an den Parkanlagen vorbeiradeln und weiter auf dem Leinpfad ~ nach zirka drei Kilometern an der Ruine Am Kattenturm vorbei, diese steht direkt links neben der Route ~ auf dem **Promenadenweg** nach Kettwig.

Essen-Kettwig

PLZ: 45219; Vorwahl: 0211

- **Schloss Landsberg**, August-Thyssen-Straße, ✆ 82438012. Zu Beginn des 20. Jhs. ließ der Mülheimer Industrielle August Thyssen die mittelalterliche Burganlage um- sowie ausbauen. Heute dient das Schloss als Seminar- und Tagungsstätte der Thyssen AG. Der Schlosspark ist für Besucher frei zugänglich.
- **Rathaus**. In der ehem. Tuchfabrik sind heute das Standesamt sowie ein kleines Museum zur Stadtgeschichte untergebracht.

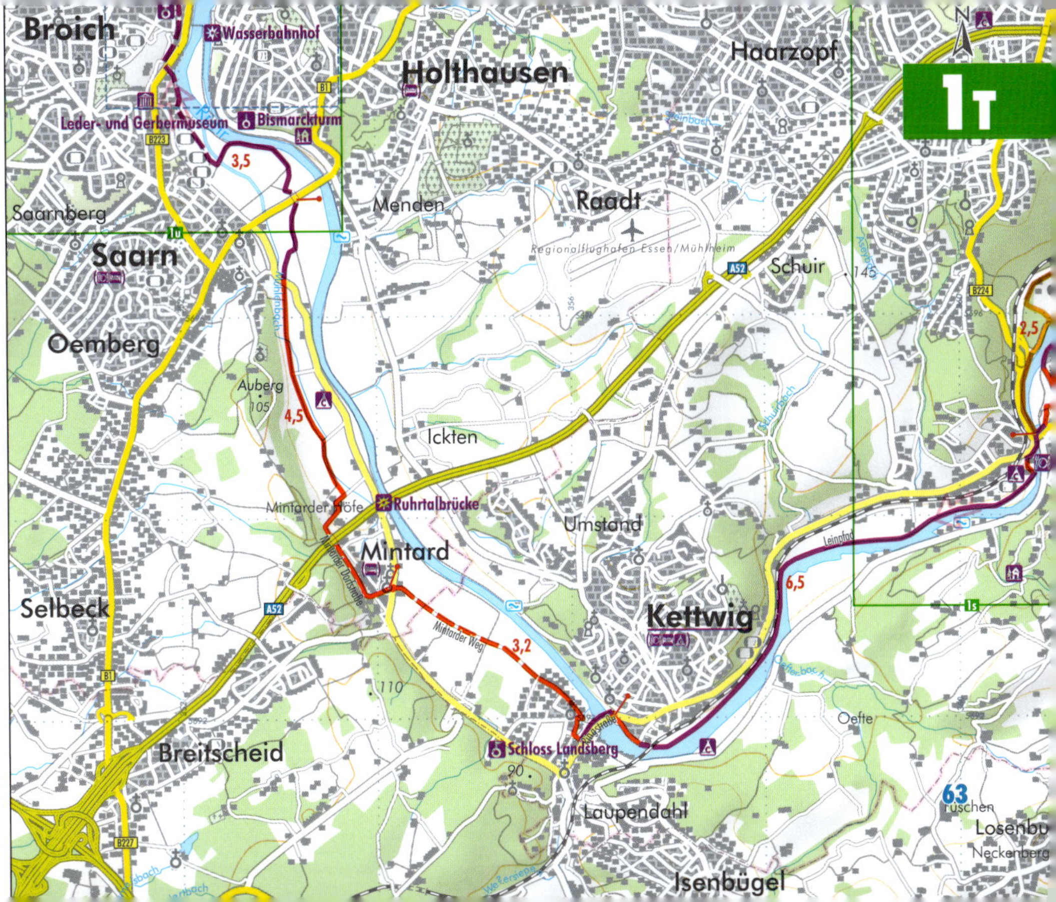

Von Kettwig nach Mülheim-Styrum 14,5 km

Vom Promenadenweg links auf die **Ringstraße** ⇝ es gibt auf der rechten Seite einen Radweg ⇝ die Ruhr überqueren ⇝ auf der Brücke gibt es auch einen Radweg ⇝ nach der Brücke weiter bis zur **Volkmarstraße** und hier rechts einbiegen ⇝ wieder rechts in die **Arndtstraße** ⇝ weiter rechts in die **Landsberger Straße** ⇝ danach schräg nach links weg ⇝ so am Stillen Winkel vorbei ⇝ bis zur Kreuzung fahren, dort rechts ⇝ in die Sackgasse einbiegen ⇝ dies ist der **Mintarder Weg** in Richtung Brücker Schule ⇝ ein Schild weist geradeaus ⇝ der Asphalt endet und der Weg ist nun gekiest ⇝ direkt vor Ihnen erhebt sich die Autobahnbrücke der A 52 ⇝ am Fußballplatz vorbei in Mintard einfahren.

Mintard (Mülheim)

- **St. Laurentius**, erstmals 873 urkundlich in der sogenannten „Regenbirgschen Urkunde“ genannt
- **Ruhrtalbrücke**, gilt mit 1800 Metern als längste stählerne Straßenbrücke in Deutschland

Kettwig

Hier ist der Weg wieder asphaltiert ⇝ Sie kommen an eine Kreuzung mit der August-Thyssen-Straße, überqueren diese und folgen dem Straßenverlauf der **Mintarder Dorfstraße** ⇝ es folgt eine Rechtskurve ⇝ weiter auf der Dorfstraße radeln, diese ist nur mehr für Anlieger und Radfahrer frei ⇝ ein Schild weist auf eine schlechte Wegstrecke hin ⇝ unter der Autobahnbrücke hindurch ⇝ an der Kreuzung nach der Brücke rechts einbiegen ⇝ es handelt sich dabei um ein Privatgrundstück und die Benutzung erfolgt auf eigene Gefahr ⇝ an den Pferdekoppeln entlang parallel zur Autobahnbrücke ⇝ es folgt eine Links-rechts-Kombination durch die Mintarder Höfe ⇝ schließlich links in den **Ruhrauenweg**, einen Landwirtschaftsweg ⇝ parallel zu dem Weg verläuft zur Rechten die L 62 und noch weiter rechts fließt die Ruhr ⇝ an der Weggabelung den linken Weg nehmen ⇝ links vom Campingplatz vorbeifahren ⇝ bei der nächsten Kreuzung geradeaus weiter.

ACHTUNG: An der Vorfahrtsstraße angekommen gibt es zwei Schilder. Der Ruhrtal-Radweg führt geradeaus weiter und der Radweg nach Mülheim führt auf dem Radweg links neben der Mintarder Straße weiter.

Dem Schild des Ruhrtal-Radweges folgend auf dem gekiesten Weg, der zum Damm hinaufführt ⇝ oben auf dem Damm links halten und auf dem asphaltierten Rad- und Fußweg radeln ⇝ unter der Brücke der B 1 hindurchradeln ⇝ danach weiter neben der Ruhr ⇝ nach der Brücke rechts in den Weg, der direkt zur Ruhr führt ⇝ an der Weggabelung links hinunterfahren und wieder links ⇝ dann den kleinen Bach auf der Holzbrücke überqueren und nun geradeaus weiterfahren ~ ein Stück weiter rechts in den **Saarner Auenweg** ~ an den verschiedensten Sportplätzen vorbeifahren ~ hier gibt es auch hin und wieder Abfahrten nach links zu den Sportanlagen ~ immer geradeaus weiter radeln ~ an der nächsten Kreuzung rechts hinunter ~ der Weg ist zuerst gepflastert und dann wieder gekiest ~ er führt an der Ruhr entlang ~ schließlich kommen Sie zu einer Holzbrücke ~ links auf die Brücke hinauffahren und auf dieser die B 223 überqueren und Sie befinden sich schon mitten in Mülheim.

Mülheim an der Ruhr

PLZ: 45468-45481; Vorwahl: 0208

- **Touristinfo im MedienHaus**, Synagogenpl. 3, ✆ 960960, www.muelheim-ruhr.de
- **Schollsche Fähre**, Fährzeiten: So/Fei 11-18 Uhr
- Schifffahrten mit der **Weißen Flotte**, ✆ 9609996, Startpunkt ist der Wasserbahnhof
- **„Camera Obscura"**, Am Schloß Broich 42, ✆ 3022605. Im alten Broicher Wasserturm, ein begehbares optisches Meisterwerk zur Vorgeschichte des Films – die größte Camera Obscura der Welt.

Kunstmuseum in der Alten Post, Viktoriapl. 1, ✆ 4554138, ÖZ: Di, Mi, Fr 11-17 Uhr, Do 11-21 Uhr, Sa, So 10-17 Uhr. Bilderwelten von Zille bis zu zeitgenössischen Künstlern.

Leder- und Gerbermusem, Düsseldorfer Str. 269, ✆ 3021070, ÖZ: Mi-So 14-18 Uhr, Exponate sowie ein Film zur Geschichte des Leder- und Gerberhandwerks.

Petrikirche. Rund um diese 700 Jahre alte Kirche gruppieren sich auf dem Kirchenhügel bergische Stadthäuser.

Schloß Broich (883/884). Einzige erhaltene spätkarolingische Profananlage in Europa. Sie wurde zum Schutz eines durch die Ruhrfurt führenden Zweiges des Hellweges und als Bollwerk gegen die Normannen errichtet.

Theater an der Ruhr, Akazienallee 61, ✆ 599010

Hist. Altstadt mit Heimatmuseum **„Tersteegenhaus"** und hübschen Fachwerkhäusern

Bismarckturm, Bismarckstr. 22, ✆ 3880800, einer der letzten Aussichtstürme im Ruhrtal

Galopprennbahn Raffelberg. Eine der schönsten Anlagen dieser Art in Deutschland.

Wasserbahnhof. Auf der Schleuseninsel lädt das **„Haus Ruhrnatur"** ein. Es bringt Großstadtmenschen die Natur der Ruhr nahe.

Radstation am Hauptbahnhof, Dieter-aus-dem-Siepen-Platz, ✆ 848570

Mülheim an der Ruhr, „Camera Obscura"

Mülheim und die Ruhr, das ist eine über ein Jahrtausend alte Verbindung. An den Ufern und Bachtälern standen Mühlen, die der Stadt ihren Namen gaben. Zum ersten Mal wird „Mulenheim" 1093 in einer Urkunde der Edelherren von Broich genannt.

Im 18. Jahrhundert war die Ruhr der meistbefahrene Fluss in Europa und Mülheim das Zentrum der Ruhrschifffahrt, des Kohlenhandels und der Lederindustrie.

Mülheim entwickelte sich als Großstadt im Revier zu einem Zentrum von Handel, Dienstleistung und Wissenschaft. Einkaufszentren, Forschungsinstitute, wie die zwei Max-Planck-Institute, aber auch Kultur- und Kongresszentrum in der Stadthalle tragen wesentlich dazu bei.

Koks aus Ruhrkohle zur Eisenerzeugung

Die Erzeugung von Koks geht vermutlich auf den deutschen Chemiker Johann Becher (1635-1682) zurück.

In Mülheim auf der Friedrich-Wilhelms-Hütte gelingt es 1849 erstmals, eine Eisenhütte mit Ruhrkoks erfolgreich zu betreiben. Dadurch ist es möglich, größere Hochöfen zu errichten und Eisen zu produzieren, unabhängig von Koksimporten aus dem Ausland.

Bis zum Ende des 18. Jahrhunderts wurde in Eisenhütten, wo das Brennmaterial die glühende Erzsäule tragen muss, Holzkohle verwendet. Steinkohle war dafür nicht geeignet, da bei der Verbrennung Schwefel, Ruß und Rauch entstanden, die das Eisen brüchig machte und die Erzsäule nicht tragen konnte.

Erst mit der Herstellung von Koks ist ein Brennstoff vorhanden, der nahezu rauchfrei verbrennt und trotzdem über eine hohe Trag-

Mülheim an der Ruhr, Theater an der Ruhr

fähigkeit für die Erzsäule und einen sehr hohen Brennwert verfügt.

Zur Produktion von Koks wird Steinkohle unter Luftabschluss bei Temperaturen um 1000°C zwei bis drei Tage lang erhitzt (verkokt).

Nach dem Überqueren der Holzbrücke, geradeaus weiter auf dem **Fossilienweg** ~ der Radweg ist unbefestigt und verläuft zwischen den Bäumen, was im Sommer sehr angenehm ist ~ schließlich zu einer Parkanlage ~ in der Mitte befindet sich ein riesiger Stein, um diesen herumfahren ~ weiter geradeaus durch den Park ~ auch in den Spielplatz hineinfahren ~ gemäß der Ausschilderung geradeaus ~ der Weg ist weiterhin gekiest ~ vom Fossilienweg in den **Forster Weg** ~ über eine Brücke

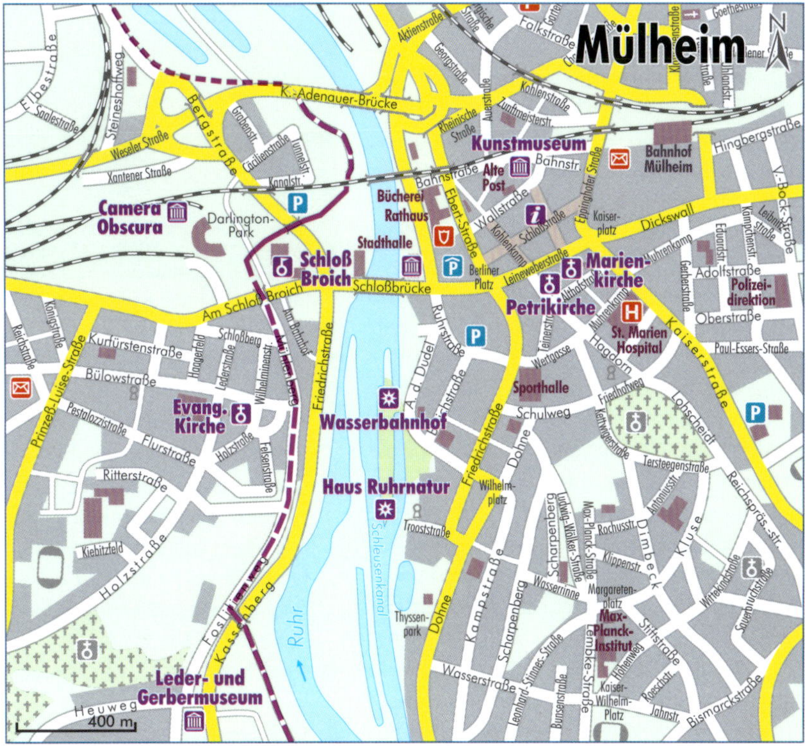

und somit die Straße Am Schloss Broich überqueren ⇝ das Schloss zur Rechten ⇝ zu einem größeren Platz mit einigen Fahnenmasten, hier rechts halten ⇝ es geht bergab durch die Park- und Grünanlagen ⇝ bei einer Kreuzung links über die **Kfar Saba Brücke** ⇝ weiter bergab und vorbei an unzähligen Springbrunnen ⇝ immer den Radschildern folgen ⇝ schließlich sehen Sie eine riesige Brücke ⇝ zuerst parallel dazu fahren und dann durch das Tor ⇝ bei der Weggabelung links halten ⇝ es geht an einem Tümpel entlang.

Unter der Konrad-Adenauer-Brücke mit dem blauen Geländer hindurchfahren ⇝ der Belag besteht aus Kies ⇝ auf der anderen Seite des Parks bei dem Tor wieder hinausfahren und weiter geradeaus auf dem Kiesweg ⇝ es geht bergauf und der Weg ist gepflastert ⇝ über eine Straße und an einen Rad- und Fußweg neben der Bergstraße ⇝ hier rechts ⇝ bei der Weggabelung den mittleren Richtung Styrum und Broicher Dammweg nehmen ⇝ an der Friedrich-Wilhelms-Hütte vorüber ⇝ die Ruhr auf der Styrumer Brücke überqueren ⇝ nach rechts ein wunderbarer Ausblick auf Mülheim ⇝

Radbrücke bei Mülheim an der Ruhr

sobald Sie die Brücke überquert haben, befinden Sie sich in Mülheim-Styrum.

Mülheim-Styrum

PLZ: 45476; Vorwahl: 0208

- **Touristinfo im MedienHaus**, Synagogenpl. 3, 45468 Mülheim an der Ruhr, ✆ 960960, www.muelheim-ruhr.de
- **Aquarius Wassermuseum**, Burgstr. 70, 4433390, ÖZ: Di-So 10-18 Uhr. Gläserne Fahrstühle bringen die Besucher auf die oberen Ebenen, durch den noch teilweise gefüllten Wasserbehälter hinauf bis zum Panoramakreuz. Auf 14 Ebenen warten in diesem multimedialen Museum 30 Stationen und ermöglichen den Eintritt in die Welt des Wassers.
- **Schloß Styrum.** Rund 600 Jahre altes Schloss mit Erlebnisgastronomie und Biergarten.
- **Radstation Styrum**, Hauskampstr. 14, ✆ 402000

Die Ruhr wird Schifffahrtsweg

1780. Die Ruhr ist Schifffahrtsstraße von Ruhrort bis über Witten hinaus. Sie wurde kanalisiert und 16 Schleusen regulieren den unterschiedlichen Wasserstand. Die Länge des schiffbaren Flusses beträgt 74 Kilometer. Am Flussufer wurden Leinpfade für Zugpferde angelegt, damit die Kähne flussaufwärts gezogen werden können. Damit wird die Ruhr zu einem bedeutenden Transportweg. Kohle aus dem Märkischen, Salz aus dem Salzwerk Königsborn und andere Handelsgüter werden von Ruhrort aus bis nach Holland ausgeführt. Schon 1734 gab es einen Plan von König Friedrich Wilhelm I. den oberen Ruhrabschnitt für den Salztransport schiffbar zu machen. Die Firma Eisbruch & Comp. gründete unter Beteiligung von 36 Teilhabern die „Neue Ruhrschifffahrts-Enterprise behufs Transports derer märkischer Kohlen". Seit 1770 besaß diese Transportfirma ein Monopol für Kohletransport und übernahm mit 25 Schiffen den regelmäßigen Lasttransport. Doch schon bald gab es Transportschwie-

rigkeiten. Mehr als 20 Mühlen und Fischwehre zwischen Hattingen und Ruhrort versperrten die Durchfahrt, dadurch mussten die Kohlen mehrfach umgeladen werden, wodurch die Qualität der Ladung litt. Die weiche märkische Kohle kam in Kleve oft nur mehr als Kohlenstaub an. Erst 1774 begann der preußische Staat mit dem Bau der ersten Schleuse in der Mark.

Von Mülheim-Styrum nach Duisburg 15,5 km

Nach der Brücke links hinunter auf die Holzbrücke und dann weiter auf dem **Styrumer Schlossweg** ⇝ auf Pflaster geht es dann bei der Weggabelung links weiter ⇝ am Aquarius Wassermuseum vorbei ⇝ dann weiter in der Rechtskurve und geradeaus vor an die **Moritzstraße** ⇝ hier links halten ⇝ es gibt einen Rad- und Fußweg auf der linken Straßenseite.

TIPP Sie haben die Möglichkeit, bei der Radstation am S-Bahnhof Mülheim in der Hauskampstraße Halt zu machen. Dorthin weist ein Schild nach rechts weg, aber das wäre nur ein kurzer Abstecher, denn die Route führt geradeaus weiter.

Aussicht von der Styrumer Brücke

Bei nächster Gelegenheit die Straße überqueren und auf der rechten Seite weiterfahren ⇝ dem Schild nach links über die Straße folgen ⇝ Sie befinden sich nun auf der **Steinkampstraße** ⇝ auf dem Privatparkplatz weiter auf dem schmalen, gepflasterten Weg fahren ⇝ nicht über die Brücke sondern geradeaus weiter und bei nächster Gelegenheit nach rechts unter der A 40 hindurch.

In einer Linkskurve um das Stadion herum ⇝ an der Vorfahrtsstraße links auf den Rad- und Fußweg ⇝ dem kurvigen Verlauf folgen ⇝ mit einer Linkskurve in die **Kewerstraße** ⇝ links in die **Speldorfer Straße**, unter der Eisenbahn hindurch ⇝ zum Dammweg links hoch ⇝ nach 600 Meter rechts ⇝ vor der Autobahn links und gleich danach wieder links ⇝ in weitem Bogen Richtung Ruhr und danach unter Auto- und Eisenbahnbrücke hindurch ⇝ unter der L 1 hindurch und hinauf ⇝ auf der alten **Emericher Straße** links ⇝ nach 300 m links zum Rhein-Herne-Kanal ⇝ links zum Hochwasser-Sperrtor und über den Verbindungskanal ⇝ am Ende der Insel links über die Ruhrschleuse und Stauwehr ⇝ **am Ruhrdeich** rechts bis zum Kreisverkehr vor der Oberbürgermeister-Lehr-Brücke ⇝ dort links und auf den Radwegen entlang der **Ruhrorter Straße** und im Anschluss der **Schwanenstraße** zurück zum Hauptbahnhof Duisburg.

Duisburg s. S. 14

Tour 2 Emscher Park Radweg (211,5 km)

Der Radweg führt Sie auf gut 211 Kilometern mitten durch das Ruhrgebiet. Der nördliche Abschnitt verläuft großteils entlang von Flüssen und Kanälen, wie der Emscher, dem Rhein-Herne-Kanal und dem Datteln-Hamm-Kanal. Am südlichen Abschnitt wechseln sich urbane und rurale Gebiete häufig ab, im Bereich von Gelsenkirchen und Essen fahren Sie vermehrt auf stillgelegten Bahntrassen und kommen daher besonders flott voran. Zahlreiche alternativ beschilderte Nord-Südverbindungen ermöglichen es, die ovalförmige Rundstrecke abzukürzen und so einen eigenen, kürzeren Rundkurs zu fahren.

Charakteristik

Länge: 211,5 km

Start & Ziel: Duisburg

Wegbeschaffenheit: Der Großteil der Radwege (entlang von Bahntrassen und Kanälen) ist zwar unbefestigt, aber gut befahrbar.

Verkehr: Der Radweg verläuft meist auf ruhigen Radwegen und Straßen. Verkehrsreiche Straßen werden nur dann befahren, wenn keine Alternative möglich ist.

Beschilderung: Der Emscher Park Radweg ist einheitlich und durchgehend ausgeschildert.

Steigungen: Auf dieser Tour sind nur wenige Steigungen zu bewältigen. Zu Aussichtspunkten auf Halden ist mit einem steileren Anstieg von 40-50 Metern zu rechnen.

Anschlusstouren: 1, 4, 5, 6, 8, 12, 13, 14, 17

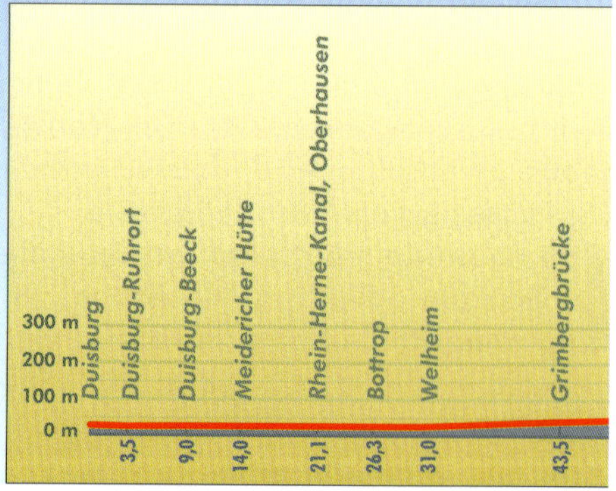

Duisburg s. S. 14

Von Duisburg nach Oberhausen *21,1 km*

Startpunkt ist der Hauptbahnhof ⤳ rechts auf den straßenbegleitenden Radweg ⤳ links in die Fußgängerzone und das Fahrrad geradeaus schieben ⤳ anschließend auf den Radweg entlang der **Schwanenstraße** wechseln ⤳ die Autobahn unterqueren ⤳ beim Kreisverkehr die zweite Ausfahrt nehmen ⤳ Sie fahren über die Ruhr ⤳ nach der Brücke über den Vinckekanal links in die **Krausstraße** – da das direkte Abbiegen auf dieser verkehrsreichen Straße nicht zu empfehlen ist, verläuft die offizielle Radmarkierung bis zur Straßenbahnstation, wo Sie die Straße bei der Ampel überqueren können, dann wieder retour zum Beginn der Brücke, nun abbiegen in die **Krausstraße** ⤳ weiter auf der **Dammstraße**.

Duisburg-Ruhrort s. S. 18

Unter der Brücke hindurch ⤳ die nächste Brücke überqueren ⤳ anschließend links und auf der Dammkrone entlang des Rheins weiter ⤳ beim Kinderspielplatz rechts hinunter vom Damm ⤳ schräg rechts die Ahrstraße überqueren und in die **Meerbergstraße** ⤳ unter der Bahn hindurch ⤳ nach ca. 100 m eine scharfe Rechtskehre fahren ⤳ auf der ehemaligen Bahntrasse links weiter ⤳ bei der Kleingartensiedlung rechts, der Radweg verläuft neben der Bahntrasse ⤳ unter der Brücke einer Koksgasleitung hindurch ⤳ kurz danach in einem Bogen hinunter zur **Friedrich-Ebert-Straße**.

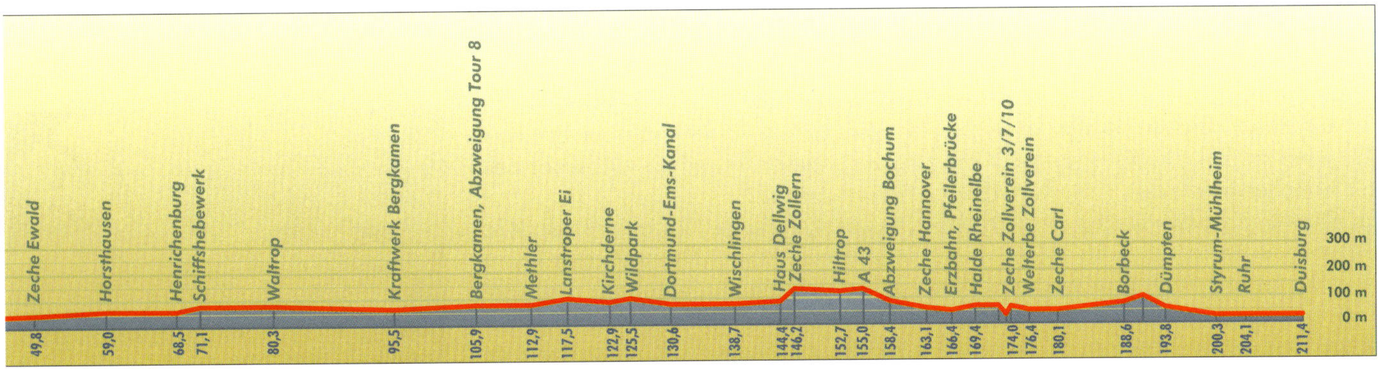

Duisburg-Beeck

PLZ: 47139; Vorwahl: 0203

Brauerei König Pilsener, Friedrich-Ebert-Str. 255-263, ✆ 93330. König Pilsener ist eine der größten deutschen Brauereien, die auf mehr als 150 Jahre Tradition zurückblicken kann.

Auf der **Friedrich-Ebert-Straße** fahren Sie links unter der Bahnbrücke hindurch ⤳ links in die **Möllershofstraße** ⤳ am Radweg bis zur nächsten Bahnunterführung, hindurch auf die **Neanderstraße** und rechts halten ⤳ kurz nach der Linkskurve rechts abbiegen ⤳ der Radweg verläuft nun entlang der Bahntrasse ⤳ ⚠ die Honigstraße überqueren ⤳ links-rechts eine Rampe hoch ⤳ an der alten Emscher entlang ⤳ bei der Asphaltstraße nach links und unter der Brücke durch ⤳ vor dem Delta-Music-Park scharf rechts die Rampe hoch und über die Autobahn.

Duisburg-Meiderich

An der Stelle des heutigen Landschaftsparks Duisburg Nord stand die Meidericher Hütte, ein Hochofenwerk der Thyssen-Werke, errichtet in der Nähe der Kokerei Friedrich Thyssen 4/8. Ab 1985, nach der Stilllegung der Anlage, lag das 200 Hektar große Areal brach. Im Rahmen der IBA (Internationale Bauausstellung Emscher Park), eines zehn Jahre dauernden Projektes um im städtebaulichen, sozialen, kulturellen und ökologischen Bereich Impulse zu geben, wurden die Industriedenkmäler für eine neue Nutzung vorbereitet und mit wild wachsender Natur verbunden.

Das weithin sichtbare Windrad, Teil eines Wasserkonzeptes, führt der Alten Emscher Wasser zu. Der Hochofen 5 ist frei begehbar und bietet eine Aussicht über Duisburg, im umgebauten Gasometer kann man nun tauchen und der Erzbunker dient als Kletteranlage des Deutschen Alpenvereins. Besonders sehenswert ist auch die nächtliche Beleuchtung des Künstlers J. Park, die am Wochenende und an Feiertagen in Betrieb ist.

Sie folgen den ehemaligen Gleisen, fahren einen Linksbogen ⤳ vor dem Windenergieturm rechts ⤳ unter 2 Brücken hindurch in das Herzstück der Meidericher Hütte ⤳ hier links unter dem Hochofen, den man zu Fuß besteigen kann, hindurch ⤳ vor der Emscherstraße rechts abbiegen ⤳ am Kühlwerk vorbei und weiter zum Besucherzentrum des Landschaftsparks ⤳ am Wärterhauschen verlassen Sie den Landschaftspark ⤳ mit einer Rechts-links-Kombinati-

Blick vom Hochofen auf die Meidericher Hütte

Windturm als Teil des Emscher-Bewässerungskonzeptes

on auf einen geschotterten Radweg Richtung Gasometer ⇝ geradeaus unter dem Emscherschnellweg (A 42) hindurch ⇝ die mehrspurige Duisburger Straße bei der Ampel überqueren ⇝ auf der ehemaligen Bahnstrecke der HOAG-Bahn (Hüttenwerke Oberhausen AG) geradeaus, dabei mehrere Straßen unter- bzw. überqueren ⇝ vor der Kanalbrücke rechts hinunter und ein Stück an der Emscher entlang ⇝ bei den Autobahnstelzen des Emscherschnellweges zweimal links halten, um dem Parkplatz auszuweichen ⇝ an der **Lindnerstraße** links ⇝ vor dem Stadion Niederrhein rechts ⇝ zwischen Stadion und Rhein-Herne-Kanal auf dem Treppelweg weiter ⇝ es folgt ein kurzer Schlenker nach links bei der Kneipe Bootshaus, kurz danach kommen Sie zum Kanal zurück ⇝ geradeaus weiter, am Gasometer vorbei.

Oberhausen-Neue Mitte

PLZ: 46047; Vorwahl: 0208

Tourist Information Oberhausen, Willy-Brandt-Pl. 2, 46045 Oberhausen, ✆ 824570, www.oberhausen-tourismus.de

Schloss Oberhausen (1804-1821), Konrad-Adenauer-Allee 46. In der klassizistischen Schlossanlage ist heute die **Ludwig Galerie** (✆ 4124928, ÖZ: Di-So 11-18 Uhr) untergebracht, ein Kunstmuseum mit wechselndem Ausstellungsprogramm internationaler Kunst. In der Parkanlage des Schlosses, dem ca. 28 ha großen Kaisergarten, gibt es ein 16 ha großes Wildgehege.

Gasometer Oberhausen (1928-1929), Arenastr. 11, ✆ 8503730, ÖZ: Di-So 10-18 Uhr. Das Industriedenkmal in der „Neuen Mitte" gilt als eines der Wahrzeichen des Ruhrgebiets.

CentrO, Centroallee, ✆ 8282055, ÖZ: Mo-Mi, Fr, Sa 10-20 Uhr, Do10-21 Uhr, Europas größtes Shopping- und Freizeitzentrum.

Sea Life Aquarium, Zum Aquarium 1, ✆ 0180/566690101, ÖZ: Mo-So 10-17 Uhr. Das größte Süß- und Meereswasseraquarium Deutschlands lockt mit über 20.000 Tieren aus heimischen und tropischen Gewässern.

AUSFLUG

Um in das Zentrum von Alt-Oberhausen und zum Rheinischen Industriemuseum zu gelangen, fahren Sie über die Fußgängerbrücke (zweite Brücke nach dem Gasometer).

Eingang des LVR Industriemuseums in Alt-Oberhausen

Ausflug zum LVR Industriemuseum 4 km

Am CentrO geradeaus zum futuristisch anmutenden Busbahnhof ⤳ hier leicht links am ausgeschilderten, kombinierten Fuß- und Radweg ⤳ neben der Schnellbus-Trasse die Straße Alte Walz überqueren ⤳ bei der Essener Straße unter der Busbrücke hindurch ⤳ die Trassenseite wechseln ⤳ nach der Unterführung rechts in die **Brücktorstraße** ⤳ an der **Mülheimerstraße** kurz links ⤳ gleich danach rechts in die **Tannenbergstraße** ⤳ vor der kleinen Parkanlage zur Rechten biegen Sie rechts in die **Freiherr-vom-Stein-Straße** und gelangen direkt zum Bahnhof ⤳ das Industriemuseum befindet sich exakt auf der anderen Seite der Bahntrasse, entweder schieben Sie das Fahrrad durch den Bahnhof oder fahren auf der **Concordiastraße** unter den Gleisen durch, danach rechts.

Oberhausen-Alt Oberhausen

LVR-Industriemuseum, Hansastr. 20, ✆ 02234/9921555, ÖZ: Di-So 10-17 Uhr. In der ehemaligen Walzhalle wird die Geschichte der Schwerindustrie an der Ruhr (be)greifbar gemacht.

Rathaus Oberhausen (1930) des Architekten L. Freitag

Direktorenvilla der Zeche Concordia (1897). Heute ist hier die Verwaltung der internationalen Kurzfilmtage Oberhausen untergerbracht.

Amtsgericht (1904-1907), mit dem Friedensplatz in einem zusammengehörenden Ensemble.

Radstation am Hauptbahnhof, Willy-Brandt-Pl. 1, ✆ 855174

Von Oberhausen zur Grimberg-Brücke 22,4 km

Nach 1,6 km am Rhein-Herne-Kanal sind Sie unter zwei Brücken hindurch gefahren ⤳ weiter bis zur nächsten Abzweigung.

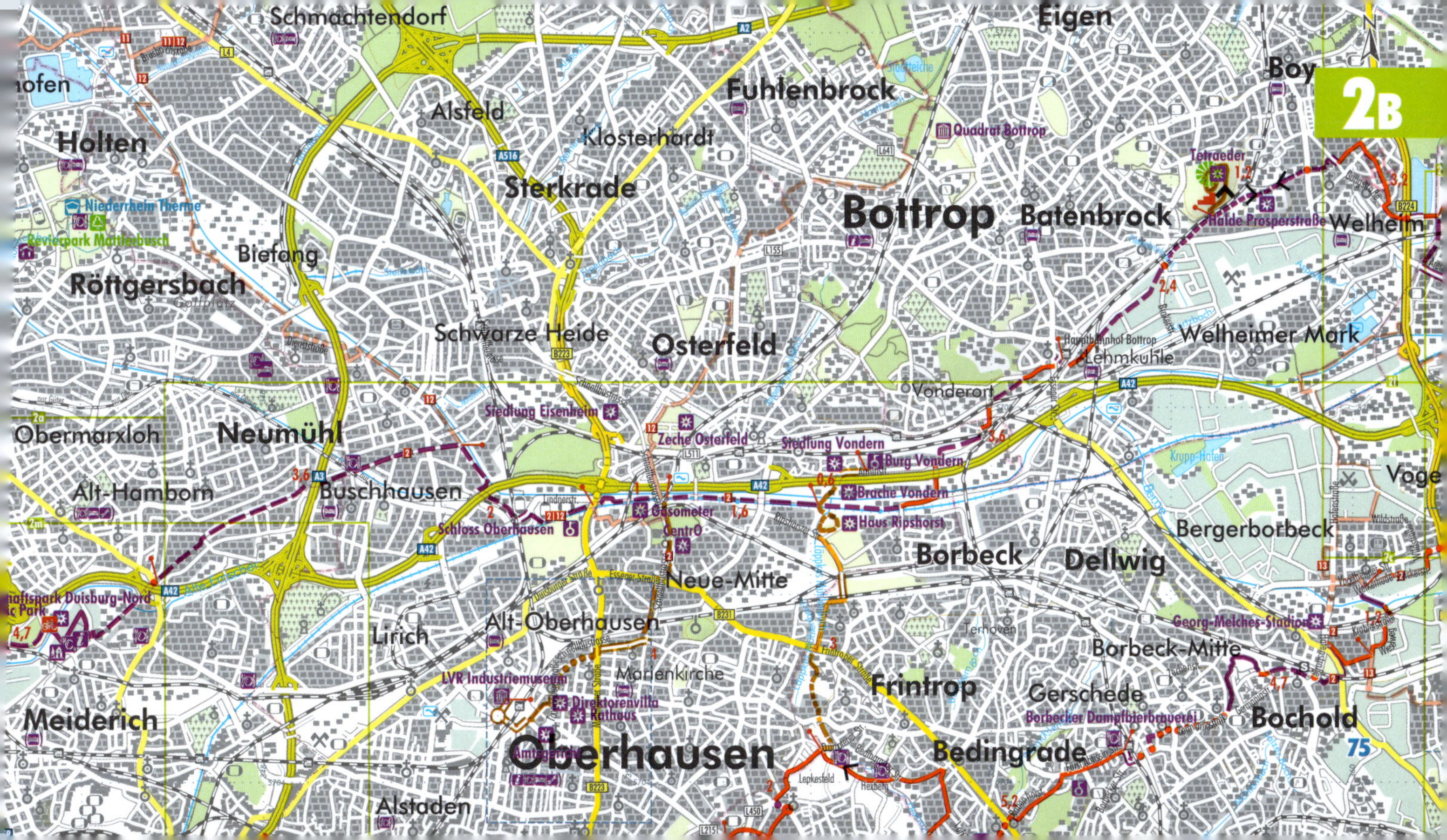

2B
Schmachtendorf
Eigen
Boy
Holten
Alsfeld
Fuhlenbrock
Klosterhardt
Quadrat Bottrop
Sterkrade
Bottrop
Batenbrock
Tetraeder
Halde Prosperstraße
Welheim
Niederrhein Therme
Revierpark Mattlerbusch
Biefang
Röttgersbach
Schwarze Heide
Osterfeld
Hauptbahnhof Bottrop
Welheimer Mark
Lehmkuhle
Vonderort
Siedlung Eisenheim
Zeche Osterfeld
Siedlung Vondern
Burg Vondern
Obermarxloh
Neumühl
Alt-Hamborn
Buschhausen
Brache Vondern
Haus Ripshorst
Schloss Oberhausen
Gasometer
CentrO
Bergerborbeck
Voge
Borbeck
Dellwig
Neue Mitte
Alt-Oberhausen
Lirich
Georg-Melches-Stadion
Borbeck-Mitte
Marienkirche
LVR Industriemuseum
Direktorenvilla
Rathaus
Frintrop
Gerschede
Borbecker Dampfbierbrauerei
Bochold
Meiderich
Oberhausen
Bedingrade
Alstaden
75

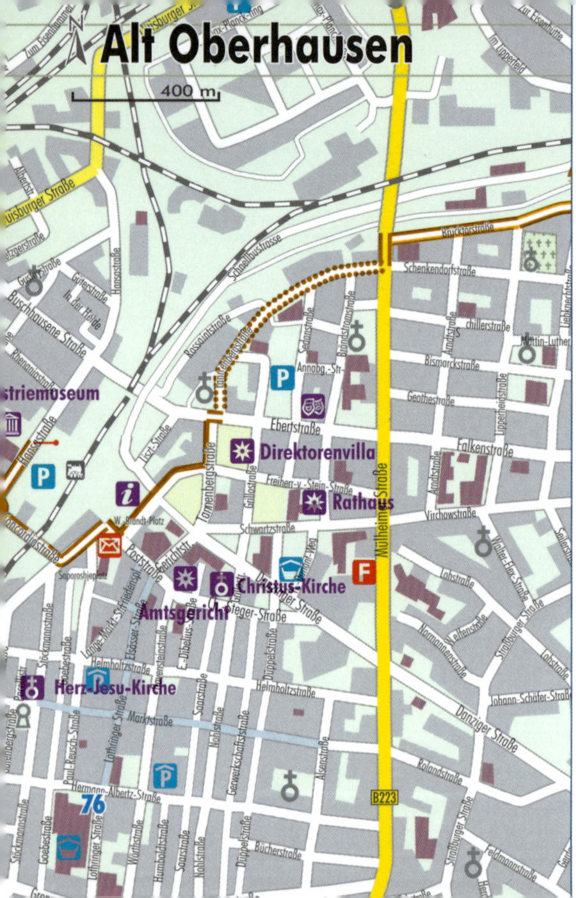

AUSFLUG Zur Burg Vondern kommen Sie, wenn Sie auf der Dammkrone bei der Brache Vondern links abbiegen.

Unter dem Emscherschnellweg hindurch ⤳ rechts entlang der **Arminstraße**, vorbei an der Verkaufsanstalt der Gutehoffnungshütte ⤳ schließlich gelangen Sie zur Burg Vondern.

Oberhausen-Vonderort

- **Burg Vondern**, Arminstr. 65. An der mittelalterlichen Wasserburg Vondern (1266) sind die für das jetzige Erscheinungsbild wichtigen Bauteile, wie die Torburg, 1520 entstanden, das Herrenhaus wurde im 17. Jahrhundert errichtet.
- **Brache Vondern**, Brachfläche der ehemaligen Zeche Vondern. Die sich hier wieder angesiedelte Vegetation und Tierwelt wird als Industrienatur zusammengefaßt.
- **Siedlung Vondern** (1907-1913), 125 Häuser und 400 Wohnungen wurden im Auftrag der Gutehoffnungshütte (GHH) gebaut, um deren Arbeiter unterzubringen. Eine Verkaufsanstalt und ein Kinderhaus, geplant vom Jugendstil-Architekten B. Möhring, vervollständigen die Siedlung.

VARIANTE Die große Runde des Emscher Park Radweges lässt sich abkürzen, indem Sie über Läppkes Mühlenbach direkt nach Dümpten radeln.

Burg Vondern, Oberhausen

Abkürzung nach Dümpten 3 km

Sie überqueren den Rhein-Herne-Kanal auf der **Ripshorstbrücke** ⤳ entweder über das Haus Ripshorst oder in einem weiten Bogen daran vorbei.

Haus Ripshorst

- **Haus Ripshorst**, Ripshorster Str. 306, ✆ 0208/8833483, ÖZ: Di-So 10-18 Uhr. Ehemaliger Bauernhof, dient nun als Informationszentrum des Emscher Landschaftsparks.

An der **Ripshorster Straße** biegen Sie links ab Richtung Frintrop ⤳ nach der Brücke kurz rechts und bei der nächsten Möglichkeit, dem **Schemmannsfeld**, links ⤳ bei der Frintroper Straße, an der Stadtgrenze von Oberhausen und Essen-Frintrop, nach einer Rechts-links-Kombination auf einen Schotterweg am Beginn des Biotops von Läppkes Mühlenbach ~ kurz danach links ~ die nächste kleine Brücke nicht überqueren sondern rechts weiter ~ nach der nächsten kleinen Brücke rechts ~ an der **Oberhauser Straße** angelangt, eine kurze Links-rechts-Kombination fahren ~ an der **Dümptener Straße** rechts hinunter, an der nun folgenden Kreuzung, am Ortsende von Essen, gelangen Sie zur Südstrecke des Emscher Park Radweges.

Am Rhein-Herne-Kanal geradeaus weiter ~ vor der nächsten Brücke den Dammweg links verlassen ~ links Richtung Bottrop-Zentrum ~ der Beschilderung folgen über die **Einbleckstraße** in die **Breilstraße** ~ rechts in die **Arminstraße** ~ nach 50 m links auf den Schotterweg und links halten ~ unter der Bahn hindurch ~ nach dem Tunnel kurz rechts und sofort danach links in die **Wiesemannstraße** ~ nach der nächsten Bahnunterführung rechts in den **Phiathilweg** ~ in die **Armelerstraße** ~ die Essener Straße überqueren ~ rechts auf dem Radweg zum Hauptbahnhof Bottrop radeln.

Bottrop

PLZ: 46236-46244; Vorwahl: 02041

Tourist-Info Bottrop, Osterfelder Str. 13, ✆ 766950, www.bottrop.de

Josef Albers Museum Quadrat Bottrop, Im Stadtgarten 20, ✆ 29716, ÖZ: Di-So 11-17 Uhr. Das Museum ist dem Lebenswerk des Künstlers Josef Albers (19.3.1888-25.3.1976) gewidmet, der sich v. a. mit der Wirkung von Formen, Farben, Linien und Flächen aufeinander beschäftigte. Außerdem befinden sich im Quadrat Bottrop noch die **Moderne Galerie** und das **Museum für Ur- und Ortsgeschichte**.

Als Borgthorpe, Dorf am Hügel, wurde das heutige Bottrop erstmalig im Mittelalter erwähnt und befand sich an der historischen Handelsverbindung des vestischen Hellweges. Ab dem 19. Jahrhundert hat der Bergbau der Stadt einen Aufschwung beschert und sie auch geprägt. Der Niedergang des Bergbaus am Ende des letzten Jahrhunderts führte zu einem Strukturwandel der Stadt, unterschiedliche Industriezweige haben sich hier nun angesiedelt. Interessanterweise ist Bottrop, das mehr als die Hälfte des gesamten Gebietes Grünflächen aufweist, eine der grünsten Städte des Ruhrgebietes. Die ehemaligen Halden Prosperstraße, Prosper Haniel und Emscherblick sind in den letzten Jahren touristisch erschlossen worden und bieten einen schönen Ausblick über die Gegend des Emscher Parks. Als eines der wenigen Bergwerke des Ruhrgebietes ist das Verbundbergwerk Prosper Haniel weiter in Betrieb und hat nach eigenen Angaben Anfang 2009 mit 4.400 Mitarbeitern 3,2 Millionen Tonnen Kohle gefördert.

Rechts hinter dem Bahnhofsgebäude vorbei und links unter der Bahn hindurch ~ gleich danach links in die **Lehmkuhler Straße** ~ rechts in die **Bahnhofstraße** und unter der Eisenbahnbrücke hindurch ~ gleich danach die Straße überqueren und links (neben dem Obstladen) hoch auf den Bahndamm ~ am Damm auf einen geschotterten Radweg ~ der Weg führt ins Industriegelände ~ es geht

Tetraeder in Bottrop

auf alten, aufgelassenen Eisenbahngleisen weiter ⤳ in einer Serpentine abwärts zur **Brakerstraße** ⤳ mit einer Rechts-links-Kombination in die **Morianstraße** ⤳ kurz danach links aufwärts zum Bahndamm und auf diesem weiter.

AUSFLUG Bei einer modernen Brückenkonstruktion besteht die Möglichkeit, zum Tetraeder in Bottrop aufzusteigen.

Sie gelangen zum Fuße des Tetraeder, indem Sie über die Brücke fahren und danach entweder links über die Serpentinen die ca. 70 Höhenmeter hochradeln oder Sie sperren das Fahrrad unten ab und gehen die 387 Stufen der Treppe „Direttissima" hoch.

Bottrop-Batenbrock

PLZ: 46238; Vorwahl: 02041

- **Tetraeder**, Beckstraße. Der Rundblick von der 50 m hohen begehbaren Stahlpyramide ist ein Erlebnis.
- **Alpincenter Bottrop**, Prosperstr. 299-301, ✆ 70950, ÖZ: Skipiste tgl., 9.30-24 Uhr. Mit 640 m beherbergt dieses Center die längste Indoor-Skipiste der Welt, es gibt auch einen großzügigen Outdoor-Park mit Hochseilgarten und Sommerrodelbahn.
- **Bergwerk Prosper II**, Knappenstr. 33, ✆ 102430. Der **Malakoffturm** ist einer der wenigen noch erhaltenen gemauerten Fördertürme des Ruhrgebiets und wird heute als Zechenmuseum genutzt.

Vom Tetraeder blickt man auf das Alpincenter in Bottrop-Batenbrock, eine 640 m lange Schihalle

Gartenstadt Welheim

Nach der Brücke zum Tetraeder ein Stück neben dem Bahndamm entlangradeln ⤳ Sie überqueren mit An- und Abstieg den Rand der Halde Prosperstraße ⤳ die Johannesstraße überqueren ⤳ vor einem Kinderspielplatz mit Hindernisparkours nach links ⤳ an der **Gungstraße** kurz danach rechts.

Gartenstadt Welheim

Für die Arbeiter der nahe gelegenen Zeche „Vereinigte Welheim" wurde nach dem Vorbild der englischen Gartenstadtbewegung (Garden city movement) in den Jahren 1914-1923 im noch ruralen Gebiet eine Arbeitersiedlung errichtet.

Nach 100 m links in die **Hugo-Stinnes-Straße** ↝ an der zweiten Straße (**Lindenstraße**) rechts abbiegen ↝ geradeaus, ganz leicht recht versetzt über die Welheimer Straße in die **Flöttestraße** ↝ nach der breiten Rechtskurve der Straße **Am Kämpchen** links in die **Gungstraße** bis zur B224 ↝ diese überqueren und auf dem Radweg geradeaus weiter ↝ nach der kleinen Brücke den Damm aufwärts und gleich rechts ↝ die Güterzuglinie zum Bergwerk Prosper überqueren ↝ links in die **Arenbergstraße** einbiegen und auf dem Radweg leicht abwärts.

Essen-Karnap

Der Name Carnap, wie der Ort bis 1910 offiziell geschrieben wurde, lässt sich aus den vorkeltischen und ligurischen Silben carn und ap ableiten, was als Mühlenwasser gedeutet werden kann. Wie in vielen anderen Orten im Ruhrgebiet hat der Bergbau das Ortsbild 100 Jahre lang bis zur Stillegung der letzten Zeche im Jahr 1970 geprägt.

An der Straße **Zweite Schockenhecke** rechts ↝ rechts in die **Waldemey** ↝ links in die **Obringer Voerde** ↝ kurzer Anstieg, nach einer Linkskurve entlang des Kanals weiter ↝ bei der zweiten Brücke rechts über die Emscher (nicht dem Radweg Emscherweg folgen!) und den Rhein-Herne-Kanal.

VARIANTE Hier besteht die Möglichkeit, den Emscher Park Radweg abzukürzen, und direkt nach Katernberg zum UNESCO Weltkulturerbe Zeche Zollverein zu gelangen.

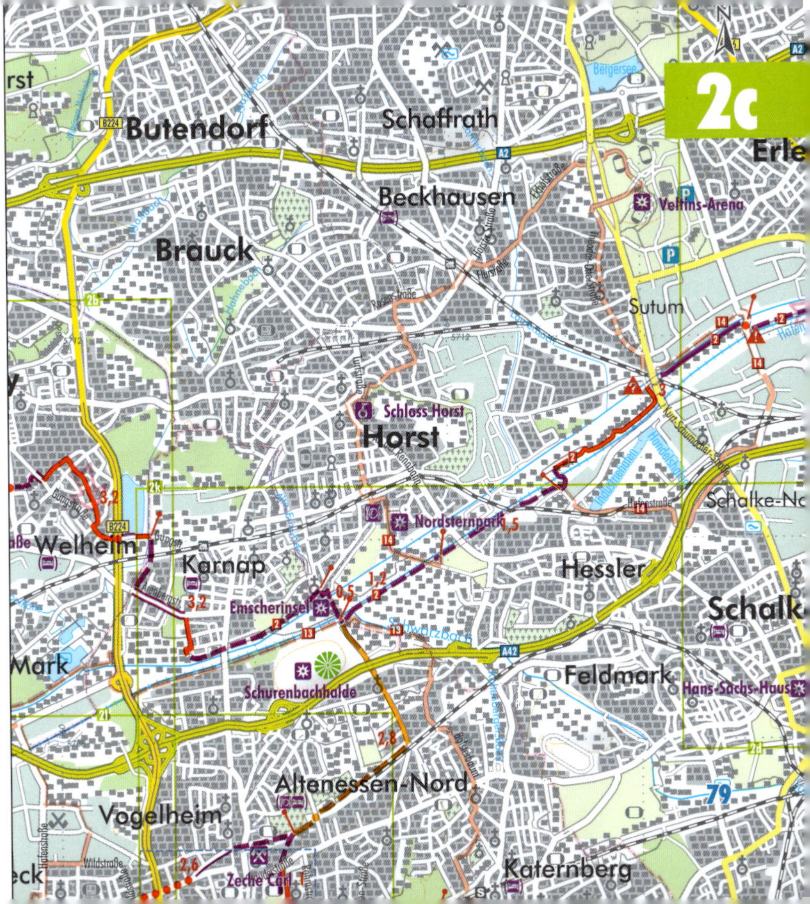

Nordsternpark am Rhein-Herne-Kanal

Variante nach Katernberg 2,3 km

Sie folgen dem markierten Verbindungsweg Route der Industriekultur, Richtung Zollverein und Schurenbachhalde, nach Südosten ⤳ an der **Emscherstraße** entlang ⤳ unter der Autobahn hindurch und immer geradeaus ⤳ vor der Bahn rechts ⤳ entlang der Bahntrasse weiter ⤳ bei der **Bischofsstraße** eine Links-rechts-Kombination fahren ⤳ kurz danach stoßen Sie auf den Emscher Park Radweg.

Die Hauptroute des Emscher Park Radweges führt wieder zurück zum Kanal, den Sie bis zur Schleuse entlang radeln ⤳ in das Schleusengelände hinein und den Kanal überqueren ⤳ auf der asphaltierten Zufahrtsstraße zur Schleuse weiter ⤳ ⚠ vor der **Sutumer Brücke** über die Emscher rechts, wieder entlang eines Kanals ⤳ bei der nächsten Brücke wieder rechts ⤳ ⚠ vorsichtig die stark befahrene Straße überqueren und steil abwärts zum Kanal hinunter ⤳ am Kanal entlang ⤳ unter der Brücke der B 227 hindurch ⤳ kurzer Schwenk nach links ⤳ wenige Meter danach wieder zum Kanal.

VARIANTE Bei der luftig leicht wirkenden Konstruktion der Grimbergbrücke startet der Verbindungsweg, die ehemalige Erzbahn, Richtung Zollverein und Bochumer Jahrhunderhalle.

Variante Erzbahnstrecke 4,7 km

Dazu fahren Sie über die Brücke ⤳ vorbei an der Zoom Erlebniswelt ⤳ vorbei an den Hallen des Grimberghafens ⤳ später auf eine Unterflurtrasse, danach in luftiger Höhe ⤳ kurz nach der Pfeilerbrücke stoßen Sie auf die Retourstrecke des Emscher Park Radweges.

Grimbergbrücke über den Rhein-Herne-Kanal, Beginn der Erzbahnstrecke

Von der Grimberg-Brücke zum Schiffshebewerk Henrichenburg 27,6 km

Der Emscher Park Radweg in Richtung Hohewart und Umspannwerk Recklinghausen verläuft nach der Grimbergbrücke nur noch ein kleines Stück am Kanal ⤳ ⚠ nach links zur stark befahrenen B 226 ⤳ diese überqueren, am besten dazu vom Rad absteigen ⤳ auf ziemlich schlechtem Untergrund wieder zur Emscher ⤳ den Damm hoch und den Fluss überqueren ⤳ unter der Rohrleitungsbrücke hindurch ⤳ abwärts und dann gleich rechts ⤳ an einem kleinen Tümpel zur Linken vorbei ⤳ ⚠ die L 638 überqueren.

An der nächsten Wegkreuzung rechts in Richtung Halde Hoppenbruch – hier trennt sich der Emscher Park Radweg vom R 27, siehe Tour 4 ⤳ ⚠ die Straße überqueren ⤳ nach der kleinen Brücke rechts, der Weg verläuft wieder auf einer ehemaligen Bahntrasse ⤳ vorbei am Emscherbruch, einer sumpfigen Wald- und Wiesenlandschaft ⤳ nach der Brücke über die vierspurige L 644 rechts.

VARIANTE An der folgenden Wegkreuzung, unmittelbar vor der Halde Hoppenbruch, besteht die Möglichkeit, die Zeche Ewald und die Umrundung der Halde Hoheward auszulassen.

Variante südlich der Halde Hoppenbruch 3,4 km

Dazu fahren Sie rechts Richtung Halde Hoppenbruch ⤳ beim entsprechenden Wegweiser besteht die Möglichkeit, die

0,8 km lange Strecke bis zum Gipfel der Halde bei der Windkraftanlage zusätzlich zu erklimmen, halten Sie sich dazu am breitesten Schotterweg, auch wenn es einmal kurz abwärts geht.
Auf der Straße **Im Emscherbruch** links ⇝ durch das Industriegebiet und die breite Cranger Straße überqueren ⇝ nach den Gleisen kommen Sie wieder zur Hauptroute.

Der Emscher Park Radweg verläuft über den Landschaftspark Hoheward, dazu fahren Sie ein Stück geradeaus ⇝ ⚠ nach ca. 200 m verweist ein kleines, unscheinbares rotes Fahrradsymbol nach links ⇝ vor der Fabrikshalle links ⇝ geradeaus zur Zeche Ewald 1/2/7 ⇝ auf der **Marie Curie Straße** rechts zum Parkplatz der Zeche ⇝ auf dem Radweg links an der Halde vorbei ⇝ bevor Sie zu einem Tunnel des Landschaftsparks kommen, links halten ⇝ beim Gasthaus „Am Handweiser" besteht die Möglichkeit, über viele Stufen auf die Halde Hoheward zu steigen ⇝ danach die Straße überqueren.

Zeche Ewald bei der Halde Hoppenbruch

Herten

PLZ: 45699, 45701; Vorwahl: 02366

- **HyBikeHerten Tourismusbüro**, Ewaldstr. 222, ✆ 181160, www.herten.de
- **Wasserschloss Herten** (1376 erstmals urkundlich erwähnt), ✆ 303357. Heute dient das Schloss als Veranstaltungsort für diverse kulturelle Events, wie die Hertener Schlosskonzerte, das Kulturfestival Ruhr sowie den Pfingst-Kunstmarkt.
- **Landschaftspark Hoheward**, Cranger Straße. In der einzigartigen Freizeit- und Kulturlandschaft der ehemaligen, 152 m hohen Bergehalde, gibt es ein Horizont-Observatorium, eine Drachenbrücke sowie eine Balkonpromenade.
- **HyBikeHerten Tourismusbüro**, Ewaldstr. 222, ✆ 181160

Der im Mittelalter zum Kurfürstentum Köln gehörende Ort wurde zum ersten Mal 1050 als „Herthene" im Heberegister der Abtei Werden erwähnt. Das Gemeindegebiet von Herten war bis zur zweiten Hälfte des 19. Jahrhunderts ländlich geprägt. Dies änderte sich durch den Steinkohlebergbau, welcher 1872 einsetzte, schlagartig. Es begann eine Entwicklung, die 1936 in die Erhebung zur Stadt mündete.
In den 1960er Jahren wurde das Wasserschloss Herten aufwändig restauriert, seitdem zählt es zu den schönsten Baudenkmälern in Nordrhein-Westfalen. 2005 wurde auf der Halde Hoheward eine beeindruckende Sonnenuhr mit über 60 Meter Durchmesser und einem über 8 Meter hohen Obelisken als Zeiger errichtet.

Gleich nach dem Überqueren der L 639 vor dem Ortsschild Recklinghausen rechts auf den Radweg ⇝ geradeaus über die K 29 und ins Ortsgebiet.

Recklinghausen s.S. 151

Nach ca. 200 m auf der **Karlstraße** nach rechts ⇝ ein Stück um den Landschaftspark

Hoheward herum ~ hinter der Drachenbrücke rechts halten, durch ein Gatter hindurch ~ an der Zeche Recklinghausen vorbei.

Nach Überquerung der Wanner Straße fahren Sie durch künstlerisch gestaltete Gitterboxen ~ die Bahngleise überqueren ~ unter der Autobahn hindurch ~ über die **Walter-Wenthe-Straße** ~ rechts in die **Dunantstraße** zum Umspannwerk Recklinghausen mit seinem Museum Strom und Leben ~ rechts Richtung Altes Schiffshebewerk Henrichenburg.

Horsthausen

Gleich nach der 2. Brücke, beim Gasthaus an der Stadtgrenze, rechts ~ rechts unter der Brücke hindurch ~ auf den oberen Kanalweg wechseln ~ ein kleines Stück auf einer Asphaltstraße ~ danach auf einem Schotterweg entlang des Kanals ~ unter der Ludwig-Straßenbrücke hindurch ~ beim Biergarten zur Rechten folgt ein leichter Anstieg zur Schleuse Herne Ost ~ auf dieser den Kanal überqueren ~ am König Ludwig Hafen vorbei ~ danach rechts und weiter am Kanal entlang.

UMLEITUNG Während der Dauer der jahrelangen Umbauarbeiten des Emscher Dükers ist der Radweg entlang des Kanals ab der Brücke Kanalstraße gesperrt, eine Umleitung entlang der Emscher ist eingerichtet.

Entlang der Emscher 3,6 km

Für die Umleitung fahren Sie nach links auf die **Pöppinghauser Straße** ⇝ beim Backsteingebäude rechts in die **Bladenhorster Straße** ⇝ über die Emscher und gleich danach rechts auf den Radweg Emscher Weg bis zur **Wartburgstraße**.

Castrop-Rauxel-Henrichenburg

An der **Wartburgstraße** rechts über die Brücke ⇝ gleich danach links hinunter auf den Damm am Kanal ⇝ am Kanalweg bis zum Parkplatz beim Schiffshebewerk Henrichenburg.

AUSFLUG Beim Parkplatz in Henrichenburg besteht die Möglichkeit, eine Runde auf der „Insel" der beiden Hebewerke zu drehen.

Altes Schiffshebewerk Henrichenburg

✲ **Altes Schiffshebewerk**, (1894-1899), Am Hebewerk 2, ✆ 02363/97070, ÖZ: Di-So/Fei 10-18 Uhr. Das Schiffshebewerk,

Die historische Schleuse von Henrichenburg als Radweg

das zusammen mit dem Dortmund-Ems-Kanal 1899 von Kaiser Wilhelm II. eingeweiht wurde, galt mit einem Höhenunterschied von 14 m zur damaligen Zeit als technisches Wunderwerk.

Ausflug rund um das Schiffshebewerk Henrichenburg 1,2 km

Nach der historischen Schleuse links ⇝ unter der Brücke hindurch bis zur alten Schleuse ⇝ unter dieser hindurch ⇝ danach rechts halten und wieder retour.

ANSCHLUSS Wenn Sie vor der historischen Schleuse rechts zur L 511 abbiegen und über die Brücke des neuen Schiffshebewerkes fahren, gelangen Sie zum Ems-Radweg.

Vom Schiffshebewerk Henrichenburg bis Kamen 38,5 km

Sie folgen der Straße **Am Hebewerk** am Parkplatz vorbei ⇝ über die Rampe auf den Damm hinauf ⇝ entlang des Kanals weiter ⇝ kurz vor der Brücke auf die Straße wechseln ⇝ auf die Brückenrampe ⇝ an der Straße rechts ⇝ am Gasthaus Lohburg vorbei ⇝ kurz nach dem Gasthaus links Richtung Seebad Lünen abbiegen.

Castrop-Rauxel-Ickern

An der Kleingartenanlage Ickern Ost vorbei ⇝ links in die **Ickerner Straße** ⇝ vor dem Ort Leveringhausen rechts in die **Viktorstraße** Richtung Woltrop ⇝ die Leveringhäuser Straße überqueren ⇝ geradeaus bis zur Gabelung, dort links ⇝ vor dem Ortsschild Waltrop rechts ⇝ am Rand des Siedlungsgebietes entlang ⇝ an der asphaltierten **Tienkhofstraße** kurz rechts ⇝ nach 100 m gleich wieder links.

Waltrop s. S. 31

Das Gebiet der Zeche Waltrop wurde zum Businesspark umgebaut, hier rechts entlang

2F
Holthausen
Lippe
Alstedde
Nordlünen
Lünen
Wethmar
Radweg
Heimatmuseum
St. Peter
Zeche Waltrop
Schiffshebewerk
Oberwiese
Waltrop
Spurwerkturm
Elmenhorst
Schloss Wilbringen
St.-Marien-Kirche
Schlossmühle
Lippholthausen
St. Georg
Leveringhauser Teich
Colani-Ufo
Leveringhausen
Museum der Stadt Lünen
Schloss Schwansbell
Brambauer
Horstmarer See
Horstmar
Ickern
Groppenbruch
Lünen-Süd
Gahmen
Mengeder Heide
Schwieringhausen
Brechten
Lanstrop
Dortmund-Ems-Kanal
Brunosee
Derne
Oestrich
Emscher
Lanstroper See

der Parkplätze ⤳ beim Verlassen des Businessparks rechts ⤳ am Kreisverkehr rechts Richtung Dortmund-Lünen ⤳ nach Ortsende links in Richtung Selm und Datteln ⤳ vor der Brücke rechts in Richtung Lünen.

UMLEITUNG Sollte die Strecke am Datteln-Hamm-Kanal wegen Kanalbauarbeiten gesperrt sein, können Sie über Lünen ausweichen.

Variante über Lünen 10,7 km

Fahren Sie zunächst am Radweg gerade weiter.

Lünen-Brambauer

Am Ortsanfang links in die **Grenzstraße** ⤳ weiter auf der **Friedhofstraße** ⤳ in den Wald und links am Freibad vorbei ⤳ eine Schranke passieren ⤳ am kleinen Teich, der die Grenze zwischen Lünen und Woltrop darstellt, vorbei ⤳ beim Hof rechts auf eine Asphaltstraße ⤳ an der Kreuzung links und über die Brücke ⤳ am, im Bau befindlichen, Kohle-Kraftwerk vorbei ⤳ auf der **Frydagstraße** durch das Industriegebiet ⤳ links in den **Mühlenweg** und über den Bahnübergang.

Ökologiestation Unna

Lünen-Lippolthausen

Nach der Schlossmühle rechts ⤳ beim Kreisverkehr links halten in die Straße, die zwischen Kühlturm und Kraftwerk verläuft ⤳ auf der **Moltkestraße** geradeaus.

Lünen s. S. 34

Die Konrad-Adenauer Straße überqueren ⤳ dem Straßenverlauf in die **Dortmunder Straße** folgen ⤳ kurz vor der Innenstadt von Lünen rechts in die Parkanlage ⤳ geradeaus durch den Park hindurch ⤳ an der breiten **Viktoriastraße** (B 61) links ⤳ an der Kreuzung geradeaus in die **Kamener Straße** ⤳ unter den 3 Bahnbrücken hindurch, gleich danach rechts ⤳ entlang der Bahntrassen halten ⤳ rechts unter der Bahn hindurch ⤳ über den Fluß Seseke ⤳ vor der Bahnbrücke links ⤳ kurz entlang der Bahntrasse, danach wieder links ⤳ vor dem Überqueren des Datteln-Hamm-Kanals trifft die Route auf den regulären Emscher Park Radweg ⤳ hier links zum Kanal hinunter.

Die Hauptroute verläuft entlang des Kanals weiter ⤳ beim Preußenhafen links über die Brücke ⤳ anschließend wieder zum Kanal hinunter.

Heiler Landwehr (Bergkamen)

Ca. 500 Meter vor dem Kohlekraftwerk Bergkamen links entlang der nördlichen **Lippestraße** ⤳ rechts in die **Königslandwehr** ⤳ die Straße mündet in einen schmalen Weg, der um das Kraftwerksgelände herumführt ⤳ auf dem Radweg zwischen L 736 und Kraftwerksgelände weiter ⤳ bei der Ökologiestation Unna rechts zum Kanal ⤳ links und weiter am Kanal entlang ⤳ am Hafen vorbei ⤳ unter 3

Brücken hindurch und vor der vierten Brücke auf die Brückenrampe.

Bergkamen-Rünthe

Rechts Richtung Lindenbrauerei Unna und Kamen ↝ die Brücke überqueren ↝ die L 736 überqueren ↝ geradeaus in den Ort ↝ an einem Denkmal vorbei ↝ links in die **Taubenstraße** ↝ rechts in die **Overberger Straße** ↝ den Ort verlassen ↝ an der Gabelung rechts.

Bergkamen

PLZ: 59192; Vorwahl: 02307

- **Stadt Bergkamen Stadtmarketing**, Rathauspl. 1, ✆ 965-229, www.bergkamen.de
- **Ökologiestation** des Kreises Unna, befindet sich im ehemaligen Gutshof "Schulze-Heil". Verschiedene Umweltorganisationen sind hier untergebracht.

Zunächst auf der **Unteren Erlentiefenstraße** fahren ↝ unter der Bahn hindurch und auf der **Erlentiefenstraße** weiter ↝ beim Gartencenter kurz rechts und die Straße überqueren ↝ weiter auf der **Erlentiefenstraße** bleiben ↝ links in die alleeähnliche Bahntrasse der Klöcknerbahn, die zum Radweg umgebaut wurde

⤳ geradeaus weiter, einige verkehrsreiche Straßen überqueren ⤳ an der Gabelung rechts halten ⤳ die stark befahrene Münsterstraße in den **Eilater Weg** überqueren ⤳ rechts unter der Autobahn hindurch.

Kamen

PLZ: 59174; Vorwahl: 02307

- **Stadt Kamen Stadtmarketing**, Rathauspl. 1, ✆ 148-1302 und Gästeführergilde, ✆ 282316, www.kamen.de
- **Pauluskirche** mit romanischem Turm (14. Jh.) aus grünem Sandstein.
- **Rathausapotheke**, Fachwerkhaus mit Bogengang (Kollonaden).
- **Fünf Bogen Brücke** (1846), Steinbrücke über die Seseke.
- **Technologiepark Kamen**, an der Stelle der Zeche Monopol, die 1983 den Betrieb einstellte. Weithin sichtbar ist der verbliebene Förderturm der Zeche.

Von Kamen bis zur Zeche Zollern — 39,2 km

Auf dem **Eilater Weg** mehrere Straßen überqueren bis zur stark befahrenen B61, der Lünener Straße ⤳ ein Überqueren der Straße ist links bei der Ampel am sichersten ⤳ vor dem Fluss Seseke, der derzeit umfangreich saniert

Kirchenplatz in Methler

wird, die Bahnstrecke nach rechts verlassen ⤳ Sie sehen zur Rechten die Überreste des Bergwerkturms der Zeche Monopol, heute Standort des Technologieparks Kamen ⤳ eine verkehrsreiche Straße überqueren ⤳ der Radweg mündet bei einer Fabrik in den Weg **An der Seseke** ⤳ kurz danach an der **Hilsinger Straße** links ⤳ ⚠ bei einem Hof quert der Radweg an einer besonders unübersichtlichen Stelle eine Straße.

Kamen-Methler

PLZ: 59174; Vorwahl: 02307

- **Margaretenkirche** (12. Jh.), spätromanische Hallenkirche. Sehenswert sind die Fresken im Altarbereich.

Über die **Hilsinger Straße** gelangen Sie in den Ort ⤳ links die **Germaniastraße** aufwärts ⤳ vor dem Getränkemarkt rechts in die **Einsteinstraße** ⤳ vor der Robert Koch-Straße rechts ⤳ gleich danach links die Robert-Koch-Straße überqueren ⤳ aus dem Ort Methler hinaus ⤳ durch das Naturschutzgebiet ⤳ beim Fachwerkhaus rechts ⤳ am Ende des Weges links.

Dortmund-Lanstrop

Auf der Straße **Wasserfuhr** durch Lanstrop ⤳ geradeaus in die Straße **Rote Fuhr** ⤳ links befindet sich der Wasserturm ⤳ gleich danach links abwärts ⤳ am Ende des Feldes rechts nach Grevel.

Dortmund-Grevel

PLZ: 44329; Vorwahl: 0231

- **DORTMUNDtourismus e.V.**, Königswall 18a, 44137 Dortmund, ✆ 18999222, www.dortmund-tourismus.de
- **Lanstroper Ei** (1904-1905). Der vom Bauingenieur Prof. G. Barkhausen entworfene Wasserturm weist einen halbkugelförmigen Boden auf. 1981 wurde der 2000 m3 Wasser fassende Behälter stillgelegt und unter Denkmalschutz gestellt.

2H
Museum der Stadt Lünen
Brambauer
Horstmar
Niederaden
Lünen-Süd
Gahmen
Brechten
Lanstrop
Derne
Luftschacht Rote Fuhr
Lanstroper Ei
Methler
Hostedde
Grevel
Kemminghausen
Kolonie Kirdorf
Ellinghausen
Lindenhorst
Eving
Kirchderne
Deusen
Wasserkurl
Husen
Scharnhorst
Fleier
Museum für Naturkunde
DORTMUND
Brauerei-Museum
Brackel
Asseln
Wickede
89

Wasserturm Lanstroper Ei in Dortmund-Grevel

Luftschacht Rote Fuhr (1925-1927), ein Wetterschacht für die Zeche Preussen II. 1998 wurde die restliche Anlage abgerissen, nur der Turm blieb erhalten und wurde zu einem Schulungs- und Bildungszentrum umgebaut.

Im Ort ein kleines Stück die **Greveler Straße** nach rechts aufwärts ⇝ links in die Straße **In der Liethe** ⇝ am Friedhof vorbei ⇝ links in die **Gräbnerstraße.**

Dortmund-Derne

Ein kurzes Stück entlang der Bahntrasse fahren ⇝ rechts über die Eisenbahngleise ⇝ links in die **Glimmerstraße** ⇝ links in die **Dörnen-Straße** ⇝ bei der Straße **Baukamp** rechts.

Dortmund-Kirchderne

Unter der Autobahn hindurch ⇝ bei der U-Bahnstation die Straße Im Karenberg überqueren und unter der Brücke hindurch ⇝ rechts entlang des kleinen Parks neben dem Bahndamm ⇝ geradeaus auf der **Speckackerstraße** ⇝ rechts in die **Ubinckstraße** ⇝ links in die **Gruwellstraße** ⇝ rechts auf den Radweg zur U-Bahnlinie, an der Haltestelle vorbei ⇝ die Walther-Kohlmannstraße überqueren ⇝ rechts abwärts auf den Weg zwischen Wiesen ⇝ die Keminghauser Straße überqueren ⇝ geradeaus weiter ⇝ kurz nach der Gaststätte Schacht 5 links in den Weg **Auf der Wenge** ⇝ am Ende des Weges links ⇝ nach 300 m scharf rechts in den Wald hinein ⇝ im Wald an einer Gabelung links ⇝ vor dem Damwildgehege links ⇝ geradeaus und aus dem Waldstück hinaus ⇝ auf der Straße **Holzheck** geradeaus ⇝ die B 54 überqueren ⇝ vor dem Tennisplatz links in den Wald ⇝ an der Wegkreuzung von 5 Wegen in den zweiten Weg von links ⇝ an der Kreuzung kurz vor einem Sportplatz rechts ⇝ beim

Kokerei Hansa in Huckarde

Kinderspielplatz scharf links ⇝ beim Gatter links, durch die Kleingartensiedlung hindurch ⇝ am Ende links.

Dortmund-Lindenhorst

An der **Ellinghauser Straße** auf den Radweg rechts ⇝ gleich nach der Kanalbrücke links, parallel zum Kanal ⇝ am Hardenberg Hafen, Teil des Dortmunder Hafens, vorbei ⇝ vor der Kastenbrücke rechts.

Dortmund-Deusen

Sie überqueren die Deuser Straße ⇝ rechts an einem Gewässer vorbei ⇝ vor einer Kleingartensiedlung links über die Emscher.

TIPP Hier besteht die Möglichkeit, über eine Stiege auf die Halde zu steigen, mit Blick auf die Kokerei Hansa.

Rechts unter der Bahnbrücke hindurch ⤳ gleich nach der Gaspipeline links ⤳ links in die **Fernstraße** und über den Bahnübergang ⤳ kurz danach unter Bahn hindurch und gleich rechts (nicht unter der zweiten Bahnbrücke hindurch!) ⤳ ⚠ die breite, verkehrsreiche Emscherallee überqueren ⤳ gleich danach links in die **Wiemerstraße**.

AUSFLUG Geradeaus geht es zur Kokerei Hansa. Dazu fahren Sie unter der Eisenbahnbrücke hindurch und kommen entlang der Emscherallee bis nach Huckarde zur Kokerei.

Dortmund-Huckarde

✲ Kokerei Hansa (1927-28), Emscherallee 11, ✆ 0231/93112233, ÖZ: April-Okt., Di-So 10-18 Uhr, Nov.-März, Di-So 10-16 Uhr. Im jetzigen Industriedenkmal wurde der Erlebnispfad „Natur und Technik" eingerichtet, der unter anderem zum Sortenturm, dem Becherwerk und auf den Kohlenturm führt, von wo aus man einen Ausblick auf Dortmund hat. Zu den angeführten Öffnungszeiten kann man die Anlage allerdings nur beschränkt besichtigen, für die gesamte Anlage ist eine der vielen verschiedenen Führungen notwendig. Auf dem Gelände befindet sich zudem die größte Kletterhalle Nordrhein-Westfalens.

Dortmund-Obernette

Die U-Bahn-Gleise überqueren ⤳ nach einem Rechtsbogen über einen kleinen Kanal ⤳ geradeaus bis zur Gleisanlage ⤳ links und parallel zu den Gleisen entlang.

Dortmund-Westerfilde

Links in die **Schloß-Westhusener-Straße** ⤳ vor dem Altenheim Schloß Westhusen rechts ⤳ an der Wegkreuzung links ⤳ am Forsthaus Rahm vorbei ⤳ es folgt eine

Rechts-links-Kombination ⇝ vor dem Jugendzentrum links ⇝ rechts in die **Westhusener Straße**.

Dortmund-Wischlingen

Die Rahmer Straße geradeaus in die **Sydowstraße** überqueren ⇝ mit einem Rechtsbogen auf den Radweg zur Brücke hinauf ⇝ links über die Autobahn ⇝ 200 m danach rechts zum Friedhofsparkplatz ⇝ vor dem Parkplatz rechts in den Waldweg ⇝ entlang des Baches weiter ⇝ rechts über den Bach und Richtung Autobahn ⇝ es folgt eine Linkskurve ⇝ rechts unter der Bahn hindurch ⇝ gleich danach die Straße überqueren ⇝ links die **Hangeneystraße** aufwärts ⇝ nach der Kurve links in die **Heribertstraße** ⇝ geradeaus bis zur **Dellwigstraße**, hier links ⇝ dem Radweg bis zum Haus Dellwig folgen.

Dortmund-Lütgendortmund

PLZ: 44388; Vorwahl: 0231

Wasserschloss Haus Dellwig, Dellwiger Str. 130, ✆ 632781, ÖZ: April-Okt., So 10.30-13 Uhr. Zum ersten Mal 1197 erwähnt und ab 1658 nach einer Zerstörung neu aufgebaut, zählt Haus Dellwig zu den besterhaltenen Wasserschlössern der Region. Da das Herrenhaus Privatbesitz ist, kann es nicht besichtigt werden, im Gegensatz zum schönen Park, zur Vorburg und zum **Heimatmuseum** in einem der Wirtschaftsgebäude. Dargeboten werden zum Beispiel eine Küche aus dem frühen 20. Jahrhundert und landwirtschaftliche und handwerkliche Geräte

Auf der **Dellwiger Straße** geradeaus ⇝ an der Gabelung rechts ⇝ auf dem Waldweg weiter rechts halten ⇝ den Dellwiger Bach überqueren und aufwärts ⇝ rechts in den **Rhaderweg** zur Zeche Zollern.

Dortmund-Bövinghausen

PLZ: 44388; Vorwahl: 0231

Zeche Zollern, Westfälisches Landesmuseum für Industriekultur, Grubenweg 5, ✆ 6961111, ÖZ: Di-So 10-18 Uhr. Die kunstvolle Gestaltung des Verwaltungsgebäudes, die Maschinenhalle aus Glas und Stahl im Jugendstil und der Ehrenhof verliehen dem Areal unter anderem zu Recht den Beinamen „Schloss der Arbeit". Auch von innen haben diese sehenswerten Gebäude mit Sonder- und Dauerausstellungen rund um das Thema „Arbeit und Bergbau" einiges zu bieten. Wegen Sanierungsarbeiten ist die Maschinenhalle derzeit nur im Zuge bestimmter Führungen zu besichtigen.

Von der Zeche Zollern zur Pfeilerbrücke in Gelsenkirchen — *20,2 km*

Von der Zeche Zollern fahren Sie in die **Jupiterstraße** aufwärts ⇝ über die **Plutostraße** rechts in die **Merklinder Straße** ⇝ links in die **Bövinghauser Straße** ⇝ am Ende der Straße rechts in die **Bövinghauser Dorfstraße** ⇝ an der Kreuzung links ⇝ nach der Pferdekoppel und der Weide rechts hoch ⇝ an der **L 645** (**Gerther Straße**) links Richtung Bochum.

Bochum-Gerthe

Kurz nach dem Beginn des Industriegebietes von Gerthe links in die **Dieselstraße** ⇝ links abbiegen, um in der Dieselstraße zu bleiben ⇝ rechts in die **Daimlerstraße** ⇝ im Naturschutzgebiet links halten ⇝ eine Serpentine steil bergab fahren ⇝ links über kleine Brücke und an den Feldern entlang ⇝ beim Gestüt rechts abbiegen ⇝ rechts in die **Kirchhapener Straße** ⇝ sofort wieder links in die **Heinrichstraße** ⇝ den Castroper Hellweg überqueren ⇝ leicht rechts versetzt bzw. geradeaus weiter ⇝ abwärts in den Volkspark ⇝ vor dem kleinen

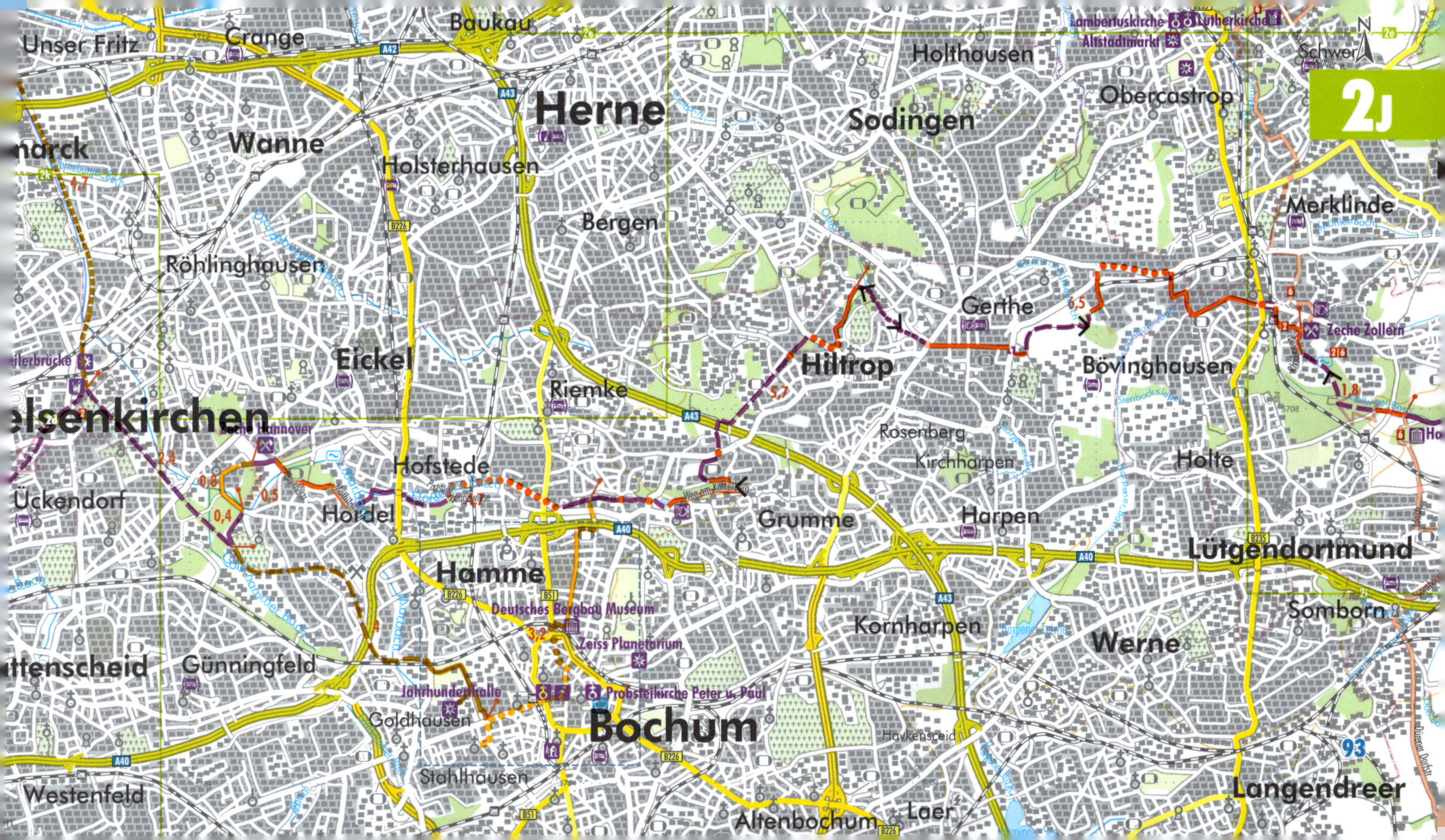

2J
Unser Fritz
Crange
Baukau
Lambertuskirche
Lutherkirche
Altstadtmarkt
Holthausen
Schwerte
Herne
Sodingen
Obercastrop
Wanne
Holsterhausen
Merklinde
Bergen
Röhlinghausen
Gerthe
Zeche Zollern
Eickel
Hiltrop
Bövinghausen
Riemke
Gelsenkirchen
Zeche Hannover
Rosenberg
Kirchharpen
Holte
Hofstede
Ückendorf
Hordel
Grumme
Harpen
Lütgendortmund
Hamme
Deutsches Bergbau Museum
Zeiss Planetarium
Kornharpen
Werne
Somborn
Wattenscheid
Günningfeld
Jahrhunderthalle
Probsteikirche Peter u. Paul
Goldhausen
Bochum
Havkenscheid
Stahlhausen
Westenfeld
Altenbochum
Laer
Langendreer
93

Teich links hoch ⇝ beim Weg **Im Brennholt** danach links.

Bochum-Hiltrop

Vor dem Supermarkt rechts ⇝ nach ca. 200 m links in Waldweg ⇝ geradeaus durch das Naturschutzgebiet Tippelsberg ⇝ über die Autobahn ⇝ eine Straße überqueren und um den Sportplatz herum ⇝ den **Weg am Kötterberg** hinunter ⇝ es folgt eine scharfe Rechtskehre ⇝ vor dem Restaurant Grumme rechts am Teich vorbei ⇝ in der Grünanlage geradeaus halten.

ANSCHLUSS Bei den kleinen Teichen zweigt eine alternative Strecke zur Pfeilerbrücke ab, die direkt durch Bochum verläuft.

Variante durch Bochum zur Pfeilerbrücke in Gelsenkirchen 7 km

Sie starten beim kleinen Teich ⇝ um den Teich herum auf die **Verhausstraße** ⇝ unter dem Ruhrschnellweg, der A 40, hindurch und gleich danach rechts ⇝ am Sportplatz vorbei und gleich danach, vor der Heinrich

Arbeitersiedlung Bochum-Stahlhausen

Böll Gesamtschule, links ⇝ die **Wielandstraße** bergab bis zum **Deutschen Bergbau-Museum** radeln ⇝ fahren Sie durch den kleinen, vor dem Bergbau-Museum befindlichen Park ⇝ anschließend links in die **Herner Straße** ⇝ links in die **Brückstraße** ⇝ rechts in die **Hans-Böckler-Straße** den Straßenbahngleisen folgen.

Bochum

PLZ: 44701-44894; Vorwahl: 0234

- **Bochum Marketing GmbH**, Huestr. 9, ✆ 904960, www.bochum-tourismus.de
- **Deutsches Bergbau-Museum**, Am Bergbaumuseum 28, Eingang Europaplatz, ✆ 58770, ÖZ: Di-Fr 8.30-17 Uhr, Sa, So/Fei 10-17 Uhr, letzte Grubenfahrt: 15.30 Uhr. Eines der meistbesuchten Museen Deutschlands lädt sowohl zu Ausstellungen über Tag als auch zum Anschauungsbergwerk unter Tag. Des weiteren kann man Bochum und das umliegende Gebiet vom Förderturm aus betrachten.
- **Bochumer Kunstsammlung**, in der Ruhr-Universität, Kunstgeschichtliches Institut, Raum GA 7/55, ✆ 3227271
- **Propsteikirche St. Peter und Paul** (1547), Untere Marktstraße. Ursprünglich aus dem 11. Jh. wurde die Kirche nach einem Brand im Jahre 1517 als spätgotische Kirche wieder aufgebaut. Sie ist die älteste Kirche Bochums.
- **Christuskirche** (19.Jh.), Willy-Brandt-Platz, beim Rathaus. Die im neugotischen Stil erbaute evangelische Kirche ist als Mahnmal gegen den Krieg bekannt.
- **Rathaus** (1926-1931), Willy-Brandt-Platz. Das nach außen hin einfach gehaltene Rathaus zählt zu den wichtigsten Repräsentativbauten des Ruhrgebiets. Sehenswert ist unter anderem der Innenhof mit dem „Brunnen der Schönheit" und dem „Brunnen des Glücks" sowie die 15.000 kg schwere erste Gussstahlglocke der Welt vor dem Rathaus.
- **Jahrhunderthalle Bochum**, Gahlensche Str. 15, ✆ 3693100, ÖZ: bei Veranstaltungen und auf Anfrage. Diese „Industriekathedrale der Kultur", eine Ausstellungshalle des Bochumer Vereins für die Gewerbeausstellung 1902 in Düsseldorf, gilt als eine der

ersten rein zweckbestimmten Ingenieursbauten. Heute bildet die modernisierte Halle das Zentrum des Bochumer Westparks, in dem regelmäßig Messen und kulturelle Veranstaltungen stattfinden.

- **Zeiss Planetarium Bochum**, Castroper Str. 67, ✆ 516060, Kartenreservierungen: Mo-Fr 8.30-15 Uhr. Ein Projektor wirft ein Bild des Sternenhimmels unter das Kuppeldach, es gibt laufend verschiedene Ausstellungen und Veranstaltungen.
- **Fahrradladen Balance**, Kortumstr. 5, ✆ 12051

Beim Rathaus, am **Willy-Brandt-Platz**, rechts ~ geradeaus auf der **Alleestraße** bis zum Jahrhunderthaus auf der rechten Seite.

TIPP: Wenn Sie beim Jahrhunderthaus links in die **Bessemerstraße** einbiegen und danach rechts in die **Baarestraße**, gelangen Sie zur Arbeitersiedlung Stahlhausen.

Vor dem Jahrhunderthaus rechts auf eine Rampe ~ geradeaus weiter, am Kinderspielplatz vorbei ~ bei der Rampe stoßen Sie auf den ersten Wegweiser des Erzbahn-Radweges ~ am Rande des Areals entlang ~ über die Erzbahnschwinge und auf der Erzbahntrasse bis zur Pfeilerbrücke.

Bochum-Hofstede

Auf der Hauptroute geradeaus weiter ~ die Herner Straße überqueren ~ auf der **Poststraße** abwärts ~ unter der Bahn hindurch ~ links in die **Wengewiese** ~ rechts in die Parkanlage ~ am Bolzplatz vorbei ~ rechts über den Bach ~ nach links und durch die Unterführung ~ nach ca. 200 m auf der rechten Bachseite links eine über Brücke und rechts halten ~ rechts in die **Mathildenstraße** ~ am Ende links in die **Sechs-Brüder-Straße**.

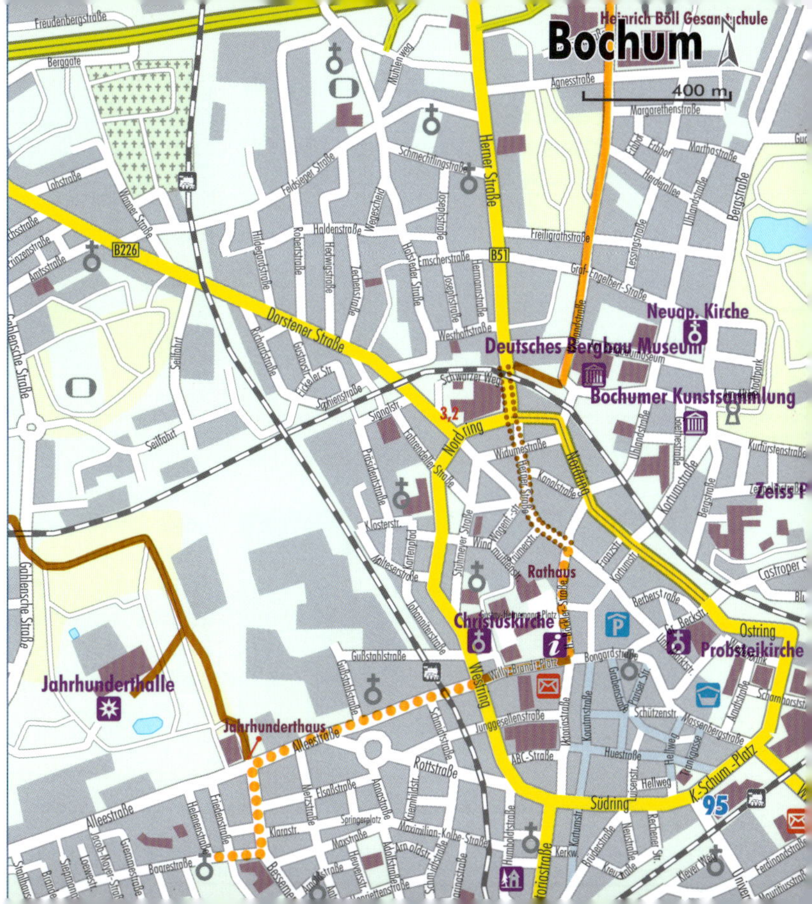

Bochum-Hordel

PLZ: 44793; Vorwahl: 0234

- **Schacht Hannover 1/2/5** mit Malakoffturm aus 1853, enthält die älteste erhaltene Dampffördermaschine aus 1893.

Für die Beschäftigten der Krupp'schen Zechen Hannover und Hannibal wurde in der zu Hordel gehörenden Dahlhauser Heide eine Siedlung vom Architekten R. Schmohl geplant. Die Häuser wurden hauptsächlich als Zweifamilienhäuser errichtet. Die Form der Häuser ist dem Stil westfälischer Bauernhöfe entlehnt, in der Mitte zweier Häuser befinden sich Stallungen und hinter den Häusern Nutzgärten.

Auf dem Erzbahnradweg

Erzbahnschwinge am Erzbahn-Radweg

Rechts in die **Berthastraße** ⇝ vor dem Ortsschild von Herne-Eickel links ⇝ in Höhe des Schachtes Hannover links ⇝ auf der ehemaligen Bahnstrecke weiter ⇝ nach einem Linksbogen über eine Brücke ⇝ anschließend rechts ⇝ vor der Brücke links.

UMLEITUNG Da diese Radstrecke derzeit aufgrund einer baufälligen Brücke gesperrt ist, folgen Sie beim Schacht Hannover der Umleitung.

Fahren Sie beim Schacht Hannover geradeaus ⇝ links in die **Hüller-Bach-Straße** ⇝ unter der ehemaligen Bahnbrücke hindurch und gleich rechts.

Vorbei an einem Tennisplatz gelangen Sie bei der Brücke Nr. 4 direkt zur Bahntrasse der ehemaligen Erzbahn ⇝ auf der Bahntrasse angelangt, rechts Richtung Nordwesten bis zur Pfeilerbrücke.

ANSCHLUSS Radeln Sie bei der Abzweigung vor der Pfeilerbrücke geradeaus, so gelangen Sie zum Emscher Park Radweg am Rhein-Herne-Kanal. Daraus ergeben sich vielfache Möglichkeiten für kürzere Radrunden.

Arbeitersiedlung Dahlhauser Heide

Halde Rheinelbe in Gelsenkirchen-Ückendorf

Von der Pfeilerbrücke in Gelsenkirchen zum Welterbe Zeche Zollverein 10 km

Um auf dem Emscher Park Radweg Richtung Zollverein und Duisburg zu gelangen, vor der Pfeilerbrücke scharf links ~ der Bahntrasse folgen.

Gelsenkirchen-Ückendorf

PLZ: 45886; Vorwahl: 0209

- **Stadtmarketing Gesellschaft Gelsenkirchen mbH**, Bahnhofsvorpl. 1, ✆ 951970, www.stadtmarketing.de
- **Halde Rheinelbe**, an der Leithestraße. Die ehemalige Abraumhalde und das jetzige Naherholungsgebiet Rheinelbe locken mit einem Skulpturenwald aus Abfall und natürlichen Materialien. An der Spitze der Halde befindet sich die Himmelstreppe des Künstlers Herman Prigann, die zu einem 10 m hohen Betonkunstwerk führt.
- **Landschaftspark Mechtenberg**, an der Hattinger Straße. Im 290 ha großen Landschaftspark zwischen Bochum, Gelsenkirchen und Essen befinden sich zwei Naturschutzgebiete mit Brach- und Wasserflächen, die unter anderem von Amphibien und Vögeln als Laich- und Nistplatz genutzt werden

Die Ückendorfer Straße überqueren und weiter auf der ehemaligen Bahnstrecke ~ die Bochumer Straße überqueren ~ vorbei an der Abzweigung zur Halde Rheinelbe.

TIPP: Einen schönen Ausblick genießen Sie von der Spitze der Halde. Ein kurzes Stück fahren Sie steil aufwärts, bei der Weggabelung haben Sie freie Wahl, beide Strecken führen zum Aussichtspunkt und Monument.

Weiter auf der ehemaligen Bahnlinie ~ die Leithestraße und die Krayestraße überqueren ~ folgen Sie weiter der ehemaligen Bahnlinie ~ unter einer querenden Bahnlinie hindurch ~ nach 500 Meter scharf links auf eine weitere Bahntrasse.

Essen-Schonnebeck

PLZ: 45309; Vorwahl: 0201

- **Essen Marketing GmbH Touristikzentrale**, Im Handelshof, Am Hauptbahnhof 2, 45127 Essen, ✆ 19433, www.essen.de
- **Zeche Zollverein 3/7/10** (1882), zusätzliche Förderanlage, die ca 1,5 km von der Gründungsanlage entfernt ist und auch höhere Ausbeute fand.
- **Phänomenia Erfahrungsfeld**, Am Handwerkerpark 8-10, ✆ 301030. ÖZ: Mo-Fr 9-18 Uhr, Sa,So,Fei 10-18 Uhr

Bauernhof am Mechtenberg

Der Stadtteil Essen-Schonnebeck mit Blick auf Zeche Zollverein 3/7/10

Auf der ehemligen Bahnstrecke zur Zeche Zollverein bestehende Gleise überqueren ⁓ ein kleines Stück neben noch bestehenden Bahngleisen radeln ⁓ die Gelsenkirchener Straße überqueren.

Essen-Katernberg

PLZ: 45309; Vorwahl: 0201

- **Ruhr Museum**, Zollverein A 14, Schacht XII, Kohlenwäsche, Gelsenkirchener Str. 181, ✆ 8845200, ÖZ: Mo-So 10-19 Uhr. Themen: Natur- und Kulturgeschichte des Ruhrgebietes, Sammlungen zur Geologie, Archäologie, Geschichte und Fotografie sowie Sonderausstellungen
- **Red Dot Design Museum**, Gelsenkirchener Str. 181, ✆ 3010425, ÖZ: Di-Do 11-18 Uhr, Fr-So/Fei 11-20 Uhr. In diesem Museum erwartet den Besucher die weltweit größte Ausstellung zeitgenössischen Designs.
- **Welterbe Zeche Zollverein**, Zollverein Schacht XII, Gelsenkirchener Str. 181, ✆ 246810, ÖZ: April-Okt., Mo-So 10-19 Uhr, Nov.-März, Sa-Do 10-17 Uhr, Fr 10-19 Uhr. Das ehem. Steinkohlebergwerk wurde 1986 stillgelegt. 2001 wurden die Zeche, die Kokerei Zollverein sowie die Schachtanlage 1/2/8 zum Weltkulturerbe der UNESCO erklärt.
- **Kokerei Zollverein**, Arendahlswiese, 45141, ✆ 8301275, ÖZ: April-Okt., Di-Fr 14-18 Uhr, Sa 13.30-18.30 Uhr, So/Fei 10.30-18.30 Uhr, Nov.-März, Sa 13.30-17.30 Uhr, So/Fei 13.30-18.30 Uhr. Die Kokerei wurde 1993 stillgelegt – sie galt als modernste ihrer Art in Europa.

In der **Bullmannaue** am Gebäudekubus (Zollverein School of Management and Design) vorbei ins Gelände der Zeche Zollverein ⁓ anschließend links.

TIPP: Um zum Besucherzentrum zu gelangen, fahren Sie zum Parkplatz A2, auf den Bahngleisen unter der Industrieanlage hindurch, schon stehen Sie vor der Gangway zur Kohlenwäsche.

Vom Welterbe Zeche Zollverein nach Essen-Borbeck — 12,2 km

Kurz vor dem Parkplatz A2 von Schacht 12 rechts Richtung Kokerei ⁓ der Emscher Park Radweg verläuft anfänglich parallel zu den Gleisen ⁓ vor dem kleinen Bahnhof links halten ⁓ an der ehemaligen Kokerei entlang ⁓ über die Brücke ⁓ die Straße überqueren und in die **Josef-Hoeren-Straße** einbiegen ⁓ nach 200 m links in den **Graitengraben** ⁓ durch den Tunnel hindurch ⁓ danach gleich rechts auf die Bahntrasse ⁓ die Stauderstraße überqueren ⁓ ein kleines Stück rechts ⁓ bei

Kokerei Zollverein in Essen-Katernberg

der Altstoffsammelstelle links in das Wäldchen.

ANSCHLUSS Wenn Sie an der folgenden Weggabelung geradeaus fahren, kommen Sie zum Emscher Park Radweg nach Karnap am Rhein-Herne-Kanal.

Der Emscher Park Radweg Richtung Innenhafen Duisburg verläuft scharf links ~ auf der ehemaligen Bahntrasse weiter und an der Zeche Carl vorbei.

Essen-Altenessen

PLZ: 45326; Vorwahl: 0201

- **Schurenbachhalde**, am Rhein-Herne-Kanal, ehem. Abraumhalde des Steinkohlebergbaus.
- **Zeche Carl**, Wilhelm-Nieswandt-Allee 100, ✆ 8344410, Veranstaltungsort für Konzerte, Ausstellungen u. a.
- **Kaiser-Wilhelm-Park**, u. a. mit einem Ententeich und einer Minigolfanlage.

An der U-Bahn-Station Altenessen Mitte geradeaus vorbei ~ am Allee Center vorbei und weiter auf der **Winkhausstraße** ~ rechts in die verkehrsreiche **Vogelheimer Straße** ~ die ampelgeregelte Kreuzung überqueren ~ nach 200 m links in die **Strickerstraße**

~ geradeaus durch das Industriegebiet auf der Straße **Welkerhude** ~ hinter der Speditionsfirma links ~ Gleise überqueren ~ rechts in die **Krablerstraße** ~ gleich danach links in den **Wieselweg** ~ links in die **Hülsenbruchstraße** ~ rechts in die **Schlackenstraße** ~ es folgt eine Linkskehre in die verkehrsreiche **Bottroper Straße** ~ aufwärts Richtung Brücke ~ wechseln Sie bei der Ampel die Straßenseite ~ kurz nach der Brücke über die Gleise rechts in den Park ~ mit einer Kehre bergab ~ die Hafenstraße überqueren und zur **Bahnstation Essen-Bergeborbeck** ~ am geschotterten Weg parallel zur Bahn in Richtung Bottrop Zentrum und Dellwig weiter ~ die Zinkstraße überqueren und schräg rechts in die Grünzone ~ am Kinderspielplatz vorbei ~ ein kleines Stück auf der **Zechenstraße** fahren.

Essen-Borbeck

PLZ: 45355; Vorwahl: 0201

Schloss Borbeck (9. Jh.), Schlossstr. 101, ✆8844219, ÖZ: Di-So 14-18 Uhr, Führungen n.V. Die letzte noch erhaltene Residenz der Essener Fürstäbtissinnen beherbergt unter anderem die Dauerausstellung „Schloss Borbeck und die Fürstäbtissinnen“.

Dampfbierbrauerei Borbeck

Im Schlosspark befindet sich die Dubois-Arena, eine ehemalige Freiluft-Box-Arena im Stil eines Amphitheaters, in der im Sommer Konzerte stattfinden.

Dampfbierbrauerei Borbeck (1895-1896), Heinrich-Brauns-Str. 9-15. Mit der zunehmenden Industrialisierung der Umgebung Ende des 19. Jhs. erkannten zwei bayrische Brauer den steigenden Bierbedarf der anwachsenden Arbeiterschaft, woraufhin sie die ursprüngliche „Schloß-Brauerei Marx&Co“ gründeten. Auch heute werden hier noch verschiedene Biere gebraut und ausgeschenkt, an Wochenenden oft im Rahmen eines Kulturprogrammes.

An der Kreuzung in die 2. Straße von rechts, die **Germaniastraße,** einbiegen ~ bei der kleinen Kapelle links in die **Gerichtsstraße** ~ geradeaus in die Fußgängerzone ~ nach dem Kaufhaus links in die **Rechtsstraße** ~ an der Ampel rechts in die **Borbecker Straße** ~ unter beiden Brücken hindurch ~ rechts Richtung Bahnhof Essen-Borbeck.

Von Essen-Borbeck nach Duisburg — 22,8 km

Gegenüber des Bahnhofes in die **Fürstäbtissinstraße** ~ an der Ampelkreuzung links in die **Schloßwiese** ~ vor der Kirche rechts ~ gleich danach links in den **Rabenhorst** ~ geradeaus über die Ampelkreuzung in die Straße **Im Wulve.**

Essen-Bedingrade

Das letzte Stück der Straße Im Wulve ist ein Parkplatz, diesen mit einer Links-rechts-Kombination umfahren, um in die Straße **Im Fatloh** zu gelangen ~ leicht bergab und wieder aufwärts ~ links in die **Lohstraße** ~ an der Gabelung – am Ende der Straße ist ein Wasserturm zu sehen – links in die Straße **Auf dem Eichholz** ~ links in die **Bedingrader Straße** ~ bei der Gaststätte Talschenke links

2L
Neumühl
Buschhausen
Siedlung Eisenheim
Zeche Osterfeld
Siedlung Vondern
Burg Vondern
Brache Vondern
Gasometer
CentrO
Haus Ripshorst
Schloss Oberhausen
Neue-Mitte
Borbeck
Dellwig
Bergerbörbeck
Vogelheim
Georg-Melches-Stadion
Borbeck-Mitte
Lirich
Alt-Oberhausen
Marienkirche
LVR Industriemuseum
Direktorenvilla
Rathaus
Frintrop
Gerschede
Borbecker Dampfbierbrauerei
Bochold
Altenessen-Sü
Oberhausen
Bedingrade
Alstaden
Lepkesfeld
Hexberg
Nordvierte
ESSEN
Dümpten
Schönebeck
Altendorf
Styrum
Mellinghofen
Westviertel
Schloss Styrum
Aquarius Wassermuseum
Winkhausen
Frohnhausen
Ruttenschei
Galopprennbahn Raffelberg
Mülheim
an der Ruhr
Heissen
Holsterhausen
Kunstmuseum
Marienkirche
Camera Obscura
Petrikirche
Schloß Broich
Speldorf
Fulerum
Margarethenhöhe
JRG
101

⇝ den **Hexberg** abwärts bis zur Wegkreuzung fahren.

VARIANTE Hier besteht die Möglichkeit, entlang von Läppkes Mühlenbbach zum Emscher Park Radweg am Rhein-Herne-Kanal zu gelangen.

Oberhausen-Dümpten

Richtung Duisburg fahren Sie links in die Straße **Lepkesfeld** ⇝ links in die **Haiermannstraße** ⇝ an der Straße **Schildberg** links ⇝ beim Kreisverkehr vor der Kirche rechts ⇝ rechts in den **Mariannenweg** ⇝ die L 450 überqueren und geradeaus weiter ⇝ die Ampelkreuzung der L 215 überqueren ⇝ rechts neben der Autobahnzufahrt weiter ⇝ der Weg verläuft parallel zur Autobahn ⇝ die Janshofstraße überqueren ⇝ kurz danach einen Rechtsbogen fahren ⇝ auf der Straße **Bauernfeld** eine kurze Links-rechts-Kombination und am Radweg rechts weiter ⇝ an den Tennisplätzen vorbei ⇝ die B223 überqueren ⇝ auf der Straße **Landwehr** auf den Radweg der linken Straßenseite wechseln ⇝ nach 300 m wechselt der Radweg auf die rechte Seite ⇝ der Vorfahrtsstraße links

Ruhrschleuse bei Duisburg

in die **Hiberniastraße** folgen ⇝ die Straße bis zum Ende fahren ⇝ rechts in die **Kewerstraße** und unter der Bahn hindurch.

Mülheim-Styrum s. S. 68

Die Eisenbahn und das Industriezeitalter

Erst vor zweihundert Jahren wurden die ersten Dampfmaschinen in Deutschland in Betrieb genommen und 1835 fuhr die erste Dampfeisenbahn. Damit begann das Industriezeitalter.

Immer mehr Dampfmaschinen wurden gebaut, immer mehr Eisen und vor allem immer mehr Kohle wurde gebraucht. Die Eisenbahnlokomotiven benötigten große Mengen Steinkohle und die Eisenbahn konnte den Transport billig durchführen, daher hatten nun die Menschen überall die Möglichkeit auch ihre Häuser und Wohnungen mit Kohle zu beheizen.

Jedoch nicht nur Steinkohle, auch gewaltige Mengen von Eisen und Stahl wurden verlangt. Viele tausend Kilometer Schienennetz wurden für die Eisenbahn gebaut, unzählige eiserne Brücken errichtet. Überall entstanden Industriebetriebe, die Eisen brauchten und verarbeiteten, Eisenwaren und Maschinen herstellten.

Um eine Tonne Eisenerz zu Eisen zu schmelzen, wurden damals zwei Tonnen Kohle benötigt. Daher war es sinnvoll Eisenhütten dort zu bauen, wo man Kohle ohne langen Transport und ohne hohe Transportkosten haben konnte.

Den Steinkohlebergwerken und Eisenhütten folgten immer mehr Betriebe, die Unmengen von Kohle verbrauchten und Eisen weiterverarbeiteten. Bergwerke und Hütten wurden selbst auch Abnehmer vieler Industrieerzeugnisse und so siedelten sich solche Zulieferbetriebe oft in der Nähe an. In diesen Betrieben fanden wieder viele Menschen Arbeit. All diese mussten essen, sich kleiden, wohnen und diese Bedürfnisse gaben weiteren Menschen Arbeit und Einkommen.

So entstanden in vielen Steinkohle-Revieren Industriestädte, die mit der Zeit zu riesigen Industrieregionen wuchsen.

Geradeaus auf der **Kewerstraße** weiter ⤳ links in die **Speldorfer Straße** ⤳ unter der Eisenbahn hindurch ⤳ zum Dammweg links hoch ⤳ nach 600 m rechts ⤳ vor der Autobahn links ⤳ gleich danach wieder links ⤳ mit einem weiten Bogen Richtung Ruhr ⤳ unter der Auto- und der Eisenbahnbrücke hindurch ⤳ unter der L 1 hindurch und hinauf ⤳ an der alten **Emericher Straße** links ⤳ nach 300 m links in Richtung Rhein-Herne-Kanal ⤳ links in Richtung Hochwasser-Sperrtor und über den Verbindungskanal ⤳ am Ende der Insel links über die Ruhrschleuse und Stauwehr ⤳ am **Ruhrdeich** rechts ⤳ beim Kreisverkehr vor der Oberbürgermeister-Lehr-Brücke links und auf den Radwegen entlang der **Ruhrorter Straße** und im Anschluss der **Schwanenstraße** zurück zum Hauptbahnhof Duisburg.

Duisburg s. S. 14

Tour 3 R 10 (19,5 km)

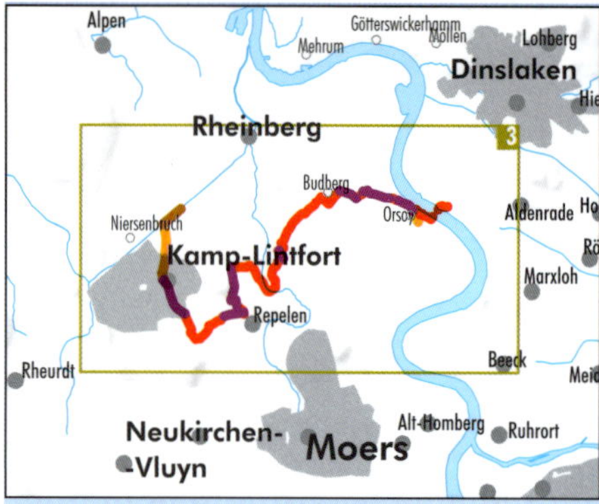

Diese kurze Tour führt ausgehend von Duisburg-Walsum zunächst über den Rhein. Auf ruhigen Straßen radeln Sie weiter nach Kamp-Lintfort – von dort bietet sich ein Ausflug zum „Kreuz des Niederrheins", dem Schacht Rossenray, an.

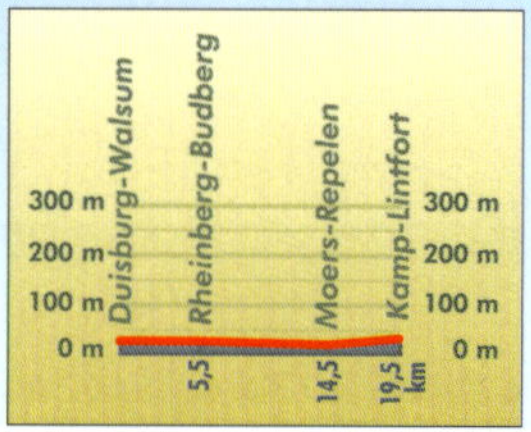

Charakteristik

Länge: 19,5 km
Start: Duisburg-Walsum
Ziel: Kamp-Lintfort
Wegbeschaffenheit: Die Route verläuft auf befestigten bzw. asphaltierten Radwegen und verkehrsarmen Straßen.
Verkehr: Mit etwas mehr Verkehr ist nur in Kamp-Lintfort zu rechnen.
Beschilderung: Es gibt eine Ausschilderung des R 10 sowie der NiederRheinroute.
Steigungen: Die Strecke verläuft steigungsfrei.

Anschlusstour: 1

3
Rheinberg
Pulverturm
Pfarrkirche St. Peter
Rathaus
Annaberg
Alpsray
NiederRheinroute
Eversael
Polder Hasenfeld
Overbruch
Drießen
Alt-Walsum
TerraZoo Rheinberg
Winterswick
Budberg
Saalhoff
Baggersee
Hafenbruchsee
Plank
Rhein-Radweg
Northafen Walsum
St. Nikolaus
Orsoy
Pulverturm
Apr.-Nov.: Mo-Fr 6.15-21 Uhr
Sa-So 8-21 Uhr
Nov.-März: Mo-Fr 6.15-19.30 Uhr
Sa 8-18 Uhr, So 10-18 Uhr
Südhafen Walsum
Schacht Rossenray
Niersenbruch
Rossenray
Vierbaum
Lohmühle
Rhein-Radweg
Fahrn
Binsheim
Rhein
Pumpwerk Schwelgern
Lohmühle
Kohlenheck
Rheinkamp
Geologisches Museum
Kamp-Lintfort
Rossenrayer See
Lohheidesee
Halde Pattberg
Muspasch
Zeche Pattberg
Bornheim
Geisbruch
Baerl
Alsumer Berg
Bergarbeitersiedlung
Das Haus des Bergmanns
Gestfeld
Repelen
Waldsee
Eick
Dachsberg
Halde Rheinpreussen
Genend
Meerfeld
Utfort
Lohmannsheide
Beeckerwerth
Beeck
Rayener Berg
Dong
A42
A57
B57
B510
B528
L10
2,8
2,6
2,2
4
4
1,4
105

Fähre nach Orsoy

Duisburg-Walsum s. S. 18

Sie starten an der Kreuzung des Rundkurses Ruhrgebiet (Tour 1) auf der **K 34** mit der **L 155** ⇝ links zur Fähre nach Orsoy ⇝ mit der Fähre ans andere Ufer übersetzen ⇝ am Ortsbeginn von Orsoy rechts in die Straße **Rheindamm** ⇝ mit einer Linkskurve in den **Nordwall**.

Rheinberg-Orsoy

PLZ: 47495; Vorwahl: 02844

- **Stadtverwaltung**, Kirchpl. 10, 47495 Rheinberg, ✆ 02843/171-114, www.rheinberg.de
- **St. Nikolaus** (1843-1847), dreischiffige neugotische Hallenkirche
- **Pulverturm** (um 1550). Der ehem. Mühlenturm ist 18 m hoch und war einst ein Eckturm der Stadtmauer.

An der Kreuzung mit der Vorfahrtsstraße rechts abbiegen ⇝ nach Ortsende links in einen Landwirtschaftsweg in Richtung Eversael ⇝ an der T-Kreuzung links ⇝ an der nächsten T-Kreuzung wieder links und Gleise überqueren ⇝ bei der **Rheinberger Straße** rechts in Richtung Rheinberg ⇝ in Budberg links in die Straße **Spanische Schanzen** ⇝ an der T-Kreuzung rechts in die **Raiffeisenstraße**.

Rheinberg-Budberg

Links in die **Rheinkamper Straße** ⇝ nach der Linkskurve geht es parallel zu den Gleisen weiter ⇝ diese bald überqueren ⇝ an der T-Kreuzung links abbiegen ⇝ kurz darauf rechts in die **Stappfeldstraße** ⇝ an der nächsten Kreuzung links ⇝ an der **L 10** rechts abbiegen ⇝ nach der Unterführung wieder rechts in Richtung Industriepark Moers in die **Pattbergstraße** ⇝ an der Gabelung nach der zweiten Unterführung rechts ⇝ am Ortsrand erneut rechts abbiegen ⇝ nach einer Brücke links ⇝ wieder links in die Straße **Im Hochfeld** ⇝ anschließend in den Radweg und an der Halde Pattberg vorbeifahren ⇝ an der T-Kreuzung links ⇝ erneut links in die Straße **Am Pattberg** ⇝ rechts in einen Radweg einbiegen ⇝ dieser führt zu einer Brücke über die Autobahn ⇝ anschließend die Verbandsstraße überqueren ⇝ links in die **Windmühlenstraße** ⇝ an der Kreuzung mit der **Lintforter Straße** rechts.

Fähre nach Orsoy

Moers-Repelen

- **Stadtinfo Moers**, Neuer Wall 10, 47441 Moers, ✆ 02841/201777, www.moers.de
- **Zeche Pattberg**, 1993 stillgelegt und bis auf die Umformerhalle mit Maschinenausstattung und den Kugelwasserturm der Bauart Klönne abgerissen.

Halde Pattberg mit einer Fläche von 48 ha

Die Vorfahrtsstraße geradeaus überqueren ~ die Autobahn unterqueren ~ rechts in den **Vinnmannsweg**, einen Anliegerweg ~ an der **Ebertstraße** links und weiter in das Zentrum von Kamp-Lintfort.

Kamp-Lintfort

PLZ: 47475; Vorwahl: 02842

- **Stadtinformation**, Am Rathaus 2, ✆ 912-444, www.kamp-lintfort.de
- **Geologisches Museum**, Schulzentrum, Moerser Straße, ✆ 33649, ÖZ: Di-Fr 10-12 Uhr. Thema des Museums ist die Geschichte des Kamp-Lintforter Raumes. Zu sehen sind u. a. Mineralien und Fosslien aus dem Steinkohlengebirge.
- **Das Haus des Bergmanns**, Ebertstr. 88/Ecke Antonstraße, ✆ 41784 od. ✆ 6424, ÖZ: Mi, So 14-17 Uhr. In dem ehem. Bergarbeiterhaus wird dargestellt, wie Bergarbeiterfamilien in den 1930er Jahren lebten.
- **Ordensmuseum**, Abteipl. 24, ✆ 4062, ÖZ: Di-Sa 14-18 Uhr, So/Fei 11-18 Uhr. Das Museum widmet sich der Kulturgeschichte und Geschichte des Zisterzienserordens.
- **Kloster Kamp** (12. Jh.), Abteipl. 13, ehem. Zisterzienser- u. Karmeliterkloster mit herrlicher Gartenanlage und Kräutergarten. Das Kloster ist in den Sommermonaten Spielstätte des Freilichttheaters.
- **Evang. Kirche Hoerstgen**, Dorfstr. 24, Ortsteil Hoerstgen, ✆ 4487, Besichtigung nach Anmeldung bei der Küsterin. 1576 entstand anstelle der einstigen Kapelle von 1241 die heutige Pfarrkirche, die im Jahr 1626 während der holländisch-spanischen Kriege niedergebrannt und drei Jahre später wieder aufgebaut wurde.
- **Freilichttheater**, Kloster Kamp, Infos über das Kulturamt, Am Rathaus 2, ✆ 912290. In den Sommermonaten gibt es Theater unter freiem Himmel, Konzerte im Rokoko-Saal und im Terrassengarten.
- **Bergarbeitersiedlung „Altsiedlung"**, Ring-, August-, Franz- & Moerser Straße. Die Siedlung entstand 1910 als größte, zusammenhängende Bergarbeitersiedlung des Ruhrgebietes, die wegen ihrer Gärten, Vorgärten und schönen Alleen auch „Gartenstadt" genannt wird.
- **Spaßbad Pappelsee**, Bertastr. 74, ✆ 81640

Kloster Kamp wurde im Jahr 1123 als erstes Zisterzienserkloster auf deutschem Boden gegründet. Das Kloster ist von kulturhistorischer Bedeutung, da von hier aus nicht nur weitere Zisterzienserklöster gegründet wurden, sondern auch andere bedeutende Neuerungen entstanden. Hierzu zählte die Windkraftnutzung, die Verwendung des eisernen Pfluges für die Landwirtschaft und die Entdeckung des Salates, des Sauerkrauts und des Spalierobstes für die Ernährung.

Bekannt ist das Kloster vor allen Dingen wegen seiner schönen Terrassengärten, die wegen ihrer Ähnlichkeit mit den Terrassengärten in Potsdam gerne als „Sanssouci des Niederrheins" bezeichnet werden.

Zum Schacht Rossenray

Am Kreisverkehr die zweite Ausfahrt in die **Montplanetstraße** nehmen ~ entlang der **Friedrichstraße** weiter ~ dem Straßenverlauf aus der Stadt hinaus folgen ~ bei der Rheinberger Straße rechts ~ zur Rechten befindet sich der Schacht Rossenray.

Schacht Rossenray

- **Schacht Rossenray**. Der 75 m hohe Quader mit seitlichen Flügeln brachte dem unvollendeten Förderturm den Spitznamen „Kreuz des Niederrheins" ein.

ANSCHLUSS: Die NiederRheinroute führt geradeaus weiter.

Tour 4 R 27 (19,5 km)

Der R 27 verbindet den Rundkurs Ruhrgebiet mit dem Emscher Park Radweg. Empfehlenswert ist eine Unterbrechung dieser kurzen Tour für einen Besuch des Landschaftsparks Hoheward in Herten.

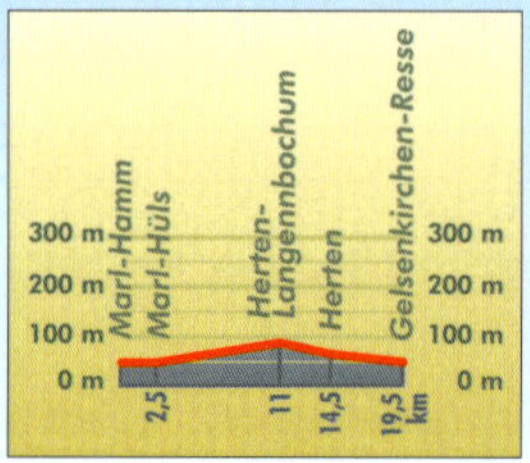

Charakteristik

Länge: 19,5 km
Start: Marl-Hamm
Ziel: Gelsenkirchen-Resse
Wegbeschaffenheit: Die Route verläuft sowohl auf asphaltierten Straßen als auch auf unbefestigten, jedoch gut befahrbaren Radwegen.
Verkehr: Mit etwas mehr Verkehr ist nur im Stadtgebiet zu rechnen.
Beschilderung: Eine durchgehende Ausschilderung ist vorhanden.
Steigungen: Die Strecke verläuft nahezu steigungsfrei.
Anschlusstouren: 1, 2, 15

Marl-Hamm

Der R 27 startet auf der **Römerstraße** ⇝ nach der Brücke über den Silvertbach rechts in den Radweg ⇝ entlang des Silvertbaches weiter ⇝ anschließend über den Bach ⇝ daraufhin durch die Unterführung und rechts weiter ⇝ der Weg führt zur **Victoriastraße** in Hüls ⇝ dort links.

Marl-Hüls

✲ **Loemühle** (13. Jh.), hist. Wassermühle

Rechts in die **Hülsbergstraße** ⇝ an der T-Kreuzung nach Ortsende links ⇝ bald darauf rechts in den **Salmsweg** ⇝ an Löntrop vorüberfahren und geradeaus in den unbefestigten Anliegerweg ⇝ an der Kreuzung mit der Asphaltstraße links ⇝ an der Bundesstraße erneut links ⇝ rechts in den **Linder Weg** ⇝ an der **Riedstraße** links ⇝ an der T-Kreuzung links ⇝ an der folgenden Kreuzung wieder links ⇝ dem Straßenverlauf nach Langenbochum folgen.

Herten-Langenbochum

✲ **Zeche Schlägel und Eisen 3/4/7.** In dieser Anlage finden sich drei Fördergerüste aus unterschiedl. Generationen.

Wasserschloss Herten

Nach einer Unterführung rechts in die Straße **Zum Rodelberg** ⇝ rechts in einen Radweg ⇝ dieser führt zur **Friedrichstraße** ⇝ dort links ⇝ rechts in die **Knappenstraße** ⇝ an der nächsten Kreuzung links ⇝ gleich darauf wieder rechts ⇝ an der T-Kreuzung links abbiegen.

Herten s. S. 82

An der folgenden T-Kreuzung rechts ⇝ gleich wieder links und über die Gleise ⇝ nach der Rechtskurve bis zur Kreuzung mit der **L 622**, dem **Resser Weg** ⇝ dort rechts ⇝ an der Ampel links ⇝ am Parkplatz des Kranken-

hauses vorbei ~ rechts entlang des Teiches weiter ~ anschließend links ~ bald darauf wieder rechts halten ~ einen Linksbogen fahren ~ wieder rechts und über eine Brücke ~ anschließend links halten und erneut eine Brücke überqueren ~ rechts geht es zur Straße **Im Emscherbruch** ~ dort links ~ an der Vorfahrtsstraße geradeaus ~ an der T-Kreuzung links und durch die Unterführung ~ danach gleich wieder links in den Landwirtschaftsweg ~ nach der Rechtskurve kreuzt der Emscher Park Radweg.

Gelsenkirchen-Resse

Tour 5 R 25 (11 km)

Diese Tour verbindet den Emscher Park Radweg mit dem Rundkurs Ruhrgebiet. Die Verbindungsroute beginnt in Gelsenkirchen-Ückendorf an der ehemaligen Kray-Wanner-Bahn und endet im tiefer gelegenen Ruhrtal bei Dahlhausen. Den Großteil der Strecke fahren Sie durch unbebautes, leicht hügeliges Gebiet, ins Ruhrtal geht es dann steil bergab.

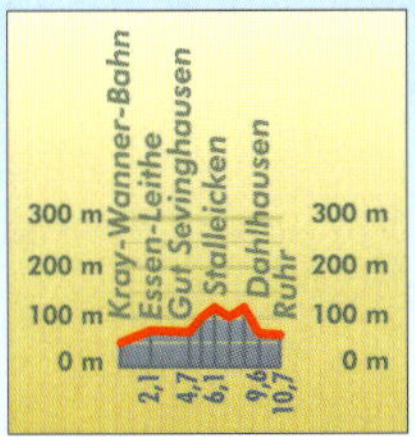

Charakteristik

Länge: 11 km

Start: Gelsenkirchen-Ückendorf

Ziel: Dahlhausen

Wegbeschaffenheit: Befestigte Straßen und unbefestigte Feldwege wechseln einander ab, ermöglichen aber ein flottes Vorankommen.

Verkehr: Ein verkehrsreicher Abschnitt ist nur in Dahlhausen zu finden.

Beschilderung: Eine durchgehende Ausschilderung ist vorhanden.

Steigungen: Die Strecke ist leicht hügelig, ins Ruhrtal fahren Sie auf einer Asphaltstraße steil hinab.

Anschlusstouren: 1, 2

Die Route beginnt auf der **Haltener Straße** in der Nähe von Mechtenberg, und zwar bei der Brücke des Radweges auf der ehemaligen Kray-Wanner-Bahn ~ gleich nach der Brücke links auf den Radweg neben dem Umspannwerk ~ sobald der Radweg zur Straße kommt, diese queren ~ neben der Mauer und an der Fabrik entlang ~ nach der Fabrik geradeaus auf einem Feldweg weiter ~ an der **Steeler Straße** links.

Essen-Leithe

Rechts in die **Hohensteinstraße** ~ auf einer Fußgängerbrücke über die Autobahn ~ rechts in die **Ottostraße** ~ aufgrund einer Einbahnregelung muss der Großmarkt vor der Tankstelle rechts komplett umfahren werden ~ rechts unter Eisenbahnbrücke hindurch ~ am Ende des Feldes rechts ~ am Gebäude vorbei und über die Felder ~ beim **Vienhovenweg** rechts ~ nicht auf das Privatgelände, sondern beim Gehöft links ~ in das Wäldchen hinein ~ auf holpriger Asphaltstraße rechts am Helfs Hof vorbei.

Heimatmuseum Helfs Hof

Helfs Hof

Heimatmuseum Helfs Hof, In den Höfen 37, 44867 Bochum, ✆ 02327/33150, ÖZ: Mi 10-13 Uhr und 15-19 Uhr, Sa, So 11-19 Uhr

Der Helfs Hof ist ein Beispiel für die sehr frühe Besiedelung der Gegend und kann bis ins 11. Jahrhundert zurückverfolgt werden. Die jetzige Bausubstanz des Fachwerkbaus stammt aus dem 16. Jahrhundert. Der Hof wird als Heimatmuseum der Stadt Wattenscheid genutzt und beherbergt historische Geräte und Mobiliar.

Am **Sevinghauser Weg** rechts ~ an der Kirche vorbei.

Blick ins Ruhrtal

Stalleicken

St. Bartholomäus (1395), Sevinghauser Weg, 44867 Bochum. Die Kapelle diente Pilgern, die auf dem Weg zum Grabmahl des Hl. Jakobus in Santiago de Compostela waren, als Übernachtungsmöglichkeit.

Den Wattenscheider Hellweg überqueren und schräg rechts in den **Stalleickenweg** ~ mit einer leichten Linkskurve bergab und über die Bahngleise.

Eiberg

Am Bildstock geradeaus vorbei ~ geradeaus in den Weg **Im Stapel** und nicht dem Straßenverlauf folgen ~ bergab ins Ruhrtal nach Dahlhausen ~ am kleinen Platz auf der obersten Straße dem Weg Im Stapel links folgen ~ der Weg mündet in die **Kassenberger Straße** ~ die Dr.-C.-Otto-Straße überqueren ~ über die Straßenbahnschienen in die **Lewackerstraße** ~ am Bahndamm entlang ~ rechts über die Pontonbrücke zum Ruhrtalradweg und zum Rundkurs Ruhrgebiet.

Bochum-Dahlhausen

PLZ: 44879; Vorwahl: 0234

Bochum Marketing GmbH, Huestr. 9, 44787 Bochum, ✆ 904960, www.bochum-tourismus.de

Eisenbahnmuseum Dahlhausen, Dr.-C.-Otto-Str. 191, ✆ 492516, ÖZ: März-Mitte Nov., Di-Fr, So/Fei 10-16 Uhr. Hier warten über hundert historische Lokomotiven auf Sie, auch Sonderfahrten mit Museumszügen werden angeboten.

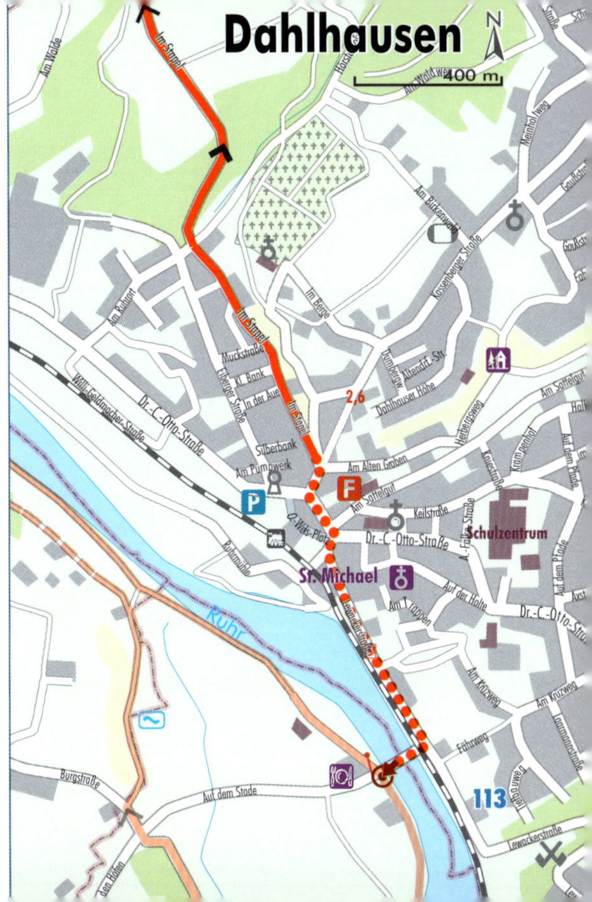

Tour 6 R 31 (28 km)

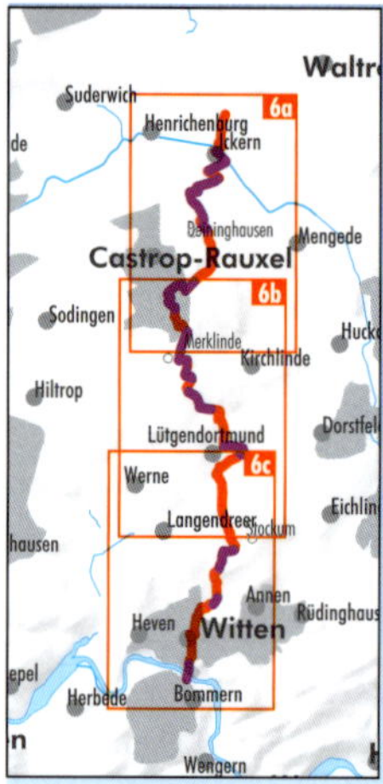

Diese Tour ist eine weitere Nord-Süd-Verbindung des Emscher Park Radweges mit zusätzlichem Anschluss an den Rundkurs Ruhrgebiet. Beginnend in der Nähe des Dortmund-Ems-Kanals quert die Route die „Wildnis" von Castrop-Rauxel und gelangt über Castrop-Rauxel-Schwerin zur Zeche Zollern in Dortmund-Bövinghausen, zum südlichen Ast des Emscher Park Radweges. Über freie Felder geht es weiter, schließlich gelangen Sie über Witten zur Ruhr.

Charakteristik

Länge: 28 km

Start: Nähe Gasthaus Lohburg bei Waltrop-Ickern

Ziel: Witten, Ruhrbrücke

Wegbeschaffenheit: Verkehrsarme Straßen sind zum größten Teil befestigt, der Großteil der Radwege im unverbauten Gebiet ist unbefestigt.

Verkehr: Der Radweg verläuft meist auf ruhigen Radwegen und Straßen, starker Verkehr kommt speziell in Witten vor.

Beschilderung: Eine durchgehende Ausschilderung ist vorhanden.

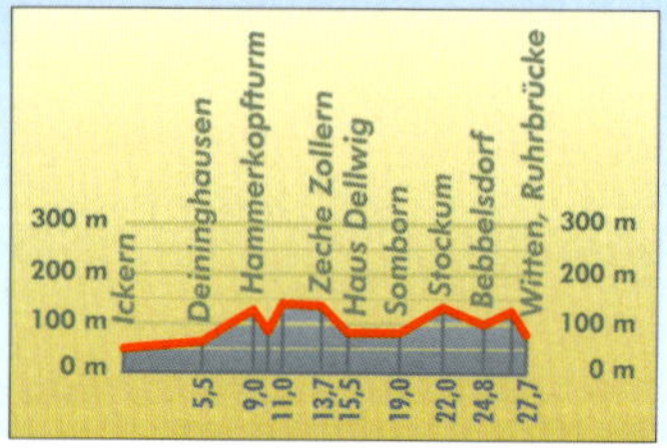

Steigungen: Im Gegensatz zur landläufigen Mär eines ebenen Ruhrgebietes erweist sich diese Strecke, speziell ab Castrop-Rauxel-Dingen, als recht hügelig. Der niedrigste Punkt ist schließlich die Brücke über die Ruhr in Witten.

Anschlusstouren: 1, 2, 17

Von Ickern bis zur Zeche Zollern in Bövinghausen **15,5 km**

Castrop-Rauxel-Ickern

Der Startpunkt ist nördlich von Ickern, an der Weggabelung der **Lohburger Straße** kurz nach dem Gasthaus Lohburg → auf der Straße Richtung Halde Schwerin → entlang der Straße **Hombrink** weiter → links in die **Uferstraße** → rechts in die **Emscherstraße** → unter der Autobahnbrücke hindurch → gleich danach beim Fahrradhändler links in die unscheinbare Straße → am Kanal entlang → auf der Brückenrampe eine Straße überqueren → rechts auf die ehemalige Bahntrasse, die zum Radweg umgebaut wurde → an der **Recklinghauser Straße** links → am **Deinighauser Weg** rechts → im Industriegebiet nach der Kurve, aber noch vor dem Bahnübergang rechts → links unter der Bahn hindurch → geradeaus neben dem Deininghauser Bach weiter.

Castrop-Rauxel-Deininghausen

Rechts in die **Nierholzstraße** → über eine kleine Brücke → gleich danach links in den **Nutthauser Weg** → die Straße schräg links überqueren → unter der Autobahn hindurch → an der Fuckmühle vorbei → rechts in die **Dorlohstraße** leicht bergauf.

Castrop-Rauxel-Schwerin

PLZ: 44577; Vorwahl: 02305

- **Stadtinformation**, Europapl. 1, 44575 Castrop-Rauxel, ✆ 1062215, www.castrop-rauxel.de
- **Hammerkopfturm Zeche Erin 3** (1918-1921), Bodelschwingher Straße. Fortschritte in der Stahlbautechnik machten es möglich, auf den Bau eines Maschinenhauses zu verzichten - stattdessen wurde dieses „Maschinenhaus" an die Spitze des Turmes gesetzt. Die an einen Hammer erinnernde Form verleiht dieser Förderturmart ihren Namen. Der Hammerkopfturm der Zeche 3 ist einer von wenigen noch erhaltenen im Ruhrgebiet und der älteste in Westfalen.
- **Haus Goldschmieding**, Dortmunder Straße. Der Ire William Thomas Mulvany, unter anderem Gründer der Zeche Erin, erwarb 1872 das Anwesen, eine ehemalige Wasserburg aus dem 13. Jh., und nutzte es als Sommersitz. Heute befinden sich in dem Bau ein Restaurant und ein Hotel. Der Park, welcher zahlreiche moderne Skulpturen beherbergt, ist frei zugänglich.
- **Naturhindernis-Pferderennbahn**, Dortmunder Straße. William Thomas Mulvany förderte den Pferderennsport und ließ zu

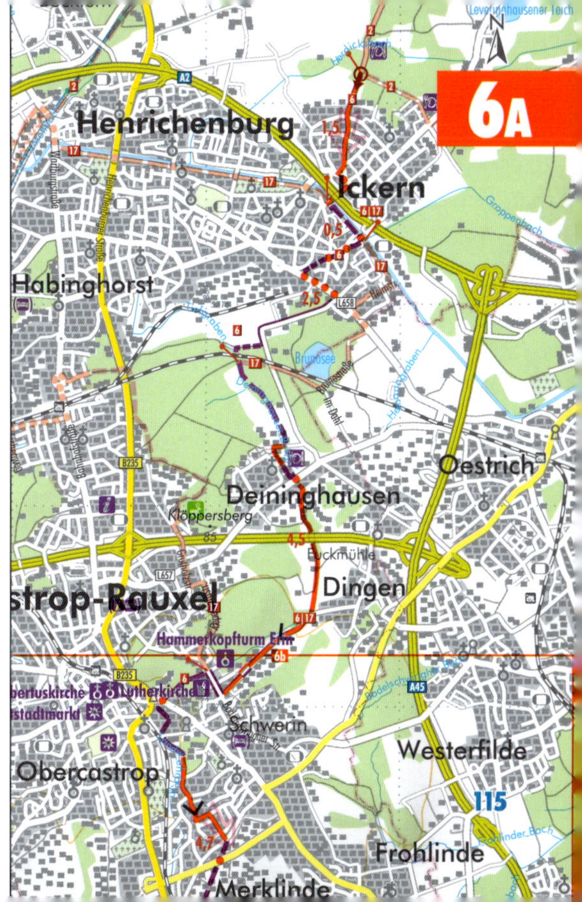

diesem Zweck gegenüber seines Anwesens eine Naturrennbahn anlegen. Das erste Rennen fand am 31. Juli 1875 statt, das letzte lief 1970 über die Bühne. Danach wurde das Gelände ab 1971 von der Stadt in ein Naherholungsgebiet umgestaltet. Der Zielturm der denkmalgeschützten Anlage zeigt einige Fotos zur Geschichte der Rennbahn.

Rechts in die **Bodelschwingherstraße** ⤳ am Hammerkopfturm vorbei ⤳ gleich danach links in die **Heinrichstraße** abwärts ⤳ neben dem Haus Goldschmieding die Straße überqueren ⤳ quer durch die Parkanlage, neben der Naturhindernisbahn vorbei ⤳ vor dem Bahndurchgang links hoch ⤳ über die Straße **Cottenburgschlucht** und die **Westhofenstraße** zur steilen **Oberspredey** ⤳ links in den **Ginsterweg** ⤳ rechts in den **Erlenweg** ⤳ den Hellweg überqueren und in den Weg bergauf ⤳ am Bahndamm neben der Bahn über eine Brücke ⤳ geradeaus weiter ⤳ an der **Merklinder Straße** links ⤳ rechts entlang der **Dornackerstraße** ⤳ links abwärts und weiter entlang der Grünzone ⤳ rechts in die **Brandheide** ⤳ auf dem **Rhaderweg** zur Zeche Zollern.

Dortmund-Bövinghausen

Von der Zeche Zollern in Bövinghausen nach Witten ***12,2 km***

Auf dem Rhaderweg geradeaus weiter bis zum Ende des Geländes der Zeche Zollern ⤳ links abwärts ⤳ an der Weggabelung links ⤳ abwärts zu einer kleinen Brücke und wieder ein kleines Stück aufwärts ⤳ die Westricher Straße überqueren ⤳ an Parkplätzen vorbei ⤳ rechts zum Haus Dellwig.

Haus Dellwig

Das Schloss und das Heimatmuseum gegen den Uhrzeigersinn im Bogen umfahren ⤳ auf einer Allee leicht bergab ⤳ unter der Bahn hindurch ⤳ die Martener Straße geradeaus überqueren.

Dortmund-Lütgendortmund

Weiter auf der **Idastraße** ⤳ vor der Rechtskurve links in den Weg neben der Kleingartensiedlung ⤳ rechts in die Straße **Kesselborn** ⤳ ein kleines Stück rechts am **Lütgendortmunder Hellweg** ⤳ links in die **Somborner Straße** ⤳ unter dem Ruhrschnellweg hindurch.

Somborn

An der Gabelung links in die Straße **Dünnebecke** ⇝ unter der Bahn hindurch ⇝ an der Gabelung rechts ⇝ auf der **Dürener Dorfstraße** weiter.

Witten-Düren

Im Ort steigt die Dürener Dorfstraße etwas an ⇝ rechts in die **Himmelohstraße.**

Witten-Stockum

Rechts in die **Hörder Straße** ⇝ bei der nächsten Möglichkeit die Straße überqueren und in den Feldweg **Walfischstraße** ⇝ links in die Straße **Bebbelsdorf** und über die Autobahn.

Witten-Bebbelsdorf

⚠ Bei der Kurve gegenüber der Druckerei geradeaus auf der Straße Bebbelsdorf weiter ⇝ an der **Pferdebachstraße** rechts ⇝ nach der Ampel rechts in die **Leostraße** ⇝ dem Straßenverlauf am Rande der Kleingartensiedlung folgen ⇝ an der Gabelung links unter der Bahn hindurch ⇝ auf der Straße **Ledderken** am Jüdischen Friedhof vorbei ⇝ unter der nächsten Bahn hindurch ⇝ am Fußgängerübergang die Ardeystraße überqueren ⇝ auf der **Lutherstraße** abwärts ⇝ rechts in die **Bonhoefferstraße** bis zum Rathaus.

Witten

PLZ: 58401-58456; Vorwahl: 02302

- **Stadtmarketing Witten GmbH,** Tourist & Ticket Service, Marktstr. 7, ✆ 12233, www.witten.de, www.stadtmarketing-witten.de
- **LWL-Industriemuseum Zeche Nachtigall**, Nachtigallstr. 35, ✆ 936640, ÖZ: Di-So 10-18 Uhr. Das bergbaugeschichtliche Museum präsentiert das alltägliche Leben der Ziegler bis in die 1960er Jahre. Im Nachtigall-Stollen wird die Arbeit im Kleinbergbau gezeigt.
- **Märkisches Museum,** Husemannstr. 12, ✆ 5812550, ÖZ: Di-So 10-13 Uhr und 14-17 Uhr. Das Museum beherbergt über 4.000 Werke zeitgenössischer deutscher Künstler aus Malerei und Grafik.
- **Schloss Steinhausen.** Die einzige Höhenburg im Stadtgebiet gilt neben dem Haus Herbede als die wichtigste Burganlage. Bis in die zweite Hälfte des 15. Jhs. war das Schloss Sitz der Wittener Adelsfamilie und des Eigengerichts Witten. 1732 gelangte es durch Schenkung an die Familie von Elverfeldt, die es 1851 an holländische Kaufleute verkaufte. Das Schloss befindet sich heute noch in Privatbesitz.

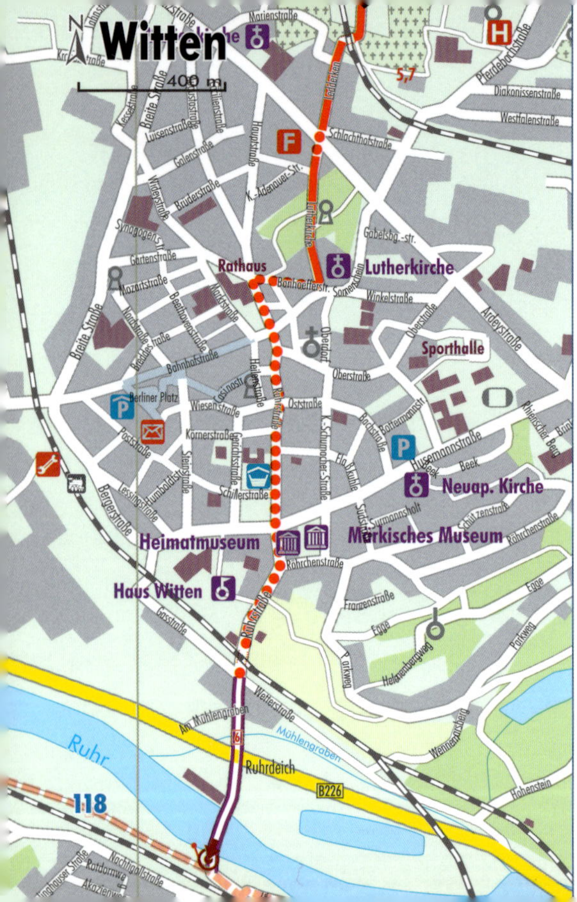

- **Burgruine Hardenstein** (13. Jh.). Die Burg befand sich im Besitz der Familie von Hardenberg, die dem Hochadel angehörte und aus dem Bergischen Land stammte.
- **Haus Witten** (15. Jh.). Der ehemalige Adelssitz entstand infolge von Familienstreitigkeiten der Herrschaften von Witten-Steinhausen. 1788 wurde es an Friedrich Lohmann verpachtet, einen der ersten Industriellen in Witten. Das Haus diente bis 1939 als Stahl-Produktionsstätte, heute ist es eine Kultur-und Begegnungsstätte.
- **Die Glückauf-Tour.** Eine Entdeckungsreise in die Wittener Bergbaugeschichte, Anmeldungen beim Stadtmarketing Witten.
- **Bergbaurundweg Muttental**. Auf dem ausgeschilderten Rundweg erwarten Sie mehr als 30 Sehenswürdigkeiten der Bergbaugeschichte, Start ist an der Zeche Nachtigall.
- **Naherholungsgebiet Hohenstein.** Der Hohenstein ist ein Ausläufer des Ardeygebirges, dessen unverwechselbare Felsnase vom Ruhrufer steil aufragt. Eine herrliche Aussicht über das obere Ruhrtal bietet das **Berger-Denkmal**, gewidmet Louis Constanz Berger (1928-1891), einem einflussreichen Parlamentarier des preußischen Landtages und später auch des Reichstages.
- **Fahrrad & Servie pro velo**, Winkelstr. 1, ✆ 699251
- **Büscher Radreisen**, Insel 1, ✆ 98392490
- **Radstation Witten**, Bergerstr. 35, ✆ 399000
- **Fahrrad Fielecke**, Ardeystr. 38, ✆ 82628
- **EBI'S Fahrradservice**, Hauptstr. 30, ✆ 31123

Haus Witten

In einer Urkunde des Erzbischofs Adolf I. von Köln wird der Ortsname Witten erstmals erwähnt. Bereits im 16. Jahrhundert (1578) durchwühlten Bergleute die Erde auf der Suche nach dem schwarzen Gold. 1675 erhält Witten die Marktrechte durch den Großen Kurfürsten von Brandenburg und 1825 die Stadtrechte. Die Muttentalbahn wird durch Levin, Freiherr von Elverfeldt, im Jahre 1829 gebaut. Dem Fleiß und Geschick der Bergleute ist es zu verdanken, dass Witten um 1850 die bedeutendste Bergbaustadt des Ruhrgebietes war. Der Sage nach lebte in der Burg Hardenstein bei dem damaligen Besitzer Neveling von

Hardenberg ein Zwerg mit Namen König Goldemar. Er war sein Berater, warnte ihn vor Feinden, spielte und trank mit ihm. König Goldemar war unsichtbar, nur seine Hände, die kalt und mager waren, konnte man fühlen. Ein Küchenjunge versuchte, den Zwerg mit Hilfe ausgestreuter Erbsen und Asche sichtbar zu machen und musste dies mit seinem Leben bezahlen: Goldemar schlug den Küchenjungen in Stücke, röstete und kochte ihn und verschwand danach unter schrecklichen Flüchen.

Beim Rathaus links in die **Hauptstraße** und bergab ~ der verkehrsreichen, einst prachtvollen **Ruhrstraße** folgen ~ am Haus Witten vorbei und unter der Bahn hindurch ~ gleich nach der Ruhrbrücke rechts zum Rundkurs Ruhrgebiet, hier endet der R31.

Tour 7 R 33 (18 km)

Der erste Teil dieser Tour verläuft auf ruhigen Radwegen entlang der Lenne. Mit einigen Steigungen geht es nach Hagen und von dort weiter zum einzigartigen LWL Freilichtmuseum Hagen, wo Sie in den historischen Werkstätten die Entwicklung von Handwerk und Technik hautnah miterleben können.

Charakteristik

Länge: 18 km

Start: Ruhrbrücke nördlich von Bathey

Ziel: LWL Freilichtmuseum Hagen

Wegbeschaffenheit: Die Route verläuft fast ausschließlich auf befestigten bzw. asphaltierten Radwegen und Straßen.

Verkehr: Der letzte Abschnitt dieser Tour zwischen Hagen und dem Freilichtmuseum muss im teilweise recht starken Verkehr gemeistert werden.

Beschilderung: Eine einheitliche und durchgehende Ausschilderung ist vorhanden.

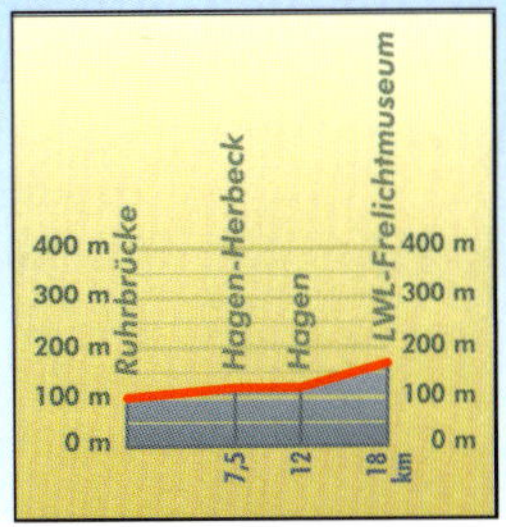

Steigungen: Vor allem auf dem zweiten Abschnitt der Tour sind Steigungen zu bewältigen.

Anschlusstour: 1

Startpunkt ist die Ruhrbrücke nördlich von Bathey ~ links in die **Dortmunder Straße** ~ geradeaus weiter ~ nach rechts hin die Gleise unterqueren ~ die nächsten 6 km entlang der Lenne radeln ~ nach rechts über die Brücke ~ weiter bis zur Vorfahrtsstraße ~ dort rechts ~ kurz darauf links in den **Herbecker Weg**.

Hagen-Herbeck

Der Herbecker Weg führt im Anschluss über die Autobahn ~ an der Kreuzung mit der **B 7** rechts ~ die Autobahn unterqueren und weiter nach Hagen bis zur Kreuzung.

AUSFLUG An dieser Kreuzung mit der **Haßleyer Straße** führt links der Abstecher zum Hohenhof weg, in dem sich das „Deutsche Museum für Kunst in Handel und Gewerbe" befindet.

An der Kreuzung geradeaus ~ dem Straßenverlauf bergab folgen ~ den Märkischen Ring geradeaus in die **Rathausstraße** überqueren ~ anschließend links in die Straße **Elbersufer**.

Hagen

PLZ: 58000-58135; Vorwahl: 02331

Hagen Touristik, Rathausstr. 13, ✆ 2075890, www.hagen.de

Hagen, Hohenhof

Stadtmuseum Hagen, Wippermann-Passage, Eilper Str. 71-75, ✆ 2072740, ÖZ: Di-So 11-18 Uhr. In einer früheren Kettenfabrik entstand dieses Museum, das die Geschichte der Stadt veranschaulicht und darüber hinaus attraktive Ausstellungen zu unterschiedlichen Themen bietet.

Kunstquartier Hagen, Museumspl. 1, ✆ 2073138. Das Kunstquartier umfasst zwei unterschiedliche Museen: Im **Emil Schumacher Museum** (ÖZ: Di-Fr 10-17 Uhr, Sa, So 11-18 Uhr) werden Werke des bekannten Hagener Künstlers gezeigt. Das **Osthaus Museum** (ÖZ: Di-Fr 10-17 Uhr, Sa, So 11-18 Uhr) benannt nach dem Kunstmäzen Karl Ernst Osthaus (1874-1921), bietet internationale Kunstwerke von der klassischen Moderne bis zur Gegenwart.

Hohenhof, Stirnband 10, ÖZ: Sa, So 11-18 Uhr. Der ehem. Wohnsitz des Kunstmäzens Karl Ernst Osthaus (1874-1921) gilt als Höhepunkt des Jugendstils in Hagen.

Volkssternwarte, Wehringhausen, ✆ 590790, ÖZ: April-Sept., Mi 19-21 Uhr, So 14-16 Uhr, Okt.-März, Mi 19-21 Uhr, Sa 19-21 Uhr

Keimzelle Hagens war ein Hof des Kölner Erzbischofs an der Handelsstraße von Köln über Dortmund. Um das Jahr 1000 n. Chr. stand bereits die Johanniskirche, um welche sich die Siedlung entwickelte. Im Jahr 1661 siedelten sich Solinger Klingenschmiede an, das war der Beginn der industriellen Entwicklung. Bald folgten Papier- und Tuchfabrikanten. 1746 erhob Friedrich der Große Hagen zur Stadt. Eingemeindungen führten seit 1876 zu einer raschen Ausdehnung des Stadtgebiets.

Das Stadtbild Hagens ist geprägt von viel Grün, umgeben und durchzogen von den vier Flüssen Lenne, Ruhr, Volme und Ennepe. Hagen schmückt sich mit dem Prädikat „Grünste Großstadt in Nordrhein-Westfalen". 42 Prozent der gesamten Stadtfläche sind bewaldet und mehr als 60 Prozent grün.

Den Märkischen Ring wieder geradeaus überqueren ⇝ die Volme mittels der Fußgängerbrücke überqueren ⇝ rechts in die Straße **Springe** ⇝ gleich wieder links ⇝ an der Vorfahrtsstraße erneut links ⇝ dem Straßenverlauf der **Frankfurter Straße** folgen ⇝ die Bahn unterqueren ⇝ rechts in die **Selbecker Straße** ⇝ die Schilder, die den Weg zum Westfälischen Freilichtmuseum weisen, sind kaum zu übersehen ⇝ Sie folgen ihnen nach links ⇝ am Parkplatz vorbei und geradeaus weiter bis zum Museum.

LWL Freilichtmuseum Hagen

LWL Freilichtmuseum Hagen, Mäckingerbach, Selbecke, ✆ 78070, ÖZ: April-Okt., Di-So/Fei 9-17.30 Uhr. Etwa 70 historische Handwerks- und Gewerbebetriebe erläutern die Geschichte der Industrialisierung.

Tour 8 R 35 (9 km)

Der R 35 verbindet den Emscher Park Radweg bei Bergkamen mit dem Rundkurs Ruhrgebiet in Unna. Der Großteil der Strecke verläuft auf der ehemaligen Klöcknerbahn, nur der letzte Teil schlängelt sich durch das bebaute Gebiet bei Unna.

Charakteristik

Länge: 9 km

Start: Bergkamen

Ziel: Unna

Wegbeschaffenheit: Die ehemalige Bahnstrecke ist unbefestigt, die städtischen Teile der Strecke sind befestigt.

Verkehr: Der Radweg verläuft zur Hälfte auf dem ruhigen Radweg auf der ehemaligen Bahnstrecke, in Unna-Königsborn werden hauptsächlich verkehrsarme Straßen oder Radwege benutzt.

Beschilderung: Eine einheitliche und durchgehende Ausschilderung ist vorhanden.

Steigungen: Die Strecke weist nur geringe Höhendifferenzen auf.

Anschlusstouren: 1, 2

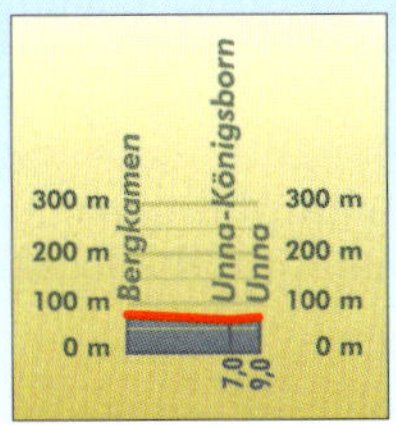

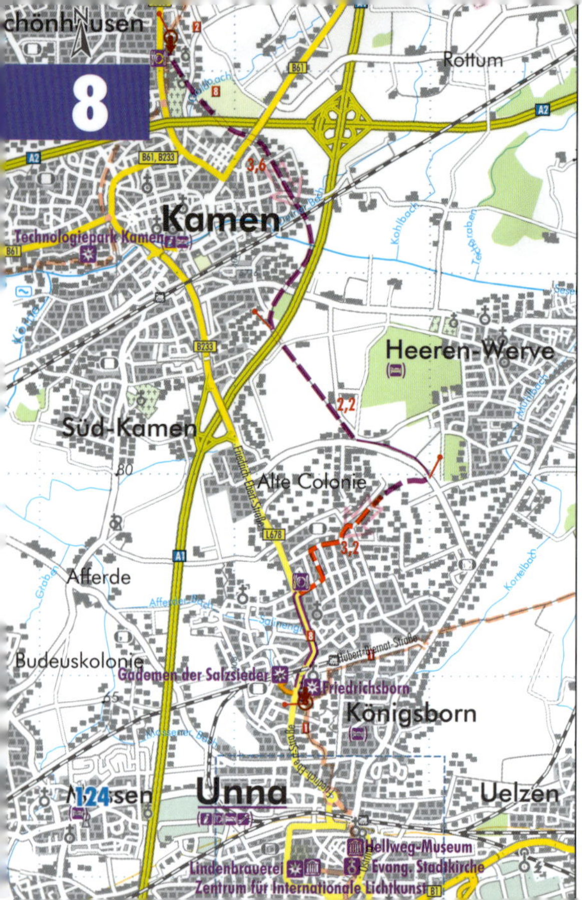

Friedrichsborn in Unna

Bergkamen
s. S. 87

Startpunkt ist die Gabelung der ehemaligen Klöcknerbahn ~ in Richtung Unna halten ~ auf der Unterflurtrasse unter der Autobahnbrücke und anderen Brücken hindurch ~ am Ende, beim **Schattweg** links auf den Radweg ~ bevor die Straße einen kleinen Kanal überquert, rechts ~ am Kasernengelände vorbei ~ in der Siedlung halten Sie sich weiter an den Rand des Kasernengeländes ~ rechts über die Gleise, der **Grillostraße** folgen ~ nach ca. 300 m links in die **Friedrichstraße** ~ rechts in die **Wilhelminenstraße** bis zur **Kamener Straße**, der **L678**.

Unna-Königsborn

Ein sicheres Überqueren der Straße ist ca. 50 m weiter rechts möglich ~ danach links auf der **Kamener Straße** ~ nach der Eisenbahnbrücke bei der Ampel die Straße überqueren ~ am Friedrichsborn vorbei ~ links in den Kurpark hinein ~ gleich danach links ~ in der Nähe des Pavillons gelangen Sie zum Rundkurs Ruhrgebiet.

AUSFLUG: Vom Friedrichsborn ist es ein kleiner Ausflug zu den ehemaligen Gademen der Salzsieder. Fahren Sie gegenüber vom Friedrichsborn in den **Zimmerplatz** und danach rechts.

Unna
s. S. 40

Gademen der Salzsieder in Unna

Die Rotbach-Route

Der Rotbach entspringt in Bottrop (Grafenmühle) und hat eine Länge von rund 22 Kilometern. Er fließt in westlicher Richtung und mündet in der Nähe von Dinslaken in den Rhein. Die Rotbach-Route teilt sich in vier Rundtouren auf, die zwischen Lippe und Emscher verlaufen. Sie berühren außerdem den Rhein sowie den Wesel-Datteln-Kanal. Das Besondere an der Rotbach-Route ist vor allem die Kombination aus landschaftlichen Reizen und Industriekultur. Die Region gilt auch als Naherholungsgebiet mit einer Fülle an interessanten Freizeitmöglichkeiten.

Tour 9 Rotbach-Route 1 (38 km)

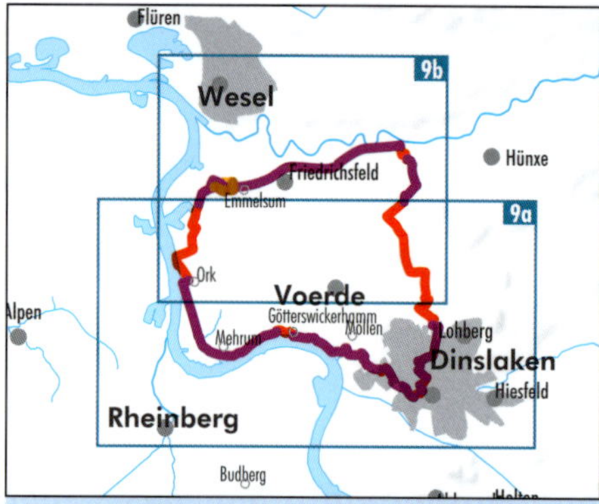

Die westlichste der Rotbach-Routen verläuft ausgehend von Dinslaken zunächst entlang des Rheins. Anschließend folgen Sie dem Verlauf des Wesel-Datteln-Kanals, bis Sie sich bei Bucholt nach Süden wenden. Vorbei an den Tenderingsseen mit ihren zahlreichen Freizeitmöglichkeiten geht es zurück zum Zielpunkt, dem Bahnhof in Dinslaken.

Charakteristik

Länge: 38 km

Start & Ziel: Dinslaken

Wegbeschaffenheit: Die Route verläuft auf asphaltierten und unbefestigten Radwegen und Kanalwegen sowie auf verkehrsarmen Straßen.

Verkehr: Mit etwas mehr Verkehr ist nur in Dinslaken zu rechnen.

Beschilderung: Die Rotbach-Route ist einheitlich und durchgehend ausgeschildert.

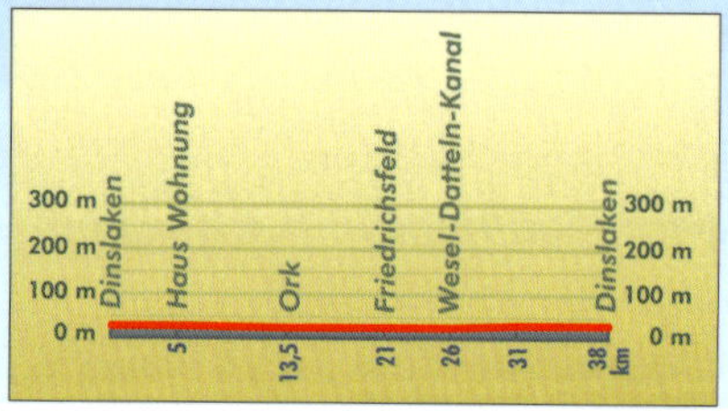

Steigungen: Die Strecke verläuft steigungsfrei.

Anschlusstouren: 1, 10, 11, 12

Dinslaken

PLZ: 46535, 46537, 46539; Vorwahl: 02064

- **DINAMIT GmbH**, Friedrich-Ebert-Str. 44-46, ✆ 605304, www.dinslaken.de, www.dinamit.de
- **Museum Voswinckelshof**, Elmar-Sierp-Pl. 6, ✆ 2449, ÖZ: Di-So 14-18 Uhr. Das stadthistorische Museum, beheimatet in einem ehemaligen Adelssitz am Rande der Altstadt, informiert über die Stadtentwicklung, die Entwicklung der Wohnkultur, der Industrialisierung und des Bergbaus.
- **Mühlenmuseum**, Hiesfeld, Am Freibad 3, ✆ 94188, ÖZ: ganzjährig, So 10.30-12.30 Uhr. Das Museum in der Wassermühle aus dem 16. Jh. zeigt rund 60 Mühlenmodelle aus aller Welt und erläutert die Energiegewinnung aus Wind- und Wasserkraft.
- **Burghofbühne Dinslaken**, Landestheater im Kreis Wesel, Luisenstr. 173, ✆ 41100. Die Burghofbühne bietet einen breit gefächerten Spielplan für jung und alt. Das Ensemble bespielt schwerpunktmäßig die Dinslakener Spielstätten, unter anderem in den Sommermonaten das Dinslakener Burgtheater im Schatten der historischen Burg.
- **Stadt- und Museumsführungen** veranstaltet die DINAMIT GmbH (s. o.)
- **Trabrennbahn**, Bärenkampallee 25, ✆ 4180. Einzige Halbmeilenbahn Deutschlands. Gruppen können Führungen durch die Stallungen und das Gelände anmelden. Renntage: Mo ab 18 Uhr, in den Wintermonaten Sa ab 14.30 Uhr.
- **Freizeitbad „Am Volkspark"**, Am Stadtbad 7-9, ✆ 30922
- **Der Fahrradladen**, Duisburger Str. 54, ✆ 2793

Sie starten am Bahnhof Dinslaken ~ mit einer Linkskurve vor bis zur Kreuzung ~ geradeaus in die **Bismarckstraße** ~ an der **Schillerstraße** links ~ beim Kreisverkehr rechts in die **Althoffstraße** ~ mit einer Linkskurve in die **Kreuzstraße** ~ über den Rotbach und anschließend rechts in die Sackgasse ~ im weiteren Verlauf in den Radweg ~ entlang

Dinslaken, Stadtpark

des Rotbaches weiter ~ die Brücke und somit die Willy-Brandt-Straße überqueren ~ an der **Gneisenaustraße** über den Rotbach ~ bald darauf noch einmal über den Bach.

Dinslaken-Eppinghoven

Geradeaus bis zur Kreuzung mit der **Eppinkstraße** ~ dort links ~ bald wieder rechts abbiegen in den **Küstermannsweg** ~ geradeaus in den Radweg und entlang des Rotbaches radeln ~ diesen im Wohnungswald überqueren ~ anschließend links halten ~ vor der Bahn rechts und parallel zu den Gleisen weiter ~ an der Kreuzung mit der **Friedrichstraße** links durch die Unterführung ~ daraufhin wieder links in den unbefestigten Radweg ~ dieser führt zur Frankfurter Straße ~ geradeaus in einen Waldweg ~ bei der Vorfahrtsstraße links und entlang des Rheins weiter nach Götterswickerhamm.

Voerde-Götterswickerhamm s. S. 19

Beim Kreisverkehr links ~ anschließend auf den Dammweg ~ es geht im weiteren Verlauf am Ort Mehrum vorüber ~ rechts in Richtung **Ork** ~ dort den Schildern links in Richtung Wesel folgen ~ an der zweiten Möglichkeit nach dem Gesterhof links abbiegen ~ bald wieder links in Richtung Schleuse ~ rechts halten und kurz darauf auf den Radweg wechseln ~ in der Rechtskurve links abbiegen in die **Schleusenstraße**.

VARIANTE Wenn Sie die Schleusengruppe Friedrichsfeld umfahren möchten, folgen Sie der Rechtskurve.

An den kommenden beiden T-Kreuzungen links abbiegen ~ den Wesel-Datteln-Kanal überqueren ~ links in die **Emmelsumer Straße** ~ auf den Weg entlang des Kanals wechseln.

Wesel-Datteln-Kanal bei Bucholt

Die Schleusengruppe Friedrichsfeld passieren ~ daraufhin rechts und die nächsten 8 km entlang des Kanals weiterradeln ~ Sie fahren unter einigen Brücken hindurch, bevor Sie in Höhe von Bucholt den Wesel-Datteln-Kanal überqueren ~ anschließend der Linkskurve folgen ~ gleich darauf rechts abbiegen ~ an der **L 463** links ~ sofort darauf rechts in den **Testerweg** ~ rechts halten und weiter bis zur Kreuzung mit der K 16 ~ geradeaus und schräg rechts in den Anliegerweg ~ an der T-Kreuzung links ~ dem Straßenverlauf weiterhin folgen ~ es geht auf Dinslaken zu

9A
Emmelsum
Waldheideweg
Holthausen
Unteremmelsum
St. Peter
Spellen
Stockum
Mehr
wallach
Wallach
Ork
Voerde
Freizeitsee
Bruckhausen
Schanzenberg
Löhnen
Wasserschloss Haus Voerde
Golfplatz
Götterswickerhamm
Haus Ahr
Zechensiedlung
Lohberg
Möllen
Mehrum
Rhein
Alter Rhein
Dinslakener Bruch
Oberlohberg
Haus Wohnung
Dinslaken
Ossenberg
Eppinghoven
Rotbach
Rotbachsee
Mühlenmuseum
Rittertor
Hiesfeld
Voswinckelshof
Windmühle
Averbruch
Milchplatz
Stapp
Trabrennbahn
129
Hühnerheide
Rheinberg
Pulverturm
Pfarrkirche St. Peter
Rathaus
Hasenfeld
Eversael
Overbruch
2,8
3,4
3,8
8,5
4
1

~ links in die Straße **Schwarzer Weg** ~ rechts in den Anliegerweg ~ eine scharfe Linkskurve fahren ~ gemäß der Ausschilderung rechts und über eine Brücke ~ an der **Claudiastraße** links abbiegen ~ mit einer Rechtskurve in die **Katharinenstraße** ~ die Augustastraße geradeaus überqueren ~ an der Kreuzung mit der **Luisenstraße** rechts ~ an der nächsten Vorfahrtsstraße links ~ durch die Unterführung und anschließend gleich wieder links in den Radweg ~ dieser bringt Sie zum Bahnhof.

Dinslaken s. S. 127

Tour 10 Rotbach-Route 2 (48,5 km)

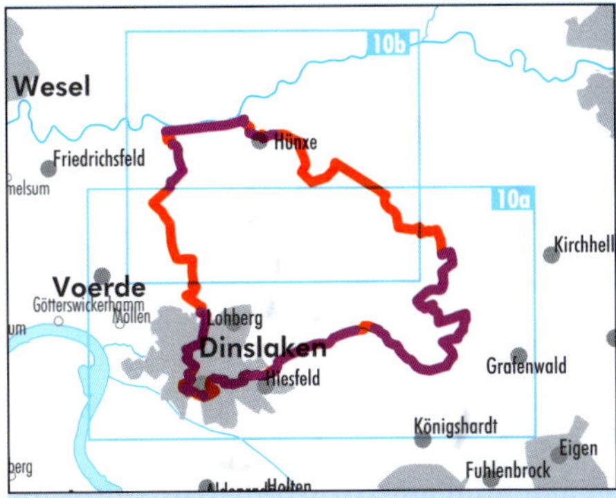

Auf dieser Tour radeln Sie ausgehend von Dinslaken zuerst entlang des Rotbaches in Richtung Osten. In der Nähe der Rotbachquelle passieren Sie den Heidesee in der Kirchheller Heide und fahren auf ruhigen Wegen durch die idyllische Landschaft bis Hünxe. Von dort aus folgen Sie für ein kurzes Stück dem Verlauf des Wesel-Datteln-Kanals. Schließlich führt die Route in Richtung Süden und nach Dinslaken zurück.

Charakteristik

Länge: 48,5 km
Start & Ziel: Dinslaken
Wegbeschaffenheit: Die Route verläuft auf verkehrsarmen Straßen sowie auf unbefestigten Rad- und Kanalwegen.
Verkehr: Mit etwas mehr Verkehr ist nur in Dinslaken und Hünxe zu rechnen.
Beschilderung: Die Rotbach-Route ist einheitlich und durchgehend ausgeschildert.
Steigungen: Die Strecke verläuft nahezu steigungsfrei.
Anschlusstouren: 9, 11, 12

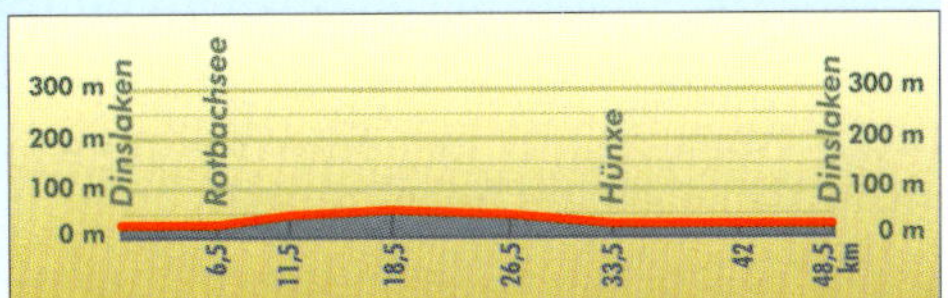

Dinslaken s. S. 127

Von Dinslaken nach Hünxe 33,5 km

Sie starten am Bahnhof Dinslaken → mit einer Linkskurve vor bis zur Kreuzung → geradeaus in die **Bismarckstraße** → an der **Schillerstraße** links → beim Kreisverkehr rechts in die **Althoffstraße** → mit einer Linkskurve in die **Kreuzstraße** → über den Rotbach und links in die **Marktstraße** → rechts in den Radweg → entlang des Rotbaches bis zur **Duisburger Straße** → dort links abbiegen → rechts in die **Wiesenstraße** → geradeaus weiter in die **Bachstraße** → an der **Schloßstraße** rechts abbiegen und gleich darauf links → geradeaus bis zur Vorfahrtsstraße → geradeaus in den Radweg → über die Brücke zur **Julius-Kalle-Straße** und links auf dieser

weiter ⇝ geradeaus bis zur T-Kreuzung ⇝ dort links abbiegen ⇝ rechts in die **Karlstraße** ⇝ an der Vorfahrtsstraße rechts und durch die Unterführung ⇝ an der nächsten Straße rechts ⇝ kurz darauf links in die **Friedrich-List-Straße** ⇝ bei der Linkskurve rechts halten ⇝ nach rechts über die Brücke ⇝ links entlang des Rotbaches weiter ⇝ diesen nochmal überqueren und vor bis zur **Ziegelstraße** ⇝ dort links abbiegen ⇝ an der folgenden Kreuzung geradeaus weiter ⇝ kurz darauf rechts in einen unbefestigten Radweg ⇝ nach der Brücke entlang des Rotbaches weiter ⇝ zunächst in die Straße **Am Freibad** ⇝ dann wieder in einen unbefestigten Radweg ⇝ um den Rotbachsee herumfahren und in ein Waldstück ⇝ dem Wegeverlauf entlang des Rotbaches weiterhin folgen ⇝ es geht durch einige Unterführungen hindurch ⇝ an der Straße **Schlägerheide** links abbiegen und über den Bach ⇝ an der T-Kreuzung rechts ⇝ geradeaus weiter durch das Naturschutzgebiet Kirchheller Heide ⇝ der Ausschilderung zum Heidesee folgen ⇝ diesen umrunden ⇝ bald darauf gemäß den Radschildern rechts ⇝ eine Links-/Rechtskurve fahren ⇝ an der T-Kreuzung links ⇝ die Schilder weisen

Hünxe

bald wieder rechts ⇝ weiter bis zur nächsten T-Kreuzung ⇝ dort rechts ⇝ nach der Rechtskurve an der Gabelung links ⇝ an der nächsten wieder links ⇝ beim Heidhofsee rechts ⇝ am Ende des Sees links halten ⇝ an der T-Kreuzung links ⇝ an der Asphaltstraße rechts abbiegen ⇝ die Landesstraße geradeaus überqueren ⇝ beim Flugplatz links ⇝ eine Rechts- und anschließend eine Linkskurve fahren ⇝ an der Vorfahrtsstraße rechts abbiegen ⇝ bei der Schranke gemäß der Ausschilderung links ⇝ beim **Ossenbergweg** wieder links ⇝ bei der Gabelung rechts halten ⇝ Sie fahren nun am Golfplatz vorbei ⇝ rechts in einen Anliegerweg ⇝ bald darauf wieder rechts ⇝ an der Vorfahrtsstraße in Richtung Hünxe ⇝ am Ortsbeginn links in den **Binnenbruchweg** ⇝ an der Kreuzung mit der Straße **Bensumskamp** rechts ⇝ in der Rechtskurve links ab ⇝ anschließend wieder links.

Hünxe

PLZ: 46569; Vorwahl: 02858

- **Gemeindeverwaltung**, Dorstener Str. 24, ✆ 690, www.huenxe.de
- **Heimatmuseum „Alte Bergschule"**, Friedrich-Endemann-Str. 4, ✆ 7372 od. ✆ 69200, ÖZ: So 10.30-12.30 Uhr. Themen: Bäuerlicher Haushalt, Handwerk, Funde aus frühgeschichtlicher Zeit
- Romanisch-gotische **Kirche** aus dem 13. Jh.
- **Flugplatz Schwarze Heide**, Schwarze Heide 29, ✆ 390. Angebot von Rundflügen

Von Hünxe nach Dinslaken — *15 km*

Sie fahren nun auf der **Dorstener Straße** an der Kirche vorbei ⇝ an der Kreuzung mit der Alten Dinslakener Straße rechts in die **Alte Weseler Straße** ⇝ rechts in die **Krudenburger Straße** ⇝ links halten in Richtung Bauhof ⇝ die Landesstraße unterqueren ⇝ mit einem Linksbogen zur

Naturpark Hohe Mark
10A
Hardinghausen
thausen
Voerde
Freizeitsee
Möllen
Dinslakener Bruch
Lohberg
Zechensiedlung
Bruckhausen
Oberlohberg
Dinslaken
Eppinghoven
Rittertor
Voswinckelshof
Trabrennbahn
Averbruch
Windmühle
Mühlenmuseum
Hiesfeld
Rotbachsee
Stapp
Overbruch
Hühnerheide
Waldhuck
Sterkrade-Nord
Walsumermark
Königshardt
Halde Haniel
Grafenwald
Grafenmühle
Heidesee
Heidhofsee
Haseken
Kirchheller Heide
Staatsforst Wesel
Flugplatz Schwarze Heide
Hövelsberg
Furth
Grafschaft
Sträterei
Golfplatz
Wohnung
Köllnischer Wald
133

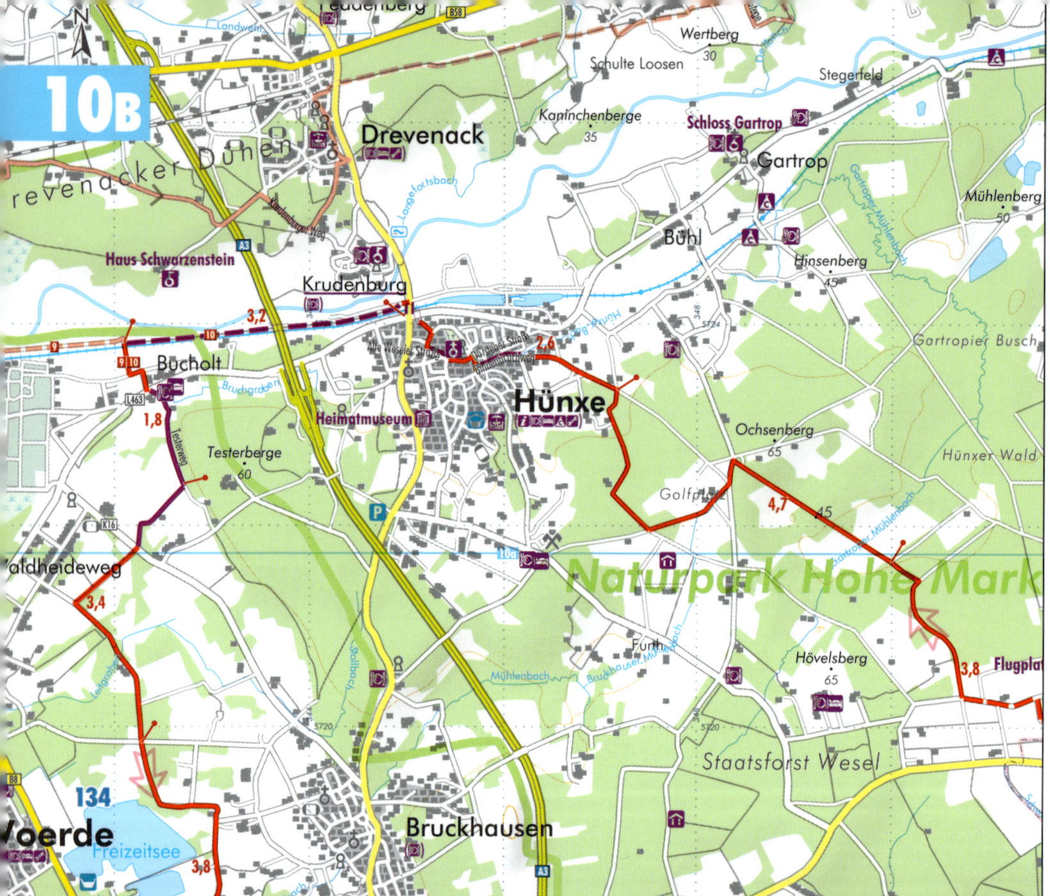

Dinslakener Straße hinauf ~ rechts über die Brücke und somit über den Wesel-Datteln-Kanal ~ anschließend die Straße vorsichtig überqueren und bergab zum unbefestigten Weg entlang des Kanals ~ die Autobahn unterqueren ~ in Höhe von Bucholt links über die Brücke und den Kanal überqueren ~ anschließend der Linkskurve folgen ~ gleich darauf rechts abbiegen ~ an der **L 463** links ~ sofort darauf rechts in den **Testerweg** ~ rechts halten und weiter bis zur Kreuzung mit der K 16 ~ geradeaus und schräg rechts in den Anliegerweg ~ an der T-Kreuzung links ~ dem Straßenverlauf weiterhin folgen ~ es geht auf Dinslaken zu ~ links in die Straße **Schwarzer Weg** ~ rechts in den Anliegerweg ~ eine scharfe Linkskurve fahren ~ gemäß der Ausschilderung rechts und über eine Brücke ~ an der **Claudiastraße** links abbiegen ~ mit einer Rechtskurve in die **Katharinenstraße** ~ die Augustastraße geradeaus überqueren ~ an der Kreuzung mit der **Luisenstraße** rechts ~ an der nächsten Vorfahrtsstraße links ~ durch die Unterführung und anschließend gleich wieder links in den Radweg ~ dieser bringt Sie zum Bahnhof.

Dinslaken s. S. 127

Tour 11 Rotbach-Route 3 (28,5 km)

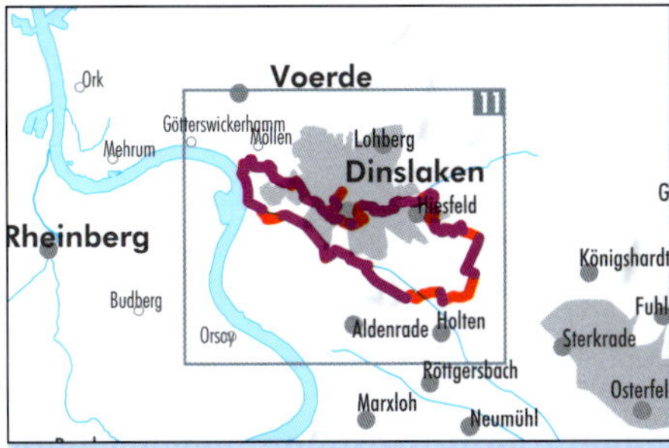

Diese Tour ist die kürzeste der vier Rotbach-Routen. Sie folgt dem Verlauf des Rotbaches und der Emscher und führt außerdem ein kurzes Stück entlang des Rheins. Auf dieser Tour radeln Sie unter anderem vorbei an interessanten Haldenlandschaften sowie durch das idyllische Waldgebiet Hühnerheide.

Charakteristik

Länge: 28,5 km

Start& Ziel: Dinslaken

Wegbeschaffenheit: Die Route verläuft auf asphaltierten sowie auf unbefestigten Radwegen und verkehrsarmen Straßen.

Verkehr: Mit etwas mehr Verkehr ist nur in Dinslaken zu rechnen.

Beschilderung: Die Rotbach-Route ist einheitlich und durchgehend ausgeschildert.

Steigungen: Die Strecke verläuft nahezu steigungsfrei.

Anschlusstouren: 1, 9, 10, 12

Dinslaken s. S. 127

Sie starten am Bahnhof Dinslaken ~ mit einer Linkskurve vor bis zur Kreuzung ~ geradeaus in die **Bismarckstraße** ~ an der **Schillerstraße** links ~ beim Kreisverkehr rechts in die **Althoffstraße** ~ mit einer Linkskurve in die **Kreuzstraße** ~ über den Rotbach und anschließend rechts in die Sackgasse ~ im weiteren Verlauf in den Radweg ~ entlang des Rotbaches weiter ~ die Brücke und somit die Willy-Brandt-Straße überqueren ~ an der **Gneisenaustraße** über den Rotbach ~ bald darauf noch einmal über den Bach.

Dinslaken-Eppinghoven

Geradeaus bis zur Kreuzung mit der **Eppinkstraße** ~ dort links ~ bald wieder rechts abbiegen in den **Küstermannsweg** ~ geradeaus in den Radweg und entlang des Rotbaches radeln ~ diesen im Wohnungswald überqueren ~ anschließend links halten ~ vor der Bahn rechts und parallel zu den Gleisen weiter ⇝ an der Kreuzung mit der **Friedrichstraße** links durch die Unterführung ⇝ daraufhin wieder links in den unbefestigten Radweg ⇝ dieser führt zur **Frankfurter Straße** ⇝ an dieser links.

Haus Wohnung s. S. 19

Rechts in den Radweg und entlang des Rheins weiter ⇝ mit einer Linkskurve zur Emscher ⇝ an der **Hagelstraße** rechts und über die Brücke ⇝ gleich wieder links in die abbiegen ⇝ am Ende der Straße geradeaus weiter ⇝ links halten und die Bahn unterqueren ⇝ an der nächsten Kreuzung geradeaus ⇝ nun wieder parallel zur Emscher radeln ⇝ an der **Willy-Brandt-Straße** rechts ⇝ anschließend links in die **Hans-Böckler-Straße** ⇝ die Emscher überqueren ⇝ gleich danach rechts in den unbefestigten Radweg ⇝ bei der Kreuzung mit der **Schloßstraße** die Flussseite wechseln ⇝ an der nächsten Kreuzung rechts ⇝ daraufhin wieder links ⇝ die Vorfahrtsstraße geradeaus überqueren ⇝ auf dem Radweg entlang der **Leitstraße** bis zur folgenden Kreuzung ⇝ geradeaus in den Anliegerweg ⇝ kurz darauf

Dinslaken-Hiesfeld, Mühlenmuseum

rechts abbiegen ⇝ nach der Linkskurve die Emscher überqueren.

Dinslaken-Barmingholten

An der Kreuzung mit der **Grasshofstraße** rechts ⇝ an der nächsten Straße links abbiegen ⇝ weiter bis zur Landesstraße **L 4** ⇝ dort rechts und gleich darauf links ⇝ Bahngleise überqueren ⇝ an der nächsten Vorfahrtsstraße links ⇝ rechts in den Forstweg und durch die Hühnerheide ⇝ an der T-Kreuzung links ⇝ geradeaus in die **Kurt-Schumacher-Straße** ⇝ bald darauf links gemäß der Ausschilderung ⇝ geradeaus in einen unbefestigten Weg ⇝ anschließend rechts halten ⇝ den Schildern nach links folgen ⇝ eine Rechtskurve fahren ⇝ geradeaus weiter ⇝ nach einer Links-rechts-Kombination wieder eine Rechtskurve fahren ⇝ an der **Kurt-Schumacher-Straße** links ⇝ rechts in die **Taubenstraße** ⇝ an der nächsten Straße wieder rechts.

Dinslaken-Hiesfeld

Mühlenmuseum, Hiesfeld, Am Freibad 3, ✆ 02064/94188, ÖZ: ganzjährig, So 10.30-12.30 Uhr. Das Museum in der Wassermühle aus dem 16. Jh. zeigt rund 60 Mühlenmodelle aus aller Welt und erläutert die Energiegewinnung aus Wind- und Wasserkraft.

Windmühle, Sterkrader Straße, ✆ 02064/94188, ÖZ: Mai-Sept., So 10.30-12.30 Uhr. Im Inneren der Windmühle kann die gesamte Einrichtung über vier Etagen besichtigt werden.

Bei der Rechtskurve links abbiegen ⇝ gleich darauf wieder rechts ⇝ an der Vorfahrtsstraße links ⇝ rechts in den unbefestigten Radweg ⇝ im Anschluss rechts und an den Tennisplätzen vorbei ⇝ bei der Reithalle links zum Rotbachsee ⇝ dort wieder links und entlang des Rotbachs weiter ⇝ im weiteren Verlauf auf die Straße **Am Freibad** wechseln ⇝ anschließend wieder parallel zum

Rotbach radeln ~ diesen dann überqueren und an der Straße links ~ an der **Ziegelstraße** wieder links ~ geradeaus weiter und vor dem Rotbach rechts in den Radweg ~ diesen im Anschluss zwei Mal überqueren ~ links zur Straße ~ an der T-Kreuzung rechts ~ an der Vorfahrtsstraße links abbiegen ~ die Bahn unterqueren ~ anschließend links in die **Karlstraße** ~ an der **Thyssenstraße** wieder links ~ gemäß der Ausschilderung rechts abbiegen ~ die nächsten Kreuzung geradeaus überqueren ~ rechts in den Radweg ~ an der Vorfahrtsstraße geradeaus ~ am Ende der Straße rechts ~ gleich wieder links in die **Bachstraße** ~ an der Kreuzung mit der **Wiesenstraße** links ~ mit einer Linkskurve in die **Duisburger Straße** ~ rechts in den Radweg ~ an der **Marktstraße** links ~ gleich darauf rechts ~ dem Rechtsbogen der **Kreuzstraße** folgen ~ die **Althoffstraße** führt im Anschluss bis zu einem Kreisverkehr ~ dort links in die **Schillerstraße** ~ an der Kreuzung mit der **Bismarckstraße** rechts und geradeaus vor bis zum **Bahnhofsplatz**.

Dinslaken s. S. 127

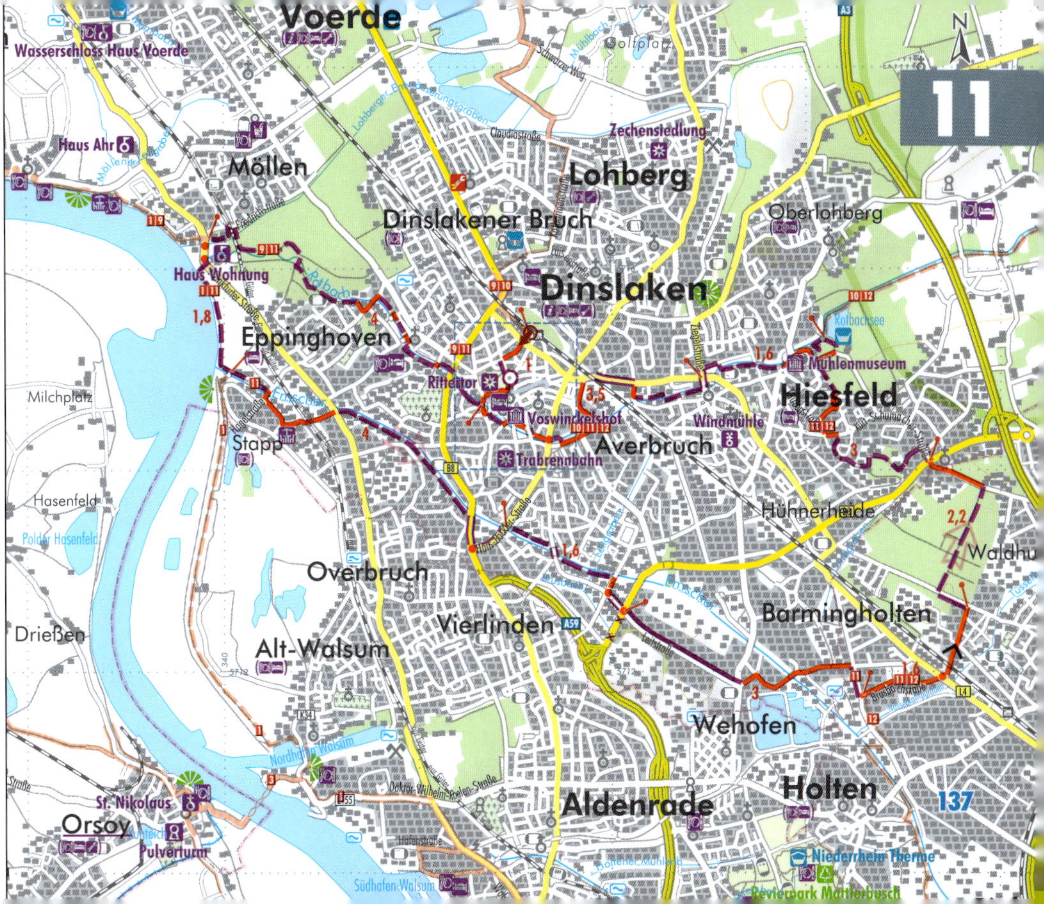

Tour 12 Rotbach-Route 4 (50 km)

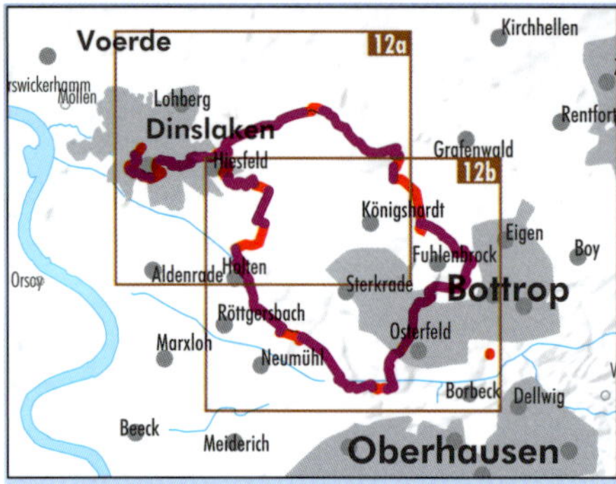

Die südlichste der Rotbach-Routen führt ausgehend von Dinslaken zunächst durch das idyllische Rotbachtal. Anschließend wenden Sie sich in Richtung Süden und radeln an interessanten Haldenlandschaften vorüber. In Oberhausen treffen Sie auf die Emscher, ihrem Verlauf folgen Sie bis Oberhausen-Holten. Auf ruhigen Wegen – unter anderem durch das Waldgebiet Hühnerheide – geht es zurück nach Dinslaken. Als (industrie-)kulturelle Highlights dieser Rundtour müssen vor allem das LVR-Industriemuseum und der Gasometer in Oberhausen genannt werden.

Charakteristik

Länge: 50 km

Start & Ziel: Dinslaken

Wegbeschaffenheit: Die Route verläuft auf unbefestigten Radwegen und verkehrsarmen Straßen.

Verkehr: Mit etwas mehr Verkehr ist nur im Stadtgebiet von Oberhausen zu rechnen.

Beschilderung: Die Rotbach-Route ist einheitlich und durchgehend ausgeschildert.

Steigungen: Die Strecke verläuft nahezu steigungsfrei.

Anschlusstouren: 2, 9, 10, 11

Dinslaken s. S. 127

Von Dinslaken nach Oberhausen-Osterfeld 26 km

Sie starten am Bahnhof Dinslaken ⤳ mit einer Linkskurve vor bis zur Kreuzung ⤳ geradeaus in die **Bismarckstraße** ⤳ an der **Schillerstraße** links ⤳ beim Kreisverkehr rechts in die **Althoffstraße** ⤳ mit einer Linkskurve in die **Kreuzstraße** ⤳ über den Rotbach und links in die **Marktstraße** ⤳ rechts in den Radweg ⤳ entlang des Rotbaches bis zur **Duisburger Straße** ⤳ dort links abbiegen ⤳ rechts in die **Wiesenstraße** ⤳ geradeaus weiter in die **Bachstraße** ⤳ an der **Schloßstraße** rechts abbiegen und gleich darauf links ⤳ gerade-

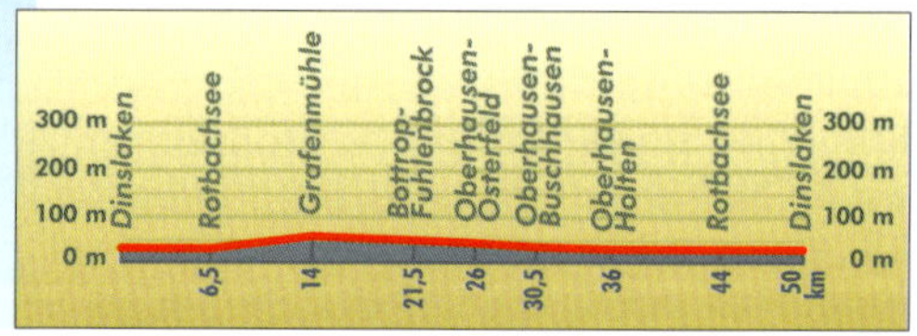

aus bis zur Vorfahrtsstraße ⤳ geradeaus in den Radweg ⤳ über die Brücke zur **Julius-Kalle-Straße** und links auf dieser weiter ⤳ geradeaus bis zur T-Kreuzung ⤳ dort links abbiegen ⤳ rechts in die **Karlstraße** ⤳ an der Vorfahrtsstraße rechts und durch die Unterführung ⤳ an der nächsten Straße rechts ⤳ kurz darauf links in die **Friedrich-List-Straße** ⤳ bei der Linkskurve rechts halten ⤳ nach rechts über die Brücke ⤳ links entlang des Rotbaches weiter ⤳ diesen nochmal überqueren und vor bis zur **Ziegelstraße** ⤳ dort links abbiegen ⤳ an der folgenden Kreuzung geradeaus weiter ⤳ kurz darauf rechts in einen unbefestigten Radweg ⤳ nach der Brücke entlang des Rotbaches weiter ⤳ zunächst in die Straße **Am Freibad** ⤳ dann wieder in einen unbefestigten Radweg ⤳ um den Rotbachsee herumfahren und in ein Waldstück ⤳ dem Wegeverlauf entlang des Rotbaches weiterhin folgen ⤳ es geht durch einige Unterführungen hindurch ⤳ an der Straße **Schlägerheide** links abbiegen und über den Bach ⤳ an der T-Kreuzung rechts ⤳ geradeaus weiter durch das Naturschutzge-

biet Kirchheller Heide ~ an der Landesstraße **L 621** rechts ~ an der Ampelkreuzung links abbiegen ~ rechts in den **Alten Postweg** ~ mit einer Rechtskurve zur Vorfahrtsstraße ~ dort links abbiegen ~ an der nächsten Straße wieder links abbiegen ~ Sie fahren dann an der Halde Haniel vorbei ~ der Ausschilderung bei der Kläranlage folgen ~ auf dem Radweg zunächst die Bundesstraße und dann die Autobahn überqueren ~ weiterhin den Schildern durch den Bottroper Stadtwald folgen ~ an der Lindhorststraße geradeaus ~ zwischen den Stadtteichen hindurch ~ über den Vorthbach ~ an der Querstraße links und gleich wieder rechts ~ ebenso bei der nächsten Kreuzung mit der **L 641** ~ nun am Parkfriedhof vorbei.

Bottrop-Fuhlenbrock

- **Tourist-Info Bottrop**, Osterfelder Str. 13, 46236 Bottrop, ✆ 02041/766950, www.bottrop.de
- **Halde Haniel**. In etwa 120 m Höhe befindet sich ein Amphitheater mit 800 Plätzen; außerdem führen 15 Stationen eines Kreuzweges die Halde hinauf. Das Kreuz am Gipfel wurde 1992 nach dem Besuch von Papst Johannes Paul II. aufgestellt.

Oberhausen-Osterfeld, Siedlung Eisenheim

Durch die Unterführung ~ an der Kreuzung rechts weiter ~ noch vor der Kreuzung mit der Jacobistraße wieder rechts ~ nach einem Linksbogen unter der L 155 hindurch ~ der Radweg führt wieder unter einer Straße hindurch ~ Sie befinden sich im Oberhausener Stadtteil Osterfeld ~ an der Michelstraße geradeaus.

Oberhausen-Osterfeld

PLZ: 46117, 46119, 46145; Vorwahl: 0208

- **Tourist Information Oberhausen**, Willy-Brandt-Pl. 2, 46045 Oberhausen, ✆ 824570, www.oberhausen-tourismus.de
- **Burg Vondern** (13. Jh.), Arminstr. 65, ✆ 896297. Das älteste Bauwerk Osterfelds ist gleichzeitig ein Wahrzeichen der Stadt Oberhausen.
- **Brache Vondern**, Breilstraße. Die Natur erobert sich das Gebiet der abgerissenen Zeche Vondern mit einer nicht vermuteten Artenvielfalt zurück.
- **Siedlung Eisenheim** (1846), Berliner Str. 10a, ÖZ: Ostersonntag-Okt., So/Fei 10-17 Uhr. Die Arbeitersiedlung ist mit über 150 Jahren die älteste aus der Zeit der Industrialisierung im Ruhrgebiet und eine der ältesten Deutschlands.
- **Siedlung Vondern** (1907-1913), Arminstraße. Diese Arbeitersiedlung auf dem Weg zur Burg Vondern wurde im Stil einer Gartenvorstadt errichtet.
- **Zeche Osterfeld** (1873-1879), Zum Steigerhaus. Auf dem wieder begrünten Gelände (hier fand die Landesgartenschau OLGA 1999 statt) sind einige Gebäude der Ausbauphase 1911-1913 erhalten.

Von Oberhausen-Osterfeld nach Dinslaken 24 km

Die nächsten vier Querstraßen mittels einer Brücke überqueren ~ links abbiegen ~ anschließend den Garten Osterfeld passieren ~ nach dem Linksbogen rechts halten ~ über die Brücke und somit über die **L 511** ~ anschließend zwei Mal über die Bahngleise ~ der Radweg führt über die Autobahn und den Rhein-Herne-Kanal ~ unter der Bahn hindurch ~ an der Kreuzung rechts und wieder rechts unter der Bahn durch ~ es geht nun an Sportplätzen vorbei ~ wieder rechts und die Bahn unterqueren – rechts befindet sich das Gasometer ~ anschließend links und durch die Unterführung ~ rechts in die Straße **Am Grafenbusch**.

Oberhausen-Neue Mitte s. S. 74

Eine Linkskurve fahren ~ bei der nächsten Linkskurve rechts in den Radweg ~ auf der Brücke den Rhein-Herne-Kanal überqueren ~ anschließend die Straßenseite wechseln und links zum Radweg ~ entlang des Kanals bis zum Stadion Niederrhein ~ dort rechts und bis zur Kreuzung mit der Vorfahrtsstraße ~ links abbiegen und unter der Bahn hindurch ~ noch vor der nächsten Unterführung rechts in den Radweg ~ dieser führt parallel zu den Gleisen weiter ~ die Autobahn unterqueren und anschließend rechts ~ mit einer Linkskurve zur Emscher und entlang dieser weiter.

Oberhausen-Buschhausen

Es geht an Buschhausen vorüber ~ in Höhe der kleinen Brücke links abbiegen ~ nach der

Linkskurve an der **Beeckstraße** rechts ⇝ an der T-Kreuzung wieder rechts.

Oberhausen-Biefang

Die **Dienststraße** führt unter der Autobahn hindurch ⇝ an der nächsten Kreuzung rechts abbiegen ⇝ am Ende der Straße links weiter ⇝ nun radeln Sie wieder parallel zur Emscher ⇝ mit einem Linksbogen zur Kreuzung, dort rechts.

Oberhausen-Holten

Noch vor der Brücke links und entlang des Flusses weiter ⇝ nach den Sportplätzen rechts über die Brücke ⇝ vor bis zur Vorfahrtsstraße und dort links abbiegen ⇝ rechts in die **Brusbachstraße** ⇝ weiter bis zur Landesstraße **L 4** ⇝ dort rechts und gleich darauf links ⇝ Bahngleise überqueren ⇝ an der nächsten Vorfahrtsstraße links ⇝ rechts in den Forstweg und durch die Hühnerheide ⇝ an der T-Kreuzung links ⇝ geradeaus in die **Kurt-Schumacher-Straße** ⇝ bald darauf links gemäß der Ausschilderung ⇝ geradeaus in einen unbefestigten Weg ⇝ anschließend rechts halten ⇝ den Schildern nach links folgen ⇝ eine Rechtskurve fahren ⇝ geradeaus weiter ⇝ nach einem Links-/Rechts-

Oberhausen-Neue Mitte, Gasometer

schwenk wieder eine Rechtskurve fahren ⇝ an der **Kurt-Schumacher-Straße** links ⇝ rechts in die **Taubenstraße** ⇝ an der nächsten Straße wieder rechts.

Dinslaken-Hiesfeld s. S. 136

Bei der Rechtskurve links abbiegen ⇝ gleich darauf wieder rechts ⇝ an der Vorfahrtsstraße links ⇝ rechts in den unbefestigten Radweg ⇝ im Anschluss rechts und an den Tennisplätzen vorbei ⇝ bei der Reithalle links zum Rotbachsee ⇝ dort wieder links und entlang des Rotbachs weiter ⇝ im weiteren Verlauf auf die Straße **Im Freibad** wechseln ⇝ anschließend wieder parallel zum Rotbach radeln ⇝ diesen dann überqueren und an der Straße links ⇝ an der **Ziegelstraße** wieder links ⇝ geradeaus weiter und vor dem Rotbach rechts in den Radweg ⇝ diesen im Anschluss zwei Mal überqueren ⇝ links zur Straße ⇝ an der T-Kreuzung rechts ⇝ an der Vorfahrtsstraße links abbiegen ⇝ die Bahn unterqueren ⇝ anschließend links in die **Karlstraße** ⇝ an der **Thyssenstraße** wieder links ⇝ gemäß der Ausschilderung rechts abbiegen ⇝ die nächsten Kreuzung geradeaus überqueren ⇝ rechts in den Radweg ⇝ an der Vorfahrtsstraße geradeaus ⇝ am Ende der Straße rechts ⇝ gleich wieder links in die **Bachstraße** ⇝ an der Kreuzung mit der **Wiesenstraße** links ⇝ mit einer Linkskurve in die **Duisburger Straße** ⇝ rechts in den Radweg ⇝ an der **Marktstraße** links ⇝ gleich darauf rechts ⇝ dem Rechtsbogen der **Kreuzstraße** folgen ⇝ die **Althoffstraße** führt im Anschluss bis zu einem Kreisverkehr ⇝ dort links in die **Schillerstraße** ⇝ an der Kreuzung mit der **Bismarckstraße** rechts und geradeaus vor bis zum **Bahnhofsplatz**.

Dinslaken s. S. 127

Tagestouren im Ruhrgebiet

Dieser Abschnitt beinhaltet sechs Rundtouren, die sich gut als Tagestouren eignen. Sie verlaufen in der Nähe der Städte Essen, Gelsenkirchen, Recklinghausen, Haltern am See, Castrop-Rauxel sowie Dortmund und bieten dadurch Abwechslung pur. (Industrie-)Kulturelle Highlights dieser Touren sind unter anderem das Welterbe Zeche Zollverein in Essen, der Nordsternpark Gelsenkirchen, das LWL-Römermuseum in Haltern am See sowie die Museen in Recklinghausen, wie zum Beispiel das Museum Strom und Leben im denkmalgeschützten Umspannwerk.

Tour 13 Rundtour bei Essen (21 km)

Diese Rundtour startet im Stadtteil Altenessen. Über Vogelheim radeln Sie bis zur Emscher, anschließend geht es entlang des Rhein-Herne-Kanals weiter. Der letzte Abschnitt führt Sie durch Katernberg, wo Sie dem Welterbe Zeche Zollverein einen Besuch abstatten sollten. Die Zeche und die benachbarte Kokerei Zollverein wurden 2001 zum Weltkulturerbe der UNESCO erklärt und gelten als Industriekulturhighlights des Ruhrgebiets. Auch die Museen in Katernberg sind eine Unterbrechung der Radtour wert.

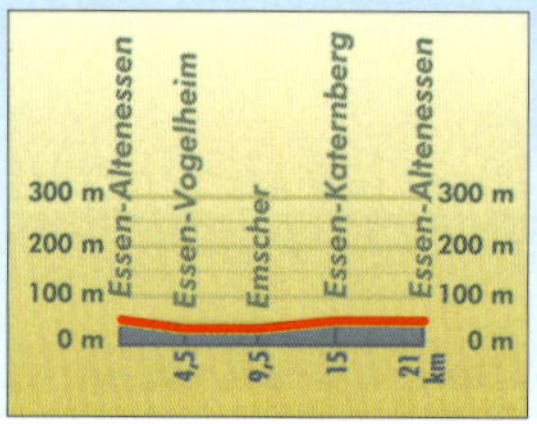

Charakteristik

Länge: 21 km

Start & Ziel: Essen-Altenessen

Wegbeschaffenheit: Die Route verläuft auf asphaltierten und unbefestigten Radwegen und verkehrsarmen Straßen.

Verkehr: Durch die Routenführung auf Radwegen und ruhigen Straßen wurde versucht, eine Verkehrsbelästigung für die Radfahrer zu vermeiden. Vorsicht sollte vor allem beim Überqueren verkehrsreicher Straßen geboten sein.

Beschilderung: Für diese Tour gibt es keine einheitliche oder durchgehende Ausschilderung.

Steigungen: Die Strecke verläuft nahezu steigungsfrei.

Anschlusstour: 2

Essen-Altenessen s. S. 99

Sie starten die Tour wahlweise beim Bahnhof Essen-Altenessen bzw. bei der U-Bahn-Station „Essen-Altenessen Bahnhof" ⇝ über die **Altenessener Straße** bis zur Kreuzung mit der **Bäuminghausstraße** ⇝ dort rechts ⇝ an der U-Bahn-Station „Bäuminghausstraße" vorbei ⇝ geradeaus in die Einbahnstraße ⇝ an der Vorfahrtsstraße geradeaus weiter in die Fahrradstraße ⇝ geradeaus in die Sackgasse ⇝ anschließend in den Radweg ⇝ dem Wegeverlauf bis zur Hövelstraße folgen ⇝ geradeaus in die **Hülsenbruchstraße** ⇝ Bahngleise überqueren ⇝ rechts in den **Wieselweg** ⇝ der Linkskurve folgen ⇝ an der T-Kreuzung rechts ⇝ bald darauf nach links hin Gleise überqueren ⇝ geradeaus in den Radweg und die Berne überqueren ⇝ an der **Walkmühlenstraße** links ⇝ an der folgenden Kreuzung wieder links.

AUSFLUG: Wenn Sie einen Abstecher zum Georg-Melches-Stadion unternehmen möchten, biegen Sie an der nächsten Kreuzung links ab.

An der folgenden Kreuzung rechts ~ gleich wieder links ~ vor den Gleisen rechts ~ in einem Rechtsbogen wieder zur **Hafenstraße** ~ dort links abbiegen ~ rechts in die **Wildstraße** ~ nach der Kreuzung mit der Kleinstraße links ~ anschließend links in den Radweg und rechts weiter ~ an der Gabelung wieder rechts ~ geradeaus weiter ~ an der Kreuzung geradeaus und einen Linksbogen fahren ~ an der Asphaltstraße rechts ~ an der T-Kreuzung links.

Essen-Vogelheim

An der **Hafenstraße** rechts ~ unter der Autobahn hindurch ~ die Brücke überqueren ~ an der T-Kreuzung links und unter der Bahn hindurch ~ gleich nach der Unterführung rechts in den Radweg ~ die Emscher überqueren ~ anschließend rechts weiter ~ enlang der Emscher fahren Sie an der Emscher-Kläranlage vorbei ~ nach einer Linkskurve zur Brücke ~ diese überqueren und rechts weiter ~ bei der **Gladbecker Straße** rechts über die Brücke ~ anschließend wieder rechts halten ~ links und die Gladbecker Straße unterqueren ~ nach der Unterführung rechts in den Radweg ~ den Rhein-Herne-Kanal überqueren ~ links entlang des Kanals weiterradeln ~ unter der Brücke hindurch ~ parallel zum Fluss weiter.

AUSFLUG
Bei der Fußgänger- und Radfahrerbrücke können Sie auf die andere Flussseite wechseln und so einen Abstecher zur Emscherinsel machen.

Kurz vor der Brücke für Radfahrer und Fußgänger rechts halten ~ entlang der Gleise geradeaus weiter ~ an der Gabelung links halten ~ nach einer Rechtskurve parallel zum Schwarzbach weiter ~ an der **Tiefbachstraße** links abbiegen ~ die Autobahn unter-

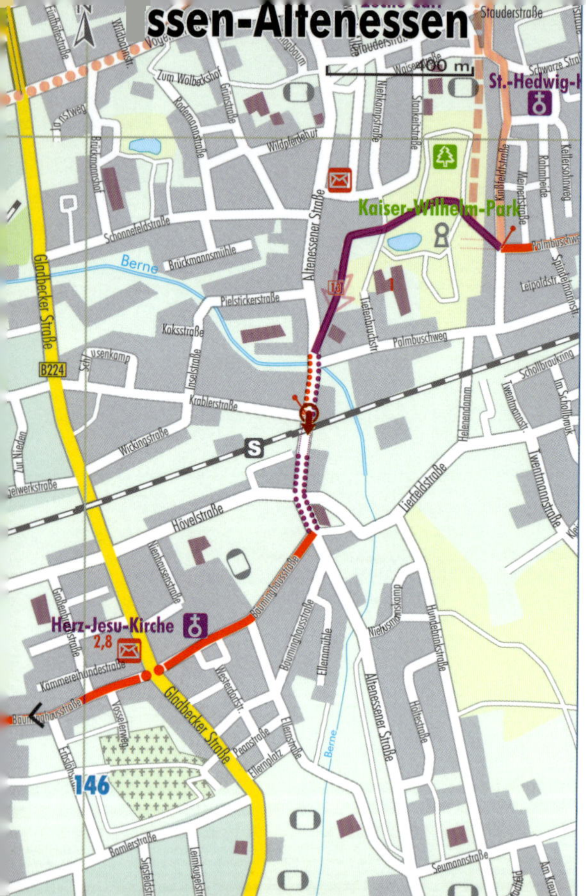

queren ~ anschließend rechts in den Radweg ~ geradeaus vor bis zur Kreuzung mit der Heßlerstraße ~ geradeaus in den **Imkerweg** ~ auf dem Radweg zuerst Gleise überqueren und dann durch die Unterführung ~ die Straße **Bolsterbaum** führt bis zur Kreuzung mit der Zollvereinstraße ~ dort geradeaus und anschließend in die Sackgasse ~ nach der Kirche links ~ an der nächsten Straße rechts abbiegen ~ an der T-Kreuzung links.

Essen-Katernberg s. S. 98

Bei der Kreuzung mit der **Hegestraße** rechts ~ der Radweg entfernt sich dann von der Straße ~ bei der Gabelung rechts halten ~ an der **Theobaldstraße** links ~ an der T-Kreuzung schräg rechts in den Radweg ~ durch die Unterführung ~ an der **Haldenstraße** links abbiegen ~ im spitzen Winkel rechts in die Straße **Bullmannaue** ~ eine Linkskurve fahren ~ rechts abbiegen und Bahngleise überqueren ~ anschließend gleich wieder rechts.

Essen-Katernberg, Besuchereingang Zeche Zollverein

AUSFLUG Wenn Sie nach den Gleisen geradeaus weiterradeln und beim Parkplatz einen Links-/Rechtsschwenk fahren, gelangen Sie zum Weltkulturerbe Zeche Zollverein.

Auf dem Radweg entlang der Gleise weiter ~ über die Brücke und dann gleich links halten ~ Sie fahren nun an der ehemaligen Kokerei Zollverein vorbei ~ danach rechts in den Radweg ~ vor den Gleisen links weiter ~ über die Brücke und somit über die Bahngleise ~ die Köln-Mindener-Straße überqueren ~ nun auf der **Josef-Hoeren-Straße** weiter ~ an der nächsten Straße links und geradeaus in den Radweg ~ die Vorfahrtsstraße geradeaus

Essen-Katernberg, Zeche Zollverein

überqueren → anschließend in den Kaiser-Wilhelm-Park → geradeaus bis zur Gabelung, dort links halten → eine Linkskurve fahren → geradeaus weiter bis zur T-Kreuzung und links → auf dem Radweg bis zur **Altenessener Straße** → dort links abbiegen → über die Brücke → anschließend durch die Unterführung → zur Rechten befindet sich der Bahnhof, zur Linken die U-Bahn-Station.

Essen-Altenessen s. S. 99

Tour 14 Rundtour Gelsenkirchen (17 km)

Auf dieser Tour lernen Sie die Stadt Gelsenkirchen von all ihren Seiten kennen. Sie radeln durch verschiedene Stadtteile wie Beckhausen oder Schalke. Fußballfans kommen hier bei einem Besuch der Veltins-Arena und dem dazugehörigen Schalke-Museum voll auf ihre Kosten. Im letzten Abschnitt der Tour erwartet Sie der Nordsternpark zwischen den Stadtteilen Horst und Heßler. Dieser ist ein weitläufiger Landschaftspark mit zahlreichen Attraktionen, die Sie überraschen und vor allem begeistern werden.

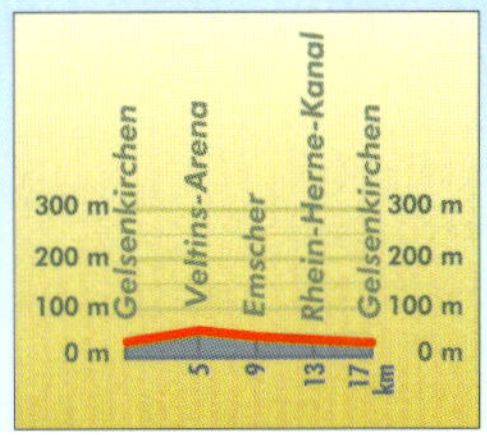

Charakteristik

Länge: 17 km
Start & Ziel: Gelsenkirchen
Wegbeschaffenheit: Die Route verläuft auf asphaltierten sowie unbefestigten Radwegen und zum Großteil ruhigen Straßen.
Verkehr: Mit mehr Verkehr ist im Stadtgebiet, vor allem rund um den Start- und Zielpunkt bei der U-Bahn-Station „Schloss Horst" zu rechnen.
Beschilderung: Für diese Tour gibt es keine einheitliche oder durchgehende Ausschilderung.
Steigungen: Die Strecke verläuft nahezu steigungsfrei.
Anschlusstour: 2

Gelsenkirchen

PLZ: 45801-45899; Vorwahl: 0209

- **Stadtmarketing Gesellschaft Gelsenkirchen mbH**, Bahnhofsvorpl. 1, ✆ 951970, www.gelsenkirchen.de
- **Kunstmuseum**, Horster Str. 5-7, 45897 Gelsenkirchen-Buer, ✆ 1694361, ÖZ: Di-So 11-18 Uhr. Themen: klassische Moderne, Konstruktivismus, zeitgenössische Kunst u. a. sowie Wechselausstellungen
- **Bleckkirche**, Bleckstraße, ✆ 595984, ÖZ: März-Okt., Sa, So 11-17 Uhr. Die älteste Kirche Gelsenkirchens wurde 1735 erbaut. Im Inneren befindet sich ein Renaissancealtar aus dem Jahre 1574.
- **Schloss Horst**, Turfstr. 21, ✆ 1696162. Das Schloss wurde von 1554 und 1572 errichtet und gilt als bedeutendstes Renaissance-Schloss in Nord-Westdeutschland. Heute finden im Schloss zahlreiche kulturelle Veranstaltungen wie Konzerte oder Lesungen statt.
- **Musiktheater im Revier** (MiR), Kennedyplatz, ✆ 4097200 (Theaterkasse). Auf zwei Bühnen werden u. a. Opern, Operetten, Musicals sowie Kinder- und Jugendtheaterstücke aufgeführt.
- **Nordsternpark**, Infos beim Stadtmarketing. Auf dem Gelände der ehem. Zeche Nordstern zwischen den Stadtteilen Horst und Heßler wurde 1997 der weitläufige Landschaftspark angelegt. Die Besucher erwarten zahlreiche Attraktionen wie die weltweit drittgrößte Modelleisenbahnanlage („Der Deutschlandexpress"), künstl. Kletterfelsen, außergewöhnliche Hängebrücken sowie ein Amphitheater.

Gelsenkirchen-Erle, Veltins-Arena

- **Veltins-Arena**, 45891 Gelsenkirchen-Erle, ✆ 01805/150810 (€ 0,12/Min.). Das Stadion gilt als eines der modernsten weltweit und dient auch als Veranstaltungsort für Konzerte. Das **Schalke-Museum** (Ernst-Kuzorra-Weg 1, ✆ 36180, ÖZ: Di-Fr 10-19 Uhr, Sa, So 10-17 Uhr) widmet sich der Geschichte des Kultvereins FC Schalke 04.
- **Hans-Sachs-Haus** (1924-1927), Vattmannstraße/Ecke Ebertstraße. Das Haus gilt als eines der Wahrzeichen der Stadt, es zählt außerdem zu den bedeutendsten Bauwerken der Moderne im Ruhrgebiet. Im Inneren befindet sich ein Konzertsaal mit der größten Konzertsaalorgel Deutschlands.
- **ZOOM Erlebniswelt**, Bleckstr. 64, ✆ 95450, ÖZ: März, Okt., 9-18 Uhr, April-Sept., 9-18.30 Uhr, Nov.-Feb., 9-17 Uhr. Auf ca. 31 ha können etwa 500 Tiere beobachtet werden.

Obwohl Gelsenkirchen erstmalig um 1150 urkundlich erwähnt wurde, ist die heutige Stadt nach der Entdeckung von Kohlevorkommen Mitte des 19. Jahrhunderts ein Produkt der Industrialisierung. Die Stadt, die aus den zwei Dörfern und jetzigen Stadtteilen Gelsenkirchen und Buer sowie den umliegenden Gemeinden entstand, erhielt ihr Stadtrecht 1875 durch Wilhelm I., König von Preußen. Aus einem relativ dünn besiedelten Landstrich wurde sehr schnell die jetzige Industriegroßstadt. Gelsenkirchen trägt nicht zuletzt durch die Tatsache, bedeutendste Kohlestadt Europas gewesen zu sein, den Beinamen „Stadt der tausend Feuer". An die Zeit vor der Industrialisierung erinnern heute nur noch wenige Bauten, unter anderem Schloss Horst, Schloss Berge und die Burg Lüttinghof. Heute ist Gelsenkirchen vor allem bekannt als Heimat des Fußballklubs Schalke 04, einer der traditionsreichsten Fußballvereine Deutschlands.

Sie starten bei der U-Bahn-Station „Schloss Horst" ~ auf der **Turfstraße** am Schloss Horst vobei ~ nach dem Schloss rechts in den unbefestigten Radweg ~ an der Kreuzung links weiter ~ an der Gabelung links halten ~ an der Vorfahrtsstraße geradeaus in die Straße **An der Friedweide** ⇝ links in die **Ekertstraße** ⇝ rechts über die Brücke ⇝ anschließend links weiter ⇝ den Kärntener Ring geradeaus überqueren ⇝ an der T-Kreuzung rechts in die **Rosenstraße** ⇝ geradeaus in die Sackgasse ⇝ der Radweg führt zunächst zur **Querstraße** ⇝ an der **Horster Straße** links ⇝ Bahngleise überqueren ⇝ rechts in die **Flurstraße**.

Gelsenkirchen-Beckhausen

Dem Straßenverlauf folgen ⇝ bei der Rechtskurve links in Richtung Friedhof in die **Ekhofstraße**, einen Anliegerweg ⇝ Beckhausen verlassen und bis zur T-Kreuzung mit der Vorfahrtsstraße weiterfahren ⇝ dort rechts abbiegen ⇝ unter drei Brücken hindurch ⇝ im Linksbogen rechts abbiegen und an den Parkplätzen vorbei ⇝ anschließend am Parkstadion vorbeiradeln ⇝ unter der Brücke hindurch ⇝ an der Kreuzung rechts abbiegen ⇝ an der Veltins-Arena vorbei und über die Brücke ⇝ anschließend rechts weiter auf der **Theodor-Otte-Straße** ⇝ an der Vorfahrtsstraße geradeaus weiter ⇝ dem Straßenverlauf weiterhin folgen ⇝ kurz vor der Unterführung rechts ⇝ vor der nächsten Unterführung führt

Gelsenkirchen-Horst, Zeche Nordstern

der Radweg links hinauf ⇝ unter der Brücke hindurch ⇝ entlang der Emscher bis zur Adenauerallee ⇝ dort rechts über die Brücke ⇝ vor dem Überqueren des Rhein-Herne-Kanals sehen Sie zur Linken den Gasbehälter „Der Ball" ⇝ geradeaus weiter in den Stadtteil Schalke-Nord ⇝ Bahngleise überqueren.

Gelsenkirchen-Schalke-Nord

Vor der Unterführung rechts in die **Caubstraße** ⇝ an der Vorfahrtsstraße, der **Kurt-Schumacher-Straße**, links und durch die Unterführung ⇝ anschließend gleich wieder rechts ⇝ die Autobahn nach rechts hin unterqueren ⇝ unter der Eisenbahnbrücke durch

⇝ dem Verlauf der **Hafenstraße** durch das Gewerbegebiet folgen ⇝ an der Uferstraße geradeaus ⇝ Bahngleise überqueren ⇝ vor bis zum Rhein-Herne-Kanal ⇝ dort nach links wenden und auf dem unbefestigten Radweg entlang des Kanals weiterradeln ⇝ unter der Eisenbahn- und der Straßenbrücke durch ⇝ an der Gabelung links halten und vom Kanal weg ⇝ vor bis zur T-Kreuzung und rechts ⇝ geradeaus über die Brücke und somit über den Rhein-Herne-Kanal ⇝ geradeaus bis zur nächsten Brücke über die Emscher ⇝ nach Überqueren des Flusses schräg rechts ⇝ zur Rechten liegt der Nordsternpark ⇝ geradeaus vor bis zur T-Kreuzung im Gewerbepark Nordstern ⇝ dort links ⇝ an der nächsten Kreuzung rechts und unter der Bahn hindurch ⇝ beim Kreisverkehr geradeaus, also die zweite Ausfahrt nehmen ⇝ auf der **Strundenstraße** bis zur Kreuzung mit der Straße **An der Rennbahn** ⇝ links abbiegen ⇝ weiter bis zur nächsten Kreuzung ⇝ links befindet sich die U-Bahn-Station „Schloss Horst".

Gelsenkirchen s. S. 148

Tour 15 Rundtour Recklinghausen (32 km)

Die Rundtour startet in Recklinghausen, wo Sie den zahlreichen Museen sowie der Westfälischen Volkssternwarte einen Besuch abstatten sollten. Über Herten geht es weiter in den Stadtteil Westerholt, dort radeln Sie durch das Alte Dorf, das einen malerischen Ortskern besitzt. Auf ruhigen Straßen und Radwegen führt die Route nach Marl und anschließend zurück nach Recklinghausen.

Charakteristik

Länge: 32 km

Start & Ziel: Recklinghausen

Wegbeschaffenheit: Die Route verläuft zum Großteil auf befestigten bzw. asphaltierten Radwegen und Straßen.

Verkehr: Mit Verkehr ist nur in und um Recklinghausen zu rechnen.

Beschilderung: Für diese Tour gibt es keine einheitliche oder durchgehende Ausschilderung.

Steigungen: Die Strecke verläuft nahezu steigungsfrei.

Anschlusstour: 4

Recklinghausen, Rathaus

Recklinghausen

PLZ: 45601-45665; Vorwahl: 02361

- **Stadtverwaltung**, Rathauspl. 3/4, ✆ 500, www.recklinghausen.de
- **Ikonen-Museum**, Kirchpl. 2A, ✆ 501941, ÖZ: Di-So/Fei 11-18 Uhr. Die Sammlung in diesem Museum gilt als wichtigste ostkirchlicher Kunst außerhalb der orthodoxen Länder.
- **Museum Strom und Leben**, Uferstr. 2-4, ✆ 3822-16/-17, ÖZ: Di-So 10-17 Uhr. Im denkmalgeschützten Umspannwerk Recklinghausen wird den Besuchern die Geschichte der Elektrizität erläutert.
- **Vestisches Museum**, Hohenzollernstr. 12, ✆ 501946, ÖZ: Fr-So/Fei 11-18 Uhr. Themen: christl. Kunst, Stadtgeschichte sowie naive Kunst
- **Kunsthalle**, Große-Perdekamp-Str. 25-27, ✆ 501935, ÖZ: Di-So/Fei 11-18 Uhr. Zu sehen sind die städt. Kunstsammlung sowie Wechselausstellungen mit Kunst seit 1945.

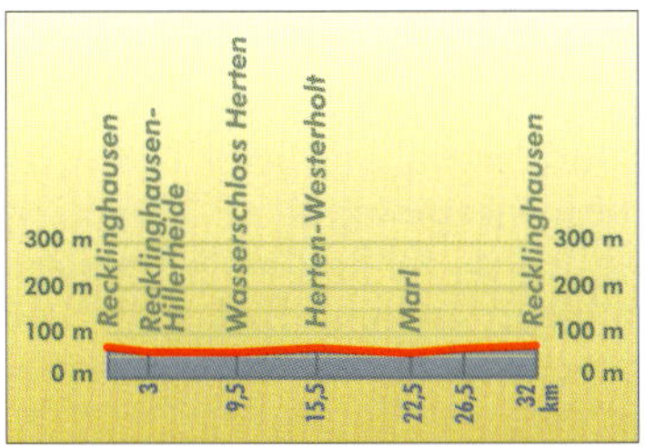

- **St. Peter**, Kirchplatz. Die kath. Propsteikirche wurde durch den Erzbischof von Köln gegründet und gilt als eine der schönsten westfälischen Hallenkirchen.
- **Theater Gegendruck**, König-Ludwig-Str. 111, ✆ 374773, Repertoire-Schwerpunkt: zeitgenössische politisch brisante Stücke
- **Ruhrfestspiele**, Ruhrfestspielhaus, Otto-Burrmeister-Allee 1, ✆ 9180 u. ✆ 92180 (Kartenstelle, Martinistr. 28). Das renommierte Theaterfestival bietet internationale Kultur. Es findet jährlich im Mai u. Juni statt.
- **Westfälische Volkssternwarte und Planetarium**, Stadtgarten 6, ✆ 23134. Neben öffentl. Fernrohrbeobachtungen werden zahlreiche Sonderveranstaltungen wie z. B. Vorträge angeboten.
- **Naturfreibad Suderwich**, Am Freibad 20, ✆ 81000
- **Freibad Mollbeck**, Nesselrodestr. 8, ✆ 923830
- **Radsport Hiltrop**, Kaiserwall 14, ✆ 23406

1017 erstmals als „Ricoldinchuson" erwähnt und wahrscheinlich karolingischen Ursprungs, erhielt Recklinghausen 1236 durch Erzbischof Heinrich von Müllenark die Stadtrechte. Wohlstand erfuhr die Stadt durch die Hansemitgliedschaft, welche von 1316 bis 1618 andauerte. Recklinghausen beherbergte seit Beginn des 18. Jahrhunderts mit der Engelsburg den dauerhaften Amtssitz der kurkölnischen Statthalter.

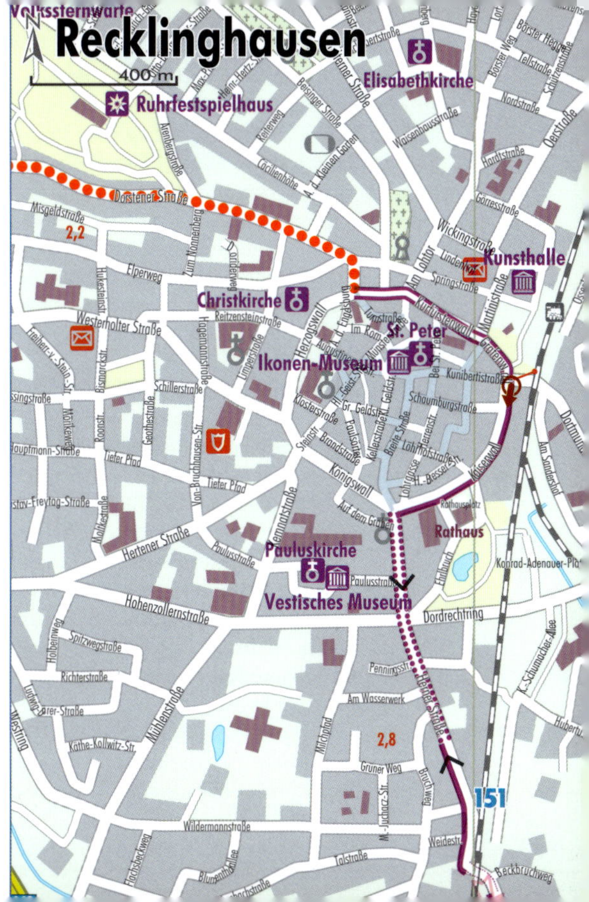

Von der 1296 zerstörten und wiederaufgebauten ringförmigen Stadtbefestigung sind heute noch ein ca. 200 Meter langes Stück der Mauer am Herzogswall sowie zwei Türme erhalten.

Ausgehend vom Hauptbahnhof links in den Radweg ⇝ dieser führt zum **Kaiserwall** ⇝ auf dem Radweg entlang der Straße weiter ⇝ links in die **Herner Straße** ⇝ durch die Bahnunterführung ⇝ anschließend rechts weiter ⇝ wieder unter der Bahn hindurch ⇝ rechts in den **Hohenhorster Weg**.

Recklinghausen-Hillerheide

Ein drittes Mal die Bahn unterqueren ⇝ beim Kreisverkehr geradeaus in den Anliegerweg ⇝ an der T-Kreuzung links ⇝ an der nächsten Kreuzung rechts abbiegen ⇝ die Autobahn überqueren ⇝ an der Vorfahrtsstraße geradeaus in die **Franziskanerstraße** ⇝ an der Kreuzung mit der Katzenbuschstraße geradeaus in den unbefestigten Radweg ⇝ dieser führt zur **Nimrodstraße**, dort links ⇝ die Vorfahrtsstraße geradeaus überqueren ⇝ an der T-Kreuzung links abbiegen.

Herten s. S. 82

Rechts in die Straße **Fockenkamp** ⇝ an der T-Kreuzung rechts ⇝ links in die Sackgasse

Wasserschloss Herten

⇝ geradeaus in den unbefestigten Radweg ⇝ bei der Kreuzung links und am Wasserschloss Herten vorbei ⇝ an der Gabelung links ⇝ zur Rechten liegen zwei Fischteiche ⇝ an der T-Kreuzung rechts ⇝ über eine Brücke und geradeaus weiter ⇝ an der nächsten Möglichkeit rechts ⇝ auf dem Radweg bis zum **Resser Weg** und links ⇝ gleich wieder rechts in den **Resser Grenzweg** ⇝ der Rechtskurve folgen ⇝ an der nächsten Kreuzung rechts ⇝ über eine Brücke ⇝ an der nächsten Straße links ⇝ eine Linkskurve fahren ⇝ geradeaus weiter bis zur Kreuzung mit der **Böningstraße** und rechts ⇝ gleich darauf links in die **Trogemannstraße** ⇝ an der Ampelkreuzung rechts ⇝ auf dem Radweg nach Westerholt ⇝ über eine Brücke ⇝ anschließend links ⇝ am Schloss vorbei ⇝ nach Ende des Radweges rechts ⇝ links in die **Kuhstraße**.

Herten-Westerholt

Schloss Westerholt. Das klassizistische Wasserschloss aus dem 19. Jh. geht auf eine Wehranlage des 12. Jhs. zurück.

Altes Dorf Westerholt, malerischer Ortskern mit 58 z. T. denkmalgeschützten Fachwerkhäusern

Dem Straßenverlauf der Kuhstraße folgen ⇝ mit einer Rechtskurve in die Straße **Zum Bahnhof** ⇝ beim Kreisverkehr links und durch die Unterführung ⇝ links in die **Geschwisterstraße** ⇝ rechts abbiegen, diese Straße heißt auch Geschwisterstraße ⇝ an der Vorfahrtsstraße schräg rechts ⇝ der Linkskurve folgen ⇝ an der Wallstraße geradeaus ⇝ dem Straßenverlauf weiterhin folgen ⇝ unter der Bahn hindurch ⇝ an der nächsten Möglichkeit rechts in den Landwirtschaftsweg ⇝ die beiden Vorfahrtsstraße geradeaus überqueren ⇝ auf dem Anliegerweg bis zur T-Kreuzung ⇝ dort links ⇝ nach der Rechtskurve in einem Linksbogen bis zur Landesstraße **L 798** ⇝ an dieser rechts und auf dem straßenbegleitenden Radweg bis Marl.

Marl s. S. 27

Marl auf dem Radweg durchfahren ~ nach Ortsende die nächsten 3 km auf dem straßenbegleitenden Radweg fahren ~ die Autobahn unterqueren ~ anschließend über die Straßenbrücke ~ in Recklinghausen schließlich auf der **Dorstener Straße** weiter ~ mit einer Rechtskurve zur Kreuzung mit dem **Herzogswall** ~ dort links abbiegen ~ im weiteren Verlauf entlang des **Kurfürstenwalls** radeln ~ dieser geht dann über in den **Grafenwall** ~ an der Kreuzung mit der Kunibertstraße führt der Radweg im spitzen Winkel links zum Bahnhof.

Recklinghausen s. S. 151

Tour 16 Rundtour Haltern am See (35 km)

Die Tour startet in Haltern und führt zunächst am Stausee entlang. Anschließend radeln Sie am Wesel-Datteln-Kanal bis Ahsen und im weiteren Verlauf durch die Haard. Diese bewaldete Hügellandschaft ist Teil des Naturparks Hohe Mark. Schließlich kommen Sie nach Haltern zurück, wo das LWL-Römermuseum einen Besuch wert ist. Auch der Stausee lockt mit zahlreichen Freizeit- und Sportmöglichkeiten.

Charakteristik

Länge: 35 km
Start & Ziel: Haltern am See
Wegbeschaffenheit: Die Route verläuft zum Großteil auf unbefestigten sowie asphaltierten Radwegen.
Verkehr: Mit etwas Verkehr ist nur in Haltern am See zu rechnen.
Beschilderung: Für diese Tour gibt es keine einheitliche Ausschilderung.
Steigungen: Nur im Waldgebiet der Haard kommen ein paar Steigungen vor.
Anschlusstour: 1

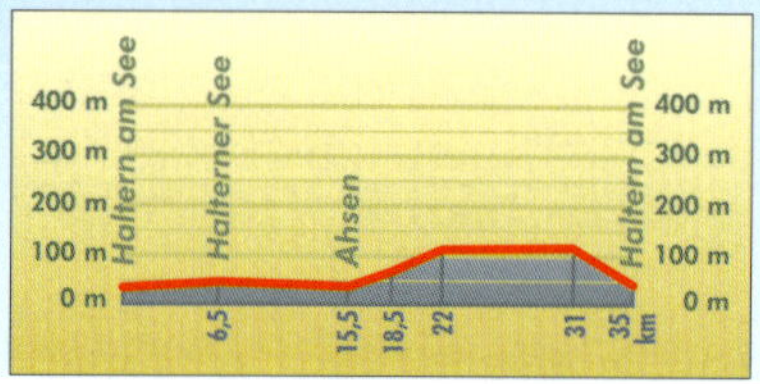

Haltern am See

PLZ: 45721; Vorwahl: 02364

- **Stadtagentur**, Altes Rathaus, Am Markt 1, ✆ 933-365/-366, www.haltern.de
- **LWL-Römermuseum**, Weseler Str. 100, ✆ 93760, ÖZ: Di-Fr 9-17 Uhr, Sa, So 10-18 Uhr. Das Museum beschäftigt sich mit der römischen Geschichte in Westfalen und präsentiert bedeutsame Fundstücke aus den umliegenden Römerlagern.
- **St. Sixtuskirche** (1874-1877), Marktplatz. Im Inneren der Hauptkirche von Haltern befinden sich ein sehenswertes gotisches Astkreuz sowie ein Antwerpener Schnitzaltar.
- **St. Anna**. Die Wallfahrtskapelle und Pilgerkirche befindet sich südwestlich von Haltern. Die Kapelle wurde bereits 1378 urkundlich erwähnt, Mitte des 16. Jhs. nahmen die ersten Wallfahrten ihren Anfang.
- **Schloss Sythen**, Sythen. Von der erstmals 758 erwähnten Burg sind heute das Torhaus und die ehem. Kapelle erhalten.
- **Siebenteufelsturm** (1502), Kärntner Platz. Der Rundturm stellt den letzten Rest der im 18. u. 19. Jh. abgetragenen Stadtbefestigung dar.
- **Altes Rathaus** (1575-1577), gotischer Bau mit Renaissance-Giebeln und Bogengang

Am Halterner Stausee

Stausee. Angebot von Schiffsrundfahrten auf dem Stausee sowie zahlreiche Freizeit- u. Sportmöglichkeiten.

Marwitz, Lippstr. 14, ✆ 2538

Nowo's Fahrradladen, Lippmauer 1, ✆ 7625

Radstation Haltern am See, Roost-Warendin-Pl. 3, ✆ 9302213

Die Geschichte von Haltern am See reicht bis zur Römerzeit zurück: Die umliegende Gegend wurde während der Germanienfeldzüge unter Kaiser Augustus zu einem militärischen Stützpunkt. Der münstersche Bischof verlieh Haltern aufgrund seiner strategischen Lage am Lippeübergang das Stadtrecht, woraufhin die Stadt mit Wehranlagen befestigt wurde. Von den ursprünglichen Mauern, Wehrtürmen und Stadttoren ist heute nur noch der Siebenteufelsturm (1502) erhalten. Während der Zugehörigkeit zum Westfälischen Hansebund (1554-1611) hielt der Wohlstand in Haltern Einzug.

Wasser ist ein wesentliches Strukturelement der Stadt, 1930 wurde der Halterner Stausee fertiggestellt. Darüber hinaus ist Haltern ein bekannter Wallfahrtsort. Das aus dem 14. Jahrhundert stammende „Halterner Kreuz“, ein Passionskreuz in der Pfarrkirche St. Sixtus, wird besonders verehrt.

Ausgehend vom Bahnhof rechts in die **Bahnhofstraße** ⁓ an der nächsten Straße rechts ⁓ durch die Unterführung ⁓ links halten ⁓ weiter bis zur Kreuzung mit dem **Friedrich-Ebert-Wall** ⁓ rechts in die **Hullerner Straße** ⁓ nach der Bahn links und auf einem unbefestigten Radweg parallel zu den Gleisen weiter ⁓ beim Bootshafen an der **Strandallee** rechts ⁓ links in den **Karl-Homann-Weg** ⁓ entlang des Halterner Stausees weiter ⁓ bis zur Kreu-

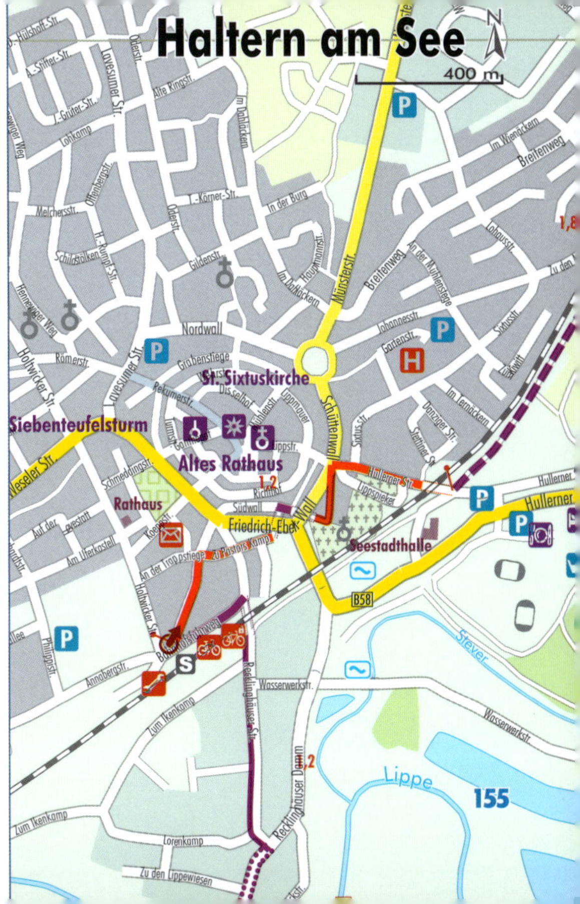

Haltern am See

zung mit der Landesstraße **L 652** ⇝ rechts abbiegen ⇝ an der Bundesstraße geradeaus ⇝ auf dem Radweg entlang der Landesstraße weiter ⇝ die Lippe überqueren ⇝ vor dem Wesel-Datteln-Kanal links ⇝ der unbefestigte Radweg führt parallel zum Kanal ⇝ an der Schleuse vorbei ⇝ anschließend die Landesstraße unterqueren ⇝ immer weiter entlang des Kanals ⇝ bei Ahsen zur Brücke hinauf.

Ahsen (Datteln)

- **Touristinformation Datteln**, Genthiner Str. 7, 45711 Datteln, ✆ 02363/359971, www.datteln.de
- **Freizeitpark Gut Eversum**, Eversumer Str. 77, Olfen, ✆ 02595/385225. Neben einem Tierpark gibt es u. a. kostenlose Grillhütten für Selbstversorger sowie eine Sommerrodelbahn und zahlreiche Attraktionen für Kinder.

Rechts über die Brücke und somit über den Wesel-Datteln-Kanal ⇝ auf dem Radweg entlang der Straße weiter ⇝ an der nächsten großen Kreuzung rechts in Richtung Jammertal ⇝ in Höhe eines Gasthauses links abbiegen ⇝ geradeaus in den unbefestigten Waldweg ⇝ nach etwa 1,2 km links halten ⇝ der Radweg führt bis zur Landesstraße, dort rechts ~ noch vor Oer-Erkenschwick rechts in einen Waldweg ~ dieser führt im Anschluss am Waldfreibad vorbei ~ daraufhin geht es am Salvador-Allende-Haus, einer Jugendbildungsstätte, vorbei ~ an der Vorfahrtsstraße rechts ~ bergauf und geradeaus in den unbefestigten Waldweg ~ an der Gabelung in der Haard, die Teil des Naturparks Hohe Mark ist, links halten ~ nach einer Linkskurve geradeaus weiter ~ links zur Kreuzung mit der **L 551** ~ rechts auf dem straßenbegleitenden Radweg in Richtung Haltern weiter ~ unter der Straßenbrücke hindurch ~ auf der **Recklinghäuser Straße** durch Bossendorf fahren.

Haltern am See

Hamm-Bossendorf (Haltern am See)

Den Wesel-Datteln-Kanal und die Lippe überqueren ~ an der Ampelkreuzung in Haltern links in die Straße **Lorenkamp** ~ gleich wieder rechts ~ durch die Bahnunterführung ~ anschließend links und über den **Bahnhofszufuhrweg** bis zum Bahnhof vor.

Haltern am See s. S. 154

Tour 17 Rundtour bei Castrop-Rauxel (24 km)

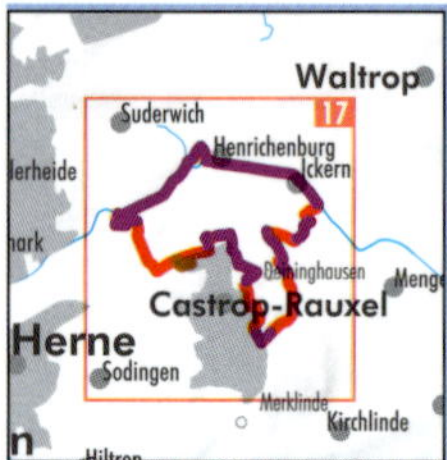

Diese Tour wurde von der Emschergenossenschaft inspiriert, die hier eine Themenroute zum Lebenselement Wasser installiert hat. An vielen Stellen stehen leicht verständliche Informationstafeln zum Thema, daher ist diese Strecke auch mit Kindern empfehlenswert. Dem Thema Wasser angepasst, führt die Strecke zuerst am Wasserschloss Bladenhorst vorbei, dann entlang der Emscher und dem Deinighausener Bach. Einziger Anstieg der Strecke ist der zum Hammerkopfturm, eine flotte Abfahrt belohnt die Anstrengung.

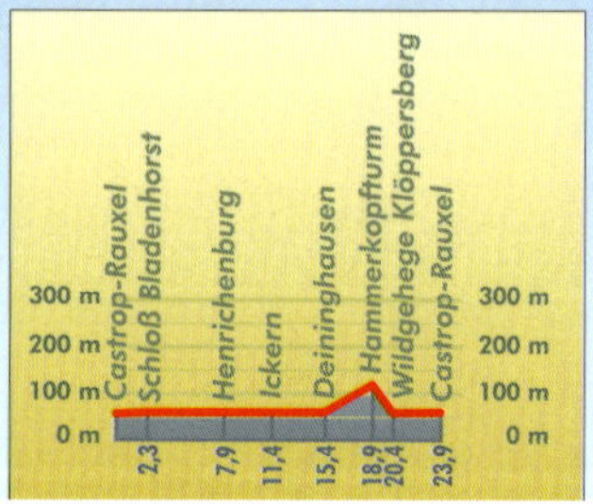

Charakteristik

Länge: 24 km
Start & Ziel: Castrop-Rauxel
Wegbeschaffenheit: Die Route verläuft auf unbefestigten Kanalwegen, Radwegen und asphaltierten Straßen.
Verkehr: Der Abschnitt vom Bahnhof bis nach Pöppinghausen ist verkehrsreicher, ansonsten ist kaum Autoverkehr vorzufinden.
Beschilderung: Es gibt keine einheitliche bzw. durchgehende Beschilderung, entlang der Emscher ist die Route als Emscher-Weg ausgeschildert.
Steigungen: 60 Höhenmeter sind zwischen der Emscher und dem Hammerkopfturm Erin zu bezwingen, ansonsten ist die Strecke flach.
Tipp: Die Emscher wird derzeit umfangreich umgebaut, daher können Umleitungen des Radweges vorkommen. Bitte halten Sie sich an die ausgeschilderte Umleitung.
Anschlusstouren: 2, 6

Castrop-Rauxel

PLZ: 44575-44581; Vorwahl: 02305

- **Stadtinformation**, Europapl. 1, ✆ 106-2215, www.castrop-rauxel.de
- **Lambertuskirche** (1512), gotisches Sakramentshäuschen erbaut aus Baumberger Sandstein.
- **Lutherkirche** (1881) in Neobacksteingotik. Das Grabdenkmal des Ritters Philipp von Viermundt aus dem Schloss Bladenhorst ist beim Eingang zu finden. Er führte in Castrop die Reformation ein.
- **Altstadtmarkt** (1912), Natursteinfassaden der umliegenden Häuser im Jugendstil.
- **Parkbad Süd** (1926), ehemaliges Freibad in schlichter Holzarchitektur, heute Veranstaltungsort und Kleinkunstbühne.

Die erste urkundliche Erwähnung erfolgte 834 als Villa Castorp. Anfang des letzten Jahrhunderts, in der Blüte des Bergbaus, wurde Castrop zur Stadt erklärt und 1926 mit den umliegenden Gemeinden zur neuen Stadt Castrop-Rauxel verbunden. Besonders stolz ist die Stadt auf den Ehrentitel Europastadt, den sie 1962 erhielt. Anlass war die 1950 erfolgte Bürgerbefragung, die eine Ausrichtung auf das vereinte Europa wünschte. Daraufhin wurden zahlreiche Städtepartnerschaften begründet, die in Unterricht, Wirtschaft, Kunst und Kultur gelebt werden.

Das heutige Castrop-Rauxel ist geprägt vom Strukturwandel nach der Epoche des Bergbaus. Ehemalige Areale der Montanindustrie erhielten eine neue Widmung, das Gelände der Zeche Erin beispielsweise wurde zu einem Dienstleistungs-, Gewerbe- und Landschaftspark umgestaltet.

Startpunkt ist der Bahnhof von Castrop-Rauxel ~ am **Bahnhofsvorplatz** rechts in die **Viktorstraße**.

AUSFLUG Es besteht die Möglichkeit, beim **Eichenweg** links zum beschaulichen Waldfriedhof abzubiegen. Da das Radfahren im Friedhof verboten ist, müssten Sie das Fahrrad schieben, der Ausgang befindet sich rechts vom Soldatenfriedhof.

An der Wegkreuzung rechts über die Gleise ~ am Schloss Bladenhorst vorbei.

Castrop-Rauxel-Bladenhorst

Schloss Bladenhorst

Schloss Bladenhorst, erstmalige Erwähnung 1266 als Ritterburg von Blarnhurst. Die Umbauarbeiten zwischen 1530-1580 gaben der Burg das heutige Aussehen im Stil der Spätrenaissance. Das Schloss ist in Privatbesitz und nicht zu besichtigen.

Über den Rhein-Herne-Kanal und leicht bergab ~ an der Kreuzung links

Idylle in Castrop-Rauxel mit Blick auf Kraftwerk Knepper

nach Pöppinghausen.

Pöppinghausen

An der Kirche vorbei ⤳ rechts in die Straße **Pöppinghauser Furt** ⤳ die Emscher überqueren ⤳ danach sofort rechts abbiegen ⤳ entlang des Flusses weiter ⤳ der Beschilderung bis zur Brücke folgen.

Castrop-Rauxel-Henrichenburg s.S. 84

Auf der **Wartburgstraße** über die Brücke des Rhein-Herne-Kanals ⤳ kurz danach über die Emscher ⤳ gleich danach links über die Straße ⤳ am Kanal entlang, ohne die Seite zu wechseln ⤳ die Henrichenburger Straße überqueren ⤳ weiter am Kanal entlang, mehrere Straßen überqueren.

Castrop-Rauxel-Ickern

Für die Rundtour so weit wie möglich am Kanal entlang ⤳ rechts in der **Heimstraße** weiter ⤳ an der **L 658** links ⤳ rechts in die **Brunostraße** einbiegen ⤳ am Brunosee vorbei ⤳ über die Bahngleise ⤳ rechts in die Straße **Im Dahl** ⤳ geradeaus bis zum Deininghauser Bach, hier links ⤳ neben dem Deininghauser Bach weiter ⤳ rechts in die **Nierholzstraße** ⤳ über eine kleine Brücke ⤳ gleich danach links in den **Nutthauser Weg** ⤳ die Straße schräg links überqueren ⤳ unter der Autobahn hindurch ⤳ an der Fuckmühle vorbei ⤳ rechts in die **Dorlohstraße** leicht bergauf.

Castrop-Rauxel-Schwerin s.S. 115

Rechts in die **Bodelschwingherstraße** ⤳ am Hammerkopfturm vorbei ⤳ nach dem Hammerkopfturm anfangs leicht aufwärts in der **Rieperbergstraße** ⤳ dem Straßenverlauf der breiteren Straße bergab folgen ⤳ am Ende der Abwärtsstrecke rechts ⤳ die **L 657** überqueren ⤳ auf einer Brücke die Autobahn überqueren ⤳ am Ende der **Grutholzstraße** rechts ⤳ gleich wieder links in die Straße **Am Wildgehege.**

Hammerkopfturm

Wildgehege Klöppersberg

Am Wildgehege und am Tümpel vorbei ⤳ an der großen Wegkreuzung der Markierung „A1" links in die breite Schotterstraße folgen ⤳ am evangelischen Krankenhaus vorbei ⤳ parallel zur Straße weiter ⤳ auf schlechtem Pfade – am besten vom Rad absteigen – links unter der Eisenbahnbrücke hindurch ⤳ kurz danach links auf die Brücke und über die Straße ⤳ geradeaus durch den Wald ⤳ auf dem **Schwarzen Weg** gelangen Sie ins verbaute Gebiet ⤳ beim Kreisverkehr die dritte Ausfahrt nehmen ⤳ auf der **Bahnhofstraße** zum Ende der Rundtour.

Castrop-Rauxel s. S. 158

Tour 18 Rundtour Dortmund (30,5 km)

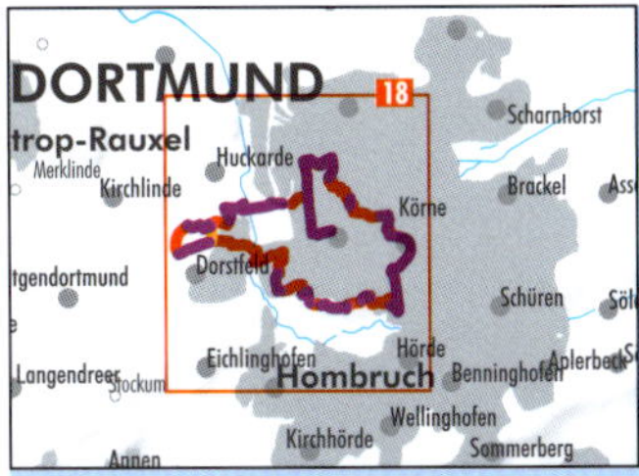

Die ausgeschilderte Route führt Sie rund um die City von Dortmund. Sie starten am Hauptbahnhof und gelangen zunächst zum Fredenbaumpark und dem Naturkundlichen Museum. Weite Teile der Tour bringen Ihnen die allgemeine Wohnsituation und den kommunalen Wohnbau der Dortmunder näher, Sie kommen aber auch am bekannten Westfalenpark und den Westfalenhallen vorbei. Über das Naturschutzgebiet Hallerey schließt sich die Rundtour.

Charakteristik

Länge: 30,5 km
Start & Ziel: Dortmund
Wegbeschaffenheit: Die Route verläuft großteils auf asphaltierten Straßen, die Abschnitte durch Parkanlagen und durch das Naturschutzgebiet sind unbefestigt.
Verkehr: Die Strecke verläuft zumeist auf städtischen Nebenstraßen.

Wegweiser Rund um die City

Beschilderung: Die beschriebene Rundtour verläuft im Uhrzeigersinn und ist mit grünem Pfeil gekennzeichnet, die Route gegen den Uhrzeigersinn ist mit einem roten Pfeil gekennzeichnet, unterscheidet sich in der Routenführung und wird hier nicht dargestellt.
Steigungen: Der südliche Abschnitt der Route ist leicht hügelig.

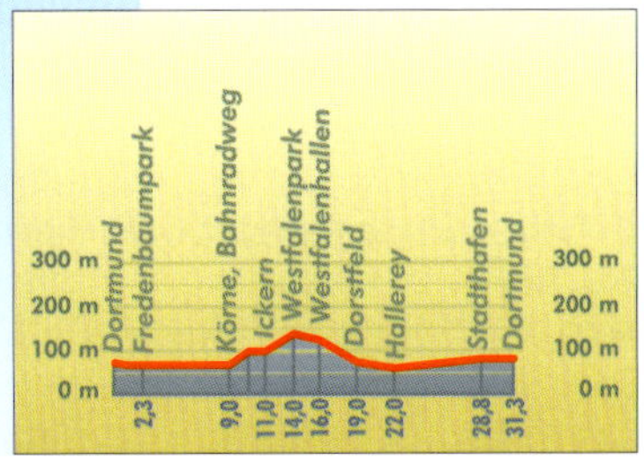

Dortmund

PLZ: 44135-44388; Vorwahl: 0231

- **DORTMUNDtourismus e.V.**, Königswall 18 a, ✆ 18999222, www.dortmund.de
- **Dortmunder U**, Brinkhoffstraße/Ecke Rheinische Straße. Das ehem. Gär- und Lagerhaus der einstigen Brauerei „Dortmunder Union" trägt seinen Namen wegen des 9 m hohen und damit weithin sichtbaren Buchstabens auf seinem Dach. Ab 2010 ist der 70 m hohe Turm Mittelpunkt eines 80.000 m^2 großen Kreativ-Quartiers. Mit einer umfangreichen Sammlung zur Kunst des 20. und 21. Jhs. wird das Dortmunder U das Museum am Ostwall ersetzen.
- **Museum Adlerturm**, Ostwall 51 a, ✆ 5026031, ÖZ: Di-So 10-17 Uhr, Stadtbefestigung und Entwicklung des Stadtbildes.
- **Museum für Kunst und Kulturgeschichte**, Hansastr. 3, ✆ 5025522, ÖZ: Di-So 10-17 Uhr. U. a. Malerei bis 1900, Möbel, Fotografie, Archäologie.
- **Deutsches Kochbuchmuseum**, An der Buschmühle (Westfa-

lenpark), ✆ 5025741, ÖZ: Di-So 10-17 Uhr. Kulturgeschichte des Kochens, Essens und Trinkens.

- **Museum für Naturkunde**, Münsterstr. 271, ✆ 5024856, ÖZ: Di-So 10-17 Uhr. Saurierausstellung, das ca. 55 Mio. Jahre alte Skelett des Messeler Urpferdchens, Mineralien, Geologie, Mineralogie, trop. Süßwasseraquarium, Anschauungsbergwerk, Edelstein-Schleiferei.
- **Westfälisches Industriemuseum**, Grubenweg 5, Bövinghausen, ✆ 6961111, ÖZ: Sa, So 10-18 Uhr. Arbeits- und Lebensbedingungen im Kohlebergbau der ersten Hälfte des 20. Jhs. in der ehemaligen Musterzeche Zollern II/IV.
- **Deutsche Arbeitsschutzausstellung**, Friedrich-Henkel-Weg, Dorstfeld, ✆ 9071645, ÖZ: Di-Sa 9-17 und So 10-17 Uhr. Vergangenheit und Zukunft des Arbeitsschutzes.
- **Westfälisches Schulmuseum**, An der Wasserburg 1, Marten, ✆ 613095, ÖZ: Di-Fr 10-17 Uhr. Geschichte des westfälischen Erziehungswesens und ein ca. 100 Jahre altes Klassenzimmer.
- **Brauereimuseum**, Steigerstr. 16, ✆ 8400200, ÖZ: Di-So 10-17 Uhr. Brauereiwesen zwischen 1880 und heute, Sudhaus, Gär- und Lagerkeller.

Westfalenpark Dortmund

- **St.-Reinoldikirche**, Ostenhellweg/Westenhellweg. Im 13. Jh. errichtet, schmückt das Wahrzeichen der Stadt Dortmund noch heute den gleichnamigen Kirchplatz. Der Aufstieg auf die 50 m hohe Aussichtsplattform erlaubt einen weiten Blick über die historischen Häuser entlang der jahrhundertealten Handelsstraße Westenhellweg/Ostenhellweg.
- **St.-Marienkirche** (12. Jh.), Kleppingstr. 5, berühmtes Altarbild von Konrad von Soest.
- **Propsteikirche**, Propsteihof 10, ÖZ: Mo-Sa 10-18.15 Uhr, So 13-18.15 Uhr. Hallenkirche aus dem 14./15. Jh., Hochaltar mit Tafelmalerei von Derick Baegert.
- **St.-Petrikirche** (14. Jh.), Westenhellweg, mit Antwerpener Schnitzaltar (ca.1521), der mit 633 aus Eichenholz geschnitzten Figuren die Passionsgeschichte darstellt.
- **Liebfrauenkirche**, Amalienstr 20, ÖZ: tägl. 9-19 Uhr
- **Theater Dortmund**, Kuhstr. 12, Opernhaus ✆ 5025547, Schauspielhaus ✆ 5027229, Kinder- und Jugendtheater ✆ 5027222, Konzerthaus ✆ 226960
- **Mahn- und Gedenkstätte „Steinwache"**, Steinstr. 50, ✆ 5025002, ÖZ: Di-So 10-17 Uhr. 1992 eröffnet, befindet sich die Steinwache im alten Dortmunder Gestapogefängnis. Während der NS-Zeit war die Steinwache eine der berüchtigsten Folterstätten im Deutschen Reich und galt als „Hölle Westdeutschlands". Von 1933 bis 1945 waren dort insgesamt 65.000 Menschen inhaftiert.
- **Stadtrundfahrten**, Info unter ✆ 18999444
- **Westfalenpark**, An der Buschmühle 3, ✆ 5026100, Fernsehturm und Rosarium.
- **Tierpark**, Mergelteichstraße, Brünninghausen, ✆ 5028593
- **Fahrradverleih**, ADFC-Fahrradstation, Hausmannstr. 22, ✆ 136685

Dortmund – das ist weit mehr als Arbeit, Bier, Fußball und Stahl. Die im 9. Jahrhundert erstmals als „Trotmani" erwähnte Stadt überstand mehrere kriegerische Auseinandersetzungen, die allerdings nach der Reformation den wirtschaftlichen Ruin bedeuteten. Erst im Zuge der Industrialisierung im 19. Jahrhundert erholte sich die Stadt wieder. Heute ist Dortmund eine der wichtigsten Medien- und Versicherungsstädte Deutschlands. Auch kulturell hat die Stadt einiges zu bieten. Eine Vielzahl an Museen und die Westfalenhallen unterhalten mit Kultur, Sport und Musik.

Die Tour startet direkt beim Eingang zum Hauptbahnhof ⤳ rechts in die Straße **Königs-**

wall ⤳ nach dem Parkplatz rechts in die **Bahnhofstraße** ⤳ unter der Bahn hindurch ⤳ auf der **Schützenstraße** geradeaus ⤳ an der Kreuzung der Schützenstraße mit der Bülowstraße und Erwinstraße gelangen Sie zur die Rundtour ⤳ auf der **Schützenstraße** weiter geradeaus und in den Fredenbaumpark ⤳ rechts Richtung Big Tipi ⤳ beim Big Tipi rechts ⤳ vor dem Klinikum links und die Straßenbahngleise queren ⤳ am Museum für Naturkunde vorbei ⤳ an der Kreuzung im Park rechts ⤳ die stark befahrene Eberstraße überqueren ⤳ geradeaus weiter auf den Radweg ⤳ der Weg mündet in die **Magdeburger Straße** ⤳ die **Gut-Heil-Straße** überqueren ⤳ nach der Wohnhausanlage und vor dem Sportplatz links und daran entlang ⤳ nach dem Sportplatz links in die **Carl-Holtschneider-Straße** ⤳ geradeaus in die **Steigerstraße** ⤳ nun im Zick-Zack durch die **Clausthaler-Straße**, die **Bergmannstraße**, die **Alsenstraße** und die **Schüchtermannstraße** in die stark befahrene **Bornstraße** ⤳ links in die **Misundestraße** ⤳ über die **Brunnenstraße** und die **Flensburgerstraße** links in die **Heroldstraße** ⤳ die Bahn unterqueren ⤳ ein kleines Stück links in die **Oestermärsch** ⤳ gleich danach rechts in die **Enscheder Straße** ⤳ geradeaus in die Straße **Osterlandwehr** ⤳ durch Kleingartensiedlungen zur Brücke ⤳ rechts über die Brücke und entlang der **Klönnestraße** weiter.

Dortmund-Körne

Links in die **Hallesche Straße** ⤳ gleich danach rechts durch den Bogen des Gemeindebaus und weiter auf die **Lenteninsel** ⤳ hinauf auf den ehemaligen Bahndamm und links weiter auf der ehemaligen Bahnstrecke ⤳ die Straße Im Defdahl überqueren ⤳ vor der Bahnbrücke links hoch und auf

einen ehemaligen Bahndamm ⇝ der Radweg mündet in die **Märkische Straße**, hier rechts in den Radweg ⇝ rechts in die **Salzwedeler Straße** ⇝ links in die **Karl-Liebknecht Straße** ⇝ links in die **Teewagstraße** ⇝ die Märkische Straße überqueren ⇝ rechts in die **Mendestraße** ⇝ links in die **Hohenfriedberger Straße** ⇝ vor dem Eingang zum Westfalenpark rechts. Nach dem RWE-Gebäude links in den Radweg ⇝ am Rande des Westfalenparks entlang ⇝ vorbei am Parkteich mit Aussicht auf den Fernsehturm Florian ⇝ rechts in die Straße **Am Kaiserhain** und neben dem Park entlang ⇝ am Ende des Telekom-Gebäudes links ⇝ am Parkeingang vorbei ⇝ über die Brücke und geradeaus auf dem kombinierten Rad- und Fußweg zu den Westfalenhallen ⇝ an der Westfalenhalle vorbei und durch den Parkplatzbereich ⇝ über die Fußgängerbrücke über die B1 auf den **Max-Ophüls-Platz** ⇝ weiter in die **Lindemannstraße** ⇝ links Richtung Witten ⇝ vor dem Friedhof rechts in die **Große Heimstraße** ⇝ links in die **Kreuzstraße** und am Leibnitzgymnasium vorbei ⇝ zwischen den Gebäuden der modernen Wohnsiedlung hindurch in den Tremoniapark ⇝ der Wegweisung

Naturschutzgebiet Hallerey

folgen ⇝ am Ende des Parks, beim Kreisverkehr, in die 3. Straße, die **Tremoniastraße** ⇝ links unter der Bahn hindurch und in die **Sternstraße** ⇝ links in die **Adlerstraße** ⇝ rechts weiter in die **Lange Straße** ⇝ vor der Brücke links in den **Hahnenmühlenweg** ⇝ am Ende nicht links unter der Bahn hindurch, sondern einen Rechtsbogen fahren und durch einen langen Fußgängertunnel hindurch.

Dortmund-Dorstfeld

Links in die **Rheinische Straße** ⇝ weiter in den **Dorstfelder Hellweg** ⇝ den Straßenbahnschienen folgen ⇝ nach dem Überqueren der Wittener Straße geradeaus weiter und leicht bergab ⇝ an der Gabelung der Straßenbahngleise geradeaus ⇝ an der nächsten Gabelung rechts hinunter in die Straße **Hallerey**.

VARIANTE Über die Höfkerstraße lässt sich die Rundfahrt um den See abkürzen.

Am Ende des Sees auf einer Asphaltstraße rechts ⇝ in der Siedlung rechts in den **Wischlinger Weg** ⇝ beim Parkplatz rechts in den Waldweg und weiter um den See herum ⇝ beim Solebad Wischlingen vor dem Parkplatz rechts über den Bach zur Asphaltstraße ⇝ links in die **Höfkerstraße** ⇝ unter der Bahn hindurch ⇝ gleich danach links in die **Walter-Welp-Straße** ⇝ geradeaus zwischen den Industriegebäuden hindurch ⇝ an der **Arminiusstraße** links und über die Brücke ⇝ rechts und entlang der Autobahn weiter ⇝ die Autobahnzubringer überqueren und am Radweg über die Brücke fahren ⇝ die Radspirale abwärts und parallel zur Autobahn am Hafen entlang ⇝ links in die **Lagerhausstraße**, die schließlich in die **Bülowstraße** mündet ⇝ an der Ecke zur Schützenstraße endet schließlich die Radrunde ⇝ rechts abwärts gelangen Sie wieder zum Hauptbahnhof.

Dortmund s. S. 161

Übernachtungsverzeichnis

Dieses Verzeichnis beinhaltet folgende Übernachtungskategorien:

H	Hotel
Hg	Hotel garni
Gh	Gasthof, Gasthaus
P	Pension, Gästehaus
Pz	Privatzimmer
BB	Bed and Breakfast
Fw	Ferienwohnung (Auswahl)
Bh	Bauernhof
Hh	Heuhotel

Bett & Bike

Alle mit dem Bett & Bike-Logo () gekennzeichneten Betriebe erfüllen die vom ADFC vorgeschriebenen Mindestkriterien als „Fahrradfreundliche Gastbetriebe" und bieten darüber hinaus so manche Annehmlichkeit für Radfahrer. Detaillierte Informationen finden Sie unter *www.bettundbike.de*.

adfc Allgemeiner Deutscher Fahrrad-Club

- Jugendherberge, -gästehaus
- Campingplatz
- Zeltplatz (Naturlagerplatz)

Die Auflistung erhebt keinen Anspruch auf Vollständigkeit und stellt keine Empfehlung der einzelnen Betriebe dar.

Die römische Zahl (I-VII) nach der Telefonnummer gibt die Preisgruppe des betreffenden Betriebes an. Wir möchten Sie jedoch darauf hinweisen, dass die angegebenen Preiskategorien dem Stand des Erhebungs- bzw. Überarbeitungszeitraumes entsprechen und sich von den tatsächlichen Preisen unterscheiden können.

Besonders während Messezeiten, aufgrund von unterschiedlichen Zimmertypen und nicht zuletzt saisonal bedingt sind preisliche Schwankungen möglich.

Folgende Unterteilung liegt der Zuordnung zugrunde:

I	unter € 15,–
II	€ 15,– bis € 23,–
III	€ 23,– bis € 30,–
IV	€ 30,– bis € 35,–
V	€ 35,– bis € 50,–
VI	€ 50,– bis € 70,–
VII	über € 70,–

Die Preisgruppen beziehen sich auf den Preis pro Person in einem Doppelzimmer mit Dusche oder Bad inkl. Frühstück. Übernachtungsbetriebe mit Zimmern ohne Bad oder Dusche, aber mit Etagenbad, sind durch das Symbol nach der Preisgruppe gekennzeichnet.

Da wir das Verzeichnis stets aktuell halten möchten, sind wir für Mitteilungen bezüglich Änderungen jeder Art dankbar. Der einfache Eintrag erfolgt für die Betriebe natürlich kostenfrei.

Ahsen (Datteln)

PLZ: 45711; Vorwahl: 02363

i Touristinformation Datteln, Genthiner Str. 7, 45711 Datteln, ✆ 02363/359971

H Landhotel Jammertal, Redder Str. 421, ✆ 3770, VII

H Zum Ring, Ostring 41, ✆ 4265, IV

Bergkamen

PLZ: 59192; Vorwahl: 02307

i Stadt Bergkamen Stadtmarketing, Rathauspl. 1, ✆ 965-229

H Am Nordberg, Präsidentenstr. 31, ✆ 242040, IV-V

H Toscana, Bambergstr. 89, ✆ 62409, V

P Zum Deutschen Eck, Landwehrstr. 20, ✆ 60127, III-V

P Schützen- und Heimathaus, An der Schützenheide 17, ✆ 242411, IV

Bergkamen-Oberaden

PLZ: 59192; Vorwahl: 02306

Pz Haus Heil, Rotherbachstr. 120, ✆ 80064, III

Bergkamen-Overberge
PLZ: 59192; Vorwahl: 02307

H Schmülling, Landwehrstr. 160, ✆ 87089, IV-V

Gh Sunny's Tränke, Friedhofstr. 26, ✆ 12333, III

Bergkamen-Rünthe
PLZ: 59192; Vorwahl: 02389

H Neumann's Nautilus, Hafenweg 4, ✆ 925920, VI-VII

Gh Haus Tabellion, Rünther Str. 54, ✆ 3346, III (ohne Frühstück)

Pz Brandt, Sandbochumer Weg 21, ✆ 533342, III-V

Bergkamen-Weddinghofen
PLZ: 59192; Vorwahl: 02307

Gh Goekenhof, Goekenheide 57, ✆ 941880, III-IV

Bochum
PLZ: 44787; Vorwahl: 0234

Bochum Marketing GmbH, Huestr. 9, ✆ 904960

H Plaza, Hellweg 20, ✆ 6876850, VI

H Art Hotel Tucholsky, Viktoriastr. 73, ✆ 964360, V

H Park Inn Bochum, Massenbergstr,. 19-21, ✆ 9690, VI

H Ibis Bochum City, Kurt-Schumacher-Pl. 13-15, ✆ 91430, VI

H Acora, Nordring 44-50, ✆ 68960, V

H Aleppo, Nordring 30, ✆ 588380, IV-V

H Ostmeier, Westring 35, ✆ 687850, V-VII

Bochum-Jugendgästehaus Bermuda3eck, Humboldtstr. 59-63, ✆ 41757990

Bochum-Gerthe
PLZ: 44805; Vorwahl: 0234

Gh Bochum, Gerther Landwehr 8, ✆ 852038, IV

Pz Zimmer im Revier "Bethanienstraße", Bethanienstraße, ✆ 13353, II-IV

Bochum-Günnigfeld
PLZ: 44866; Vorwahl: 02327

P Zum Dortmunder, Sommerdellenstr. 76, ✆ 832657, III

P Bella Vista, Moltkestr. 57, ✆ 61971, IV-VI (ohne Frühstück)

Bochum-Harpen
PLZ: 44791; Vorwahl: 0234

H Courtyard Bochum Stadtpark, Klinikstr. 43-45, ✆ 61000, VII

H Renaissance Bochum Hotel, Stadionring 18, ✆ 61010; VI-VII

H Achat, Kohlleppelsweg 45, ✆ 92590, VI-VII

H Ramada, Stadionring 22, ✆ 925660, V-VI

H Decker, Castroper Str. 263, ✆ 592224

H Wiesmann, Castroper Str. 191, ✆ 591065, V-VI

Bochum-Hiltrop
PLZ: 44805; Vorwahl: 0234

Gh Bogota, Schleipweg 20, ✆ 92563960, III-V

Bochum-Hofstede
PLZ: 44809; Vorwahl: 0234

P Sonnenblume, Poststr.53, ✆ 534074, III-V

Bochum-Riemke
PLZ: 44807; Vorwahl: 0234

H Formule 1, Drusmannstr. 39, ✆ 95420-20, IV

Bochum-Stiepel
PLZ: 44797; Vorwahl: 0234

Pz Haus Mokry, Nettelbeckstr. 15, ✆ 680835, III-IV

Bochum-Wattenscheid
PLZ: 44866; Vorwahl: 02327

H Tryp Bochum-Wattenscheid, Josef-Haumann-Str. 1, ✆ 9900, V-VII

H Beckmannshof, Berliner Str. 39, ✆ 30370, V-VI

H Kolpinghaus-Wattenscheid, Saarlandstr. 4, ✆ 98640

P Holzapfel, Ruhrstr. 179, ✆ 71982, III

Bottrop
PLZ: 46236; Vorwahl: 02041

Tourist-Info Bottrop, Osterfelder Str. 13, ✆ 766950

H Kolpinghaus, Pfarrstr. 8, ✆ 72220

H Brauhaus, Gladbecker Str. 78, ✆ 774460, VI

H Tulip Inn Bottrop, Paßstr. 6, ✆ 1680, VI-VII

H Billard-Eck, Essener Str. 21, ✆ 698521

Hg Bottroper Brauhaus Hotel, Gladbecker Str. 78, ✆ 774460, V

Bottrop-Batenbrock
PLZ: 46238; Vorwahl: 02041

H Große-Lohmann, Horster Str. 277, ✆ 479055, V

P Mitten im Pott, Gungstr. 198, ✆ 45935, IV

Bottrop-Boy
PLZ: 46240; Vorwahl: 02041

H Jägerhof, Kraneburgstr. 110, ✆ 42013, III-IV

H Boyer Hof, Boyer Markt 2, ✆ 410180, III

Bottrop-Fuhlenbrock

PLZ: 46242; Vorwahl: 02041

P Müller, Im Mallingforst, ✆ 7669513, III

P Grotendorst, Im Fuhlenbrock 127, ✆ 52702

Bottrop-Lehmkuhle

PLZ: 46242; Vorwahl: 02041

H Ringhotel Rhein-Ruhr, Essener Str. 140, ✆ 779860, VI

Bottrop-Welheim

PLZ: 46240; Vorwahl: 02041

H Ruhrstadt, Gungstr. 3, ✆ 378580, V

Castrop-Rauxel

PLZ: 44575; Vorwahl: 02305

Stadtinformation, Europapl. 1, ✆ 106-2215

H EuroStar, Bahnhofstr. 60, ✆ 35820, IV-VI

H Raj Mahal, Europapl. 3-11, ✆ 4455100, V-VII

H Daun, Bochumer Str. 266, ✆ 923150, V-VI

H Golden Tulip Goldschmieding, Dortmunder Str. 55, ✆ 3010, V-VII

H Residenz, Wittener Str. 34, ✆ 61030, V

H Brauhaus Rütershoff, Schillerstr. 33, ✆ 24923, V

Hg Haus Schleich, Obere Münsterstr. 4, ✆ 3919, IV

Castrop-Rauxel-Habinghorst

PLZ: 44579; Vorwahl: 02305

H Hubbert, Lange Str. 78, ✆ 548490, II

Castrop-Rauxel-Schwerin

PLZ: 44577; Vorwahl: 02305

Hg Selle am Wald, Cottenburgschlucht 41, ✆ 9410, III-V

Castrop-Rauxel-Merklinde

PLZ: 44577; Vorwahl: 02305

H Hoffmann, Wittener Str. 349, ✆ 6693, II-III

Datteln

PLZ: 45711; Vorwahl: 02363

Touristinformation, Genthiner Str. 7, ✆ 359971

H Bittscheidt's Stadthotel, Bülowstr. 99, ✆ 3910, V

Campingplatz Losheide, Pelkumer Weg 4, ✆ 52955

Freizeitpark Klaukenhof, Natroper Weg 40, ✆ 365033

Haard-Camping/Bockum, In den Wellen 30, ✆ 361391

Dinslaken

PLZ: 46535; Vorwahl: 02064

DINAMIT GmbH, Friedrich-Ebert-Str. 44-46, ✆ 605304

H Hotel am Park, Althoffstr. 16, ✆ 601070, VI

H City Hotel, Bahnstr. 53, ✆ 2672, V

H Zum Schwarzen Ferkel, Voerder Straße 79, ✆ 51120, V

H Art Inn Hotel Dinslaken, Bahnhofsplatz 9, ✆ 4656560, IV

H Altstadthotel, Duisburger Str. 29, ✆ 18108, IV

Hg Am Park, Althoffstraße 16, ✆ 601070, VI-VII

Dinslaken-Eppinghoven

PLZ: 46535; Vorwahl: 02064

H Gambrinus, Rotbachstr. 140-142, ✆ 604050, III

Dinslaken-Hiesfeld

PLZ: 46539; Vorwahl: 02064

H Landhotel Galland - Im kühlen Grunde, Dickerstr. 346, ✆49590, V

H Zur Egerheide, Bergerstr. 440, ✆ 94028, IV

Dinslaken-Oberlohberg

PLZ: 46539; Vorwahl: 02064

H Zum Grunewald, Bergerstr. 152, ✆ 49540, V

Dorsten

PLZ: 46282; Vorwahl: 02362

Stadtinfo Dorsten, Westwall 61, ✆ 308080

P Haus Dylla, Mozartstr. 7, ✆ 45345

Dorsten-Deuten

PLZ: 46286; Vorwahl: 02369

H Grewer, Weselerstr. 351, ✆ 209800, V

H Landhotel zur Heide, Söltener Landweg 127, ✆ 94690, V

Gh Rottmann, Weseler Str. 305, ✆ 4216, II (ohne Frühstück)

Dorsten-Hervest

PLZ: 46284; Vorwahl: 02362

H Grütering, Glück-Auf-Str. 313, ✆ 20170, V-VI

H Yasemin, Haltener Str. 84-86, ✆ 98037, V-VI

H Jägerhof Einhaus, Dorstr. 3, ✆ 71089, V

H Haus Berken, An der Molkerei 50, ✆ 61213, IV-V

Dorsten-Holsterhausen

PLZ: 46284; Vorwahl: 02362

H Albert, Borkener Str. 199, ✆ 94790, V-VII

Gh Adolf Deutsches Eck, Hauptstr. 38, ✆ 61135, III

P Brenscheidt, Hohenkamp 11, ✆ 173/2827942, III

P Schwarz, Mittelstr. 3, ✆ 68394, II

Dorsten-Wulfen

PLZ: 46286; Vorwahl: 02369

Jugendherberge Dorsten-Wulfen, Im Schöning 83, ✆ 8722

Dortmund

PLZ: 44137; Vorwahl: 0231

DORTMUNDtourismus e.V., Königswall 18a, ✆ 18999222

H City Hotel Dortmund, Silberstr. 37, ✆ 477966, VII

H Mercure Hotel Dortmund City, Kampstr. 35-37, ✆ 58970, VI-VII

H Pullman Dortmund, Lindemannstr. 88, ✆ 91130, VI-VII

H NH Dortmund, Königswall 1, ✆ 90550, V-VI

H The Grey, Schmiedingstr. 11-13, ✆ 41910300, V-VI

H Fürst Garden, Beurhausstr. 57, ✆ 4773210, V

Hg Königshof GmbH, Königswall 4, ✆ 57041, V

P Göhler, Sudermannstr. 40, ✆ 164449, II (ohne Frühstück)

RuhGebiet, Lindemannstr. 78, ✆ 9529977, III

Jugendgästehaus Adolph Kolping, Silberstr. 24-26, ✆ 140074, III-V

Dortmund-Barop

PLZ: 44227; Vorwahl: 0231

H Tryp, Emil Figge Str. 41, ✆ 97050, VI

H Wolf, Baroperstr. 234, ✆ 750792, III-IV

Dortmund-Bövinghausen

PLZ: 44388; Vorwahl: 0231

H Commerz, Provinzialstr. 396, ✆ 69620, III-V

Pz Hilmer, Provinzialstr. 406, ✆ 698741, II

Pz Hahne, Provinzialstr. 56, ✆ 632587, II

Dortmund-Brackel

PLZ: 44143; Vorwahl: 0231

H Prodomo Hotel Dortmund, Paderborner Str. 79, ✆ 56560, III

H Ambiente, Am Gottesacker 70, ✆ 0800/4773770, V-VI

Hg Körner Hof, Hallesche Str. 102, ✆ 5620840, V

Dortmund-Derne

PLZ: 44329; Vorwahl: 0231

Pz Alheidt, Derner Str. 479, ✆ 4763568, II

Dortmund-Deusen

PLZ: 44369; Vorwahl: 0231

P Martyniak, Kreyenbachweg 12, ✆ 3969876, II-III (ohne Frühstück)

Dortmund-Dorstfeld

PLZ: 44149; Vorwahl: 0231

H Bergschänke, Wittener Str. 205, ✆ 178053,

Dortmund-Eving

PLZ: 44339; Vorwahl: 0231

Gh Haus Bleich, Bayrische Str. 137, ✆ 858191, IV

Dortmund-Kirchlinde

PLZ: 44379; Vorwahl: 0231

H Schützenhof, Kirchlinder Str. 21, ✆ 671368, IV-V

Dortmund-Kley

PLZ: 44149; Vorwahl: 0231

H Ibis Dortmund West, Sorbenweg 2, ✆ 96950, VI-VII

Dortmund-Körne

PLZ: 44135; Vorwahl: 0231

H Park Inn Dortmund, Olpe 2, ✆ 543200, VI

H Esplanade, Burgwall 3, ✆ 58530, V-VI

H La Paz, Stiftstr. 5, ✆ 524701, IV-VI

H Union, Arndtstr. 66, ✆ 550070, V

H Petersmann, Moltkestr. 2, ✆ 522388, V

P Kirchhoff, Reinoldistr. 6, ✆ 9509728, III

Dortmund-Lanstrop

PLZ: 44329; Vorwahl: 0231

Pz Wohnen-im-vier-Städte-Eck, Bremsstr. 49, ✆ 291416, III

Dortmund-Lindenhorst

PLZ: 44145; Vorwahl: 0231

H Bayraktar, Zimmerstr. 6, ✆ 818813

Dortmund-Lütgendortmund

PLZ: 44388; Vorwahl: 0231

H All Seasons Dortmund West, Am Apelstueck 2, ✆ 9678700, IV-V

H Specht, Limbecker Str. 27-29, ✆ 6902425, IV-V

H Etap Hotel Dortmund West, Provinzialstr. 92, ✆ 604071, IV

H Haus Kersten, Westricher Str. 3, ✆ 632530, III-IV

P Stern, Provinzialstr. 90, ✆ 697953

Pz Zimmer im Revier "Bifangweg", Bifangweg, ✆ 02323/13353, II

Pz Meger, Lütgendortmunder Str. 2-4,

☎ 373037, I (ohne Frühstück)

Dortmund-Marten

PLZ: 44379; Vorwahl: 0231

H Ashock, Steinhammer Str. 135, ☎ 61150, IV-V

Dortmund-Westfalendamm

PLZ: 44139; Vorwahl: 0231

H Gildenhof, Hohe Str. 139, ☎ 5574750, V-VI

Dortmund-Wischlingen

PLZ: 44369; Vorwahl: 0231

H Wischlinger Park Hotel, Rahmer Str. 100, ☎ 391946, III

Duisburg

PLZ: 47051; Vorwahl: 0203

i Tourist-Information, Königstr. 86, ☎ 285440

H Ferrotel Duisburg, Düsseldorfer Str. 124, ☎ 287085, V

H Mercure Hotel Duisburg City, Landfermannstr. 20, ☎ 300030, V-VII

H Mirage, Ulrichstr. 28, ☎ 286850, VI-VII

H Hammerstein, Neue Marktstr. 13, ☎ 295900, VI

H Am Kantpark, Gallenkampstr. 6, ☎ 282890, III-V

H Conti, Düsseldorfer Str. 131-137, ☎ 287005, VI

H Ibis Duisburg, Mercatorstr. 15, ☎ 300050, IV-V

H Goldener Hahn, Hohe Str. 26a, ☎ 3177405, V-VI

H Ibis Duisburg City, Mercatorstr. 15, ☎ 300050, V

H Mamma Leone, Mercatorstr. 14, ☎ 21258, IV-V

H Regent, Dellpl. 1-3, ☎ 295900, V-VII

H Steigenberger Duisburger Hof, Neckarstr. 2, ☎ 30070, V-VII

H Plaza, Düsseldorfer Str. 54, ☎ 28220, VI-VII

H Zum Löwen, Kremerstr. 21, ☎ 28549200, V

Duisburg-Alt-Walsum

PLZ: 47178; Vorwahl: 02034

H Am Rubbert, Heerstr. 63, ☎ 72150, III

Duisburg-Beeck

PLZ: 47139; Vorwahl: 0203

Pz Barbe, Andreas Hofer Str. 22, ☎ 465903, IV (ohne Frühstück)

Pz Zimmer im Revier "Lehnhofstraße", Lehnhofstr., ☎ 02323/13353, II-IV

Duisburg-Duissern

PLZ: 47058; Vorwahl: 0203

H Rheinischer Hof, Mülheimer Str. 119, ☎ 332446, V

Duisburg-Homberg

PLZ: 47198; Vorwahl: 02066

Hg Langen, Mühlenstr. 79, ☎ 8574, III

Duisburg-Marxloh

PLZ: 47169; Vorwahl: 0203

H Am Kamin, Wolfstr. 33, ☎ 400133, IV

Duisburg-Meiderich

PLZ: 47137; Vorwahl: 0203

P Dölken, Emmericher Str. 151, ☎ 4177211, III

Jugendherberge Duisburg-Meiderich, Lösorter Str. 133, ☎ 417900, III

Duisburg-Neudorf

PLZ: 47057; Vorwahl: 0203

H Friederichs, Neudorfer Str. 33-35, ☎ 318650, VI-VII

H Zum Alten Fritz, Klöcknerstr. 10, ☎ 351486, III-V

Duisburg-Ruhrort

PLZ: 47119; Vorwahl: 0203

H Freihafen, Bergiusstr. 36, ☎ 8605820, III-IV

H La Vigie, Kasteelstr. 1, ☎ 800550, V-VI

H Hof von Holland, Bergiusstr. 46, ☎ 81824, V

Duisburg-Walsum

PLZ: 47179; Vorwahl: 0203

Gh Brücker, Theodor-Heuss-Str. 225, ☎ 491800, IV-V

Essen

PLZ: 45127; Vorwahl: 0201

i Essen Marketing GmbH Touristikzentrale, Im Handelshof, Am Hauptbahnhof 2, ☎ 19433

H Holiday Inn Essen City Centre, Frohnhauser Str. 6, ☎ 24070, V-VII

H Mövenpick Hotel Essen, Am Hauptbahnhof 2, ☎ 17080, V-VII

H Mercure Hotel Plaza Essen, Bismarckstr. 48-50, ☎ 878580, IV-VII

H City Hotel Essen, Viehofer Str. 5, ☎ VI

H Art Hotel Körschen, Hindenburgstr. 6, ☎ 1029985, V-VI

H Lindenhof, Logenstr. 18, ☎ 2203980, V-VI

H Ambassador, Viehofer Str. 23, ☎ 247730, V-VI

H Korn, Hoffnungstr. 19, ☎ 221414, IV-V

H Zum Deutschen Haus, Kastanienallee 16,

✆ 232989, IV-V
H Ibis Hotel Essen, Hollestr. 50, ✆ 24280, III-V
Hg Kessing, Hachestr. 30, ✆ 239988, V
Pz Kari, Logenstr. 16, ✆ 230808, III

Essen-Altenessen

PLZ: 45326; Vorwahl: 0201
H Böll, Altenessener Str. 311, ✆ 319090, V-VI
H KCH Hotel Astoria, Wilhelm-Nieswandt-Allee 175, ✆ 83584, V
Gh Hefner, Wilhelm-Nieswandt-Allee 152, ✆ 331037, IV
Pz Zimmer im Revier "Palmbuschweg", Palmbuschweg, ✆ 02323/13353, II

Essen-Burgaltendorf

PLZ: 45289; Vorwahl: 0201
H Mintrops Land Hotel Burgaltendorf, Schwarzensteinweg 81, ✆ 571710, VII
Pz Zimmer im Revier "Ketteltasches Hof", Ketteltasches Hof, ✆ 02323/13353, II

Essen-Heisingen

PLZ: 45259; Vorwahl: 0201
H Hasselkuß, Bonscheidter Str. 63a-65, ✆ 461559, V-VI,

Essen-Horst

PLZ: 45279; Vorwahl: 0201
H Linuxhotel in der Villa Vogelsang, Antonienallee 1, ✆ 8536600, VI-VII

Essen-Karnap

PLZ: 45329; Vorwahl: 0201
P Jägerhof, Timpestr. 20, ✆ 380220, III
P Jahn, Boyer Str. 35, ✆ 8067911, II-III
P Adam, Karnaper Str. 115, ✆ 9771532
P Die Oase, Arenbergstr. 80, ✆ 2899177, III

Essen-Katernberg

PLZ: 45327; Vorwahl: 0201
P Am Markt, Katernberger Str. 17, ✆ 301228, III-IV
P Haus Toeffte, Drokamp 8, ✆ 3162691, III
Pz Wendschoff, Katernberger Str. 86, ✆ 8759150, III

Essen-Kettwig

PLZ: 45219; Vorwahl: 02054
H Zur Flora, Landsberger Str. 87a, ✆ 95260, V
H Segelmannshof, Segelmannsweg 35, ✆ 95970, VII
H Jägerhof, Hauptstr. 23, ✆ 84011, V-VII
H Schmachtenbergshof, Schmachtenbergstr. 157, ✆ 12130, VI
H Knappmann, Ringstr. 198, ✆ 7809, VI
Hg Hennig, Zur Alten Fähre 27, ✆ 125915, V
Pz Schlaeger & Thulke, Am Wildbach 7, ✆ 971648, IV
Campingplatz Cammerzell, Werdener Str., ✆ 4798

Essen-Kray

PLZ: 45307; Vorwahl: 0201
H Wirtshaus Töff-Töff, Krayer Str. 136, ✆ 859070, V
H Alte Lohnhalle Zeche Bonifacius, Rotthauser Str. 40, ✆ 384570, V,

Essen-Leithe

PLZ: 45307; Vorwahl: 0201
P Blaue Rose, Eckenbergstr. 56, ✆ 9594159

Essen-Schonnebeck

PLZ: 45309; Vorwahl: 0201
Pz Das Hinterhaus, Huestr. 85a, ✆ 309065, IV

Essen-Steele

PLZ: 45276; Vorwahl: 0201
H Zur Guten Quelle, Krayer Str. 78, ✆ 593638, IV
Ruhrcamping Bauer, In der Lake 76, ✆ 0178/1563910

Essen-Stoppenberg

PLZ: 45141; Vorwahl: 0201
H Petul, Essener Str. 11, ✆ 729470, V-VII

Essen-Werden

PLZ: 45239; Vorwahl: 0201
H Berg Café, Scheppener Weg 40, ✆ 409635, IV
H Domstuben, Brückstr. 81, ✆ 3203540, V-VI
Hg Gastgeb, Hammer Str. 17, ✆ 4003537, V-VII
Hg Hohenstein, Hohensteinweg 5, ✆ 616260, V-VI
Jugenherberge Essen-Werden, Am Pastoratsberg 2, ✆ 491163, III-IV
Haus am Turm, ✆ 404067, II
Heinrich-Rabbich-Haus, Geilinghausweg 10, ✆ 401139, II
Campingpark "Stadt-Camping" Essen-Werden, Im Löwental 67, ✆ 492978
Campingpark Baldeneysee, Hardenbergufer 369, ✆ 402007, I
Campingplatz Deichklause, Laupendahler Landstr. 140, ✆ 492304

Flaesheim (Haltern am See)

PLZ: 45721; Vorwahl: 02364

i Stadtagentur Haltern, Altes Rathaus, Am Markt 1, 45721 Haltern am See, ✆ 933-365/-366

H Jägerhof zum Stift-Flaesheim, Flaesheimer Str. 360, ✆ 2327, V

Fw Els-Marie, Bodelschwinghstr. 8, ✆ 7454, V

Gelsenkirchen

PLZ: 45879; Vorwahl: 0209

i Stadtmarketing Gesellschaft Gelsenkirchen mbH, Bahnhofsvorplatz 1, ✆ 951970

H Maritim Am Stadtgarten, Am Stadtgarten 1, ✆ 1760, VI-VII

H InterCityHotel, Ringstr. 1-3, ✆ 92550, V

H Blumenhof im Floristikpark, Theodor-Otte-Str. 17a, ✆ 930640, V

H Ibis, Bahnhofsvorplatz 12, ✆ 17020, IV-VI

H St. Petrus, Munckelstr. 3, ✆ 178250, IV-V

Pz in der Maritim-Residenz, Am Stadtgarten 1/ Apt. 2059, ✆ 1476622, IV-V

Pz Weber, Munckelstr. 1, ✆ 208453, II

Jugendgästehaus "Haus Grimberg e.V.", Grimmberger Allee 10a, ✆ 86677 🚲

Gelsenkirchen-Beckhausen

PLZ: 45899; Vorwahl: 0209

H Schacht III/ABZ, Koststr. 8, ✆ 57975, V

H Haus Gerbracht, Laurentiusstr. 45, ✆ 55233, II

Gelsenkirchen-Resse

PLZ: 45892; Vorwahl: 0209

H Europäischer Hof, Ewaldstr. 79, ✆ 75385, III

Gelsenkirchen-Schalke

PLZ: 45881; Vorwahl: 0209

Pz Leidreiter, Josefinenstr. 4, ✆ 0172/ 2762338, II

Pz Nadstawek, Königsberger Str. 43, ✆ 816814, III

Gelsenkirchen-Ückendorf

PLZ: 45886; Vorwahl: 0209

H Tagungshotel Lichthof, Leithestr. 37, ✆ 92520

H Engelhardt, Claire-Waldoff-Str. 3, ✆ 24125, III

Hagen

PLZ: 58095; Vorwahl: 02331

i Hagen Touristik, Rathausstr. 13, ✆ 2075890

H City Hotel Deutsches Haus, Bahnhofstr. 35, ✆ 21051, V-VI

H Lex, Elberfelder Str. 71, ✆ 32030, V-VI

H Art-Ambiente, Hugo-Preuss-Str. 5, ✆ 6977990, V

Hagen-Altenhagen

PLZ: 58097; Vorwahl: 02331

H Zur Heide, Zur Heide 31, ✆ 83893, IV

H Zum Bauernhaus, Feithstr. 141, ✆ 81743, IV

P Heidestübchen, Overbergstr. 92, ✆ 61193, III-IV

Hagen-Herbeck

PLZ: 58093; Vorwahl: 02331

H Mercure, Wasserloses Tal 4, ✆ 3910, V-VII

H Landhotel Halden, Berchumer Str. 82, ✆ 35750, V-VI

H Arcadeon, Lennestr. 91, ✆ 35750, V

H Harnau, Eppenhauser Str. 53, ✆ 954004, III-IV

H Haus Teimann, Eppenhauser Str. 195, ✆ 53504, III

Jugendherberge Hagen, Eppenhauserstr. 65a, ✆ 50254, II 🚲

Jugendbildungsstätte Berchum, Ergster Weg 59, ✆ 96100

Haltern am See

PLZ: 45721; Vorwahl: 02364

i Stadtagentur, Altes Rathaus, Am Markt 1, ✆ 933-365/-366

H Seehof Hotel, Hullerner Str. 102, ✆ 9280, VI

H Ratshotel, Mühlenstr. 3-5, ✆ 3465, V 🚲

H Am Turm, Turmstr. 4, ✆ 96010, V

H Sondermann, Rekumer Str. 48, ✆ 2259, IV

P Von Entress, R.-Freericks-Str. 18a, ✆ 505140, III

Jugendherberge Haltern am See, Stockwieser Damm 255, ✆ 2258 🚲

Campingplatz Stockwieser Damm 200, ✆ 3360 🚲

Hoher Niemen, Stockwieser Damm 263, Ostufer Stausee, ✆ 2511

Haltern-Lippramsdorf

PLZ: 45721; Vorwahl: 02360

H Teltrop, Dorstener Str. 649, ✆ 99920, V 🚲

Haltern-Sythen

PLZ: 45721; Vorwahl: 02364

H Pfeiffer's Sythener Flora, Am Wehr 71, ✆ 96220, V 🚲

Hamm

PLZ: 59065; Vorwahl: 02381

i Verkehrsverein Hamm e. V., Willy-Brandt-

Platz, ✆ 23400
H Stadt Hamm, Südstr. 9-13, ✆ 29091, VI
H Herzog, Caldenhofer Weg 22, ✆ 924590, V
H Mercure, Neue Bahnhofstr. 3, ✆ 91920, IV-VI
H Casiono Hotel, Münsterstr. 40, ✆ 30060, III-IV
H Dietrich, Münsterstr. 16, ✆ 302070, III-V
H Syrtaki, Feidikstr. 45, ✆ 28560, II
Hg City Hotel, Schillerstr. 58-72, ✆ 920600, V

Hamm-Herringen

PLZ: 59077; Vorwahl: 02385
Pz Refugium Kortenbruck, Beiseystr. 9, ✆ 464559, IV

Hamm-Isenbeck

PLZ: 59067; Vorwahl: 02381
H Glitz, Marienstr. 21, ✆ 920130, V
H Lippmann am Boll, Wilhelmstr. 195, ✆ 440676, III-IV

Hamm-Mark

PLZ: 59071; Vorwahl: 02381
H Alte Mark, Alte Soester Str. 28, ✆ 980560, V
H Breuer, Ostenallee 95, ✆ 84001, V
H Hammer Brunnen, Ostenallee 105, ✆ 982830, IV
P Alt Gutenberg, Oststr. 45a, ✆ 25776, II
Jugendgästehaus Sylverberg, Ostenallee 101, ✆ 83837, I

Hamm-Rhynern

PLZ: 59069; Vorwahl: 02385
H Rhynern Nord, Ostendorfstr. 62, ✆ 921270, III
H Gut Kump, Kumper Landstr. 5, ✆ 921260, VI
H Grüner Baum, Reginenstr. 3, ✆ 2454, V
H Rhynern Süd, Im Zengerott 3, ✆ 4557, IV
H Landhaus Kumper, Werler Str. 408, ✆ 8080, III
Pz Schulte-Karlheim, Von-Thünen-Str. 69, ✆ 2169, III

Hattingen

PLZ: 45525; Vorwahl: 02324
Tourist-Information, Haldenpl. 3, ✆ 951395
H Avantgarde, Welper Str. 49, ✆ 50970, V-VI
H Westfälischer Hof, Bahnhofstr. 7, ✆ 23560, IV-V
H Zur alten Krone, Steinhagen 8, ✆ 21824, V-VI
H Sportpark Ruhrtal, Ruhrallee 15, ✆ 56200,IV-V
H Schulenburg, Schützenpl. 1, ✆ 919830, VI
H Haus Wallbaum, Am Wallbaum 16a, ✆ 950370, V
H „An der Kost" Ruhrhotel, An der Kost 18, ✆ 391180, V-VI
Hg Herold, Krämersdorf 1, ✆ 22335, III-IV
Pz Flasche, Am Gehege 14, ✆ 52711, II
An der Kost, An der Kost 18, ✆ 60915
Ruhrbrücke, Ruhrstr. 6, ✆ 80038

Hattingen-Niederwenigern

PLZ: 45529; Vorwahl: 02324
Pz Haus Christine, Nikolaus-Groß-Str. 32, ✆ 41349, II
Pz Illmann-Rauba, Byfanger Str. 7, ✆ 41660, III
Pz Witt, Kerbecke 14, ✆ 347003, III
Freizeitdomizil Ruhrtal, Tippelstr. 4, ✆ 4488

Herdecke

PLZ: 58313; Vorwahl: 02330
Stadtverwaltung, Rathaus, Kirchplatz 3, ✆ 6110
H Mini Hotel, Bachpl. 18, ✆ 1744, V
H Ringhotel Zweibrücker Hof, Zweibrücker Hof 4, ✆ 6050, VI
H Landhotel Bonsmann's Hof, Wittbräucker Str. 38, ✆ 80020, V-VI
H Bonsmann's Hof, Wittbräucker Str. 38, ✆ 80020, VI-VII
Hg Paschedag, Buchenstr. 11, ✆ 2992
Hg Rheinischer Hof, Hauptstr. 50, ✆ 4821, III-IV

Herne

PLZ: 44623; Vorwahl: 02323
Stadtmarketing, Kirchhofstr. 5, ✆ 9190514
H Parkhotel Herne, Schaeferstr. 111, ✆ 9550, V-VI
H Jägerhof, Vinckestr. 1, ✆ 17700, V
H Marnass, Mont-Cenis-Str. 27, ✆ 58425, III
H Sicking, Bahnhofstr. 26, ✆ 945370, V
H Stork, An der Kreuzkirche 5, ✆ 50430, II-III
P Sendis, Grenzweg 63-65, ✆ 951996, II-III

Herne-Crange

PLZ: 44653; Vorwahl: 02325
H Alt Crange, Altcrange 15, ✆ 92860, V
H Sassenhof, Dorstener Str. 377a, ✆ 94470, IV-V
H Bußmann, Unser-Fritz-Str. 70, ✆ 70171, IV-

V

Herne-Eickel

PLZ: 44651; Vorwahl: 02323

H Moritz Fiege's Meistertrunk, Eickeler Markt 19, ✆ 635517, V-VI

P Römer-Tormen, Pestalozzistr. 11, ✆ 654627, III

Herne-Holsterhausen

PLZ: 44625; Vorwahl: 02323

H Bochum-Herne, Regenkamp 14, ✆ 946860, IV-VI

P Sendis, Grenzweg 63, ✆ 951996, III-IV

Pz Voß, Hölkeskampring 161, ✆ 53987, III

Herne-Horsthausen

PLZ: 44629; Vorwahl: 02323

Hg Zur Post, Poststr. 9, ✆ 52054, IV-V

Gh Haus Kröner, Eschstr. 32, ✆ 51945, III

Pz Ohlsen, Sedanstr. 3, ✆ 21090, II-III

Herten

PLZ: 45699; Vorwahl: 02366

i HyBikeHerten Tourismusbüro, Ewaldstr. 222, ✆ 181160

H Hotel am Schlosspark, Resser Weg 36, ✆ 80050, V

H Lauer, Gartenstr. 59, ✆ 933933, V

H Feldmann, Kurt-Schumacher-Str. 7, ✆ 35126, IV

H Vestischer Hof, Ewaldstr. 132, ✆ 10750, IV

Pz Dettmar, Hohewardstr. 348d, ✆ 184237, II (ohne Frühstück)

Pz Oppenkowski, Eschenweg 26, ✆ 565714, III (ohne Frühstück)

Herten-Westerholt

PLZ: 45701; Vorwahl: 0209

H Schloss Westerholt, Schloßstr. 1, ✆ 148940, V-VI

H Alt Westerholt, Schloßstr. 16, ✆ 357067, V

Gh Altes Dorf, Schloßstr. 15, ✆ 613643, V-VI

Gh Alt Fousek, Geschwisterstr. 47, ✆ 35558, IV

Hünxe

PLZ: 46569; Vorwahl: 02858

i Gemeindeverwaltung, Dorstener Str. 24, ✆ 690

H Waldhotel Hünxe-Ost, Gansenbergweg 60, ✆ 7057, V

H Fischhaus Hünxe, Weseler Str. 115, ✆ 836945, IV-V

Gh Landwehr, Wilhelmstr. 82, ✆ 82549, III

Gh Rühl, Dinslakener Str. 120, ✆ 02064/ 30430, V

Pz Schulz, Weseler Str. 115, ✆ 836945, IV

Bh Hövelsberg, Hoher Wardweg 12a, ✆ 2139, II

Bh Schlümer, Hunsdorfer Weg 30, ✆ 1225, II

Campingplatz Kleinsteinberg, Elsenweg 27, ✆ 7802

Campingplatz "Lippetal", Gahlener Str. 159, ✆ 4134

Kamen

PLZ: 59174; Vorwahl: 02307

i Stadt Kamen Stadtmarketing, Rathauspl. 1, ✆ 148-1302

H Park Inn Kamen/Unna, Kamener Karree 2, ✆ 9690, VI-VII

H Stadt Kamen, Markt 11, ✆ 972900, V

H Kautz, Ängelholmerstr. 16. ✆ 261110, V-VI

H Wappen von Kamen, Am Geist 3, ✆ 9109340, V

H Rieder, Markt 6, ✆ 73084, III

Hg Sporthotel, Am Schwimmbad 8, ✆ 926676, V

P Theiner, Auf der Höhe 23, ✆ 0231/ 28668301

Kamen-Heeren-Werve

PLZ: 59174; Vorwahl: 02307

P Im Südfeld, Südfeld 5a, ✆ 944123, V

P Haus Baumeister, Südfeld 122, ✆ 40848, V

Kamen-Methler

PLZ: 59174; Vorwahl: 02307

H In der Kaiserau, Robert-Koch-Str. 43, ✆ 551255, V-VI

H Alte Wasserkurler Schmiede, Wasserkurler Str. 45, ✆ 931300, V

Kamp-Lintfort

PLZ: 47475; Vorwahl: 02842

i Stadtinformation, Am Rathaus 2, ✆ 912-444

Hg Zur Post am Prinzenplatz, Friedrich-Heinrich-Allee 1, ✆ 2211, V-VI

P Zum Klosterblick, Moerser Str. 31B, ✆ 55609, V

Kamp-Lintfort-Altfeld

PLZ: 47475; Vorwahl: 02842

Gh Ermen, Altfelder Str. 248, ✆ 42144, III-IV

Kamp-Lintfort-Hoerstgen

PLZ: 47475; Vorwahl: 02842

H Hoerstgener Landhotel zur Post, Dorfstr. 29,

✆ 9214980, V-VI
Gh Zur Linde, Hoerstgener Str. 153, ✆ 41380, II-III

Kamp-Lintfort-Lintfort

PLZ: 47475; Vorwahl: 02842
H Lintforter Hof, Moerser Str. 325, ✆ 9291104, V-VII
H Casino im Park, Friedrich-Heinrich-Allee 54, ✆ 96340, V-VI
H Laguna, Moerser Str. 116, ✆ 9213950, V
H Casablanca, Moerser Str. 455, ✆ 50620, II-III
H Wellings Parkhotel, Neuendickstr. 96, ✆ 21040, VI-VII

Kamp-Lintfort-Niersenbruch

PLZ: 47475; Vorwahl: 02842
Pz Streup, Krähenweg 15, ✆ 41315, II
Pz Jahn, Niersenbruchstr. 24, ✆ 42056, IV (ohne Frühstück)

Lünen

PLZ: 44534; Vorwahl: 02306
i Touristischer Informationspunkt der Lippe-touristik e.V., Münsterstr. 1j, ✆ 781007
H An der Persiluhr, Münsterstr. 25, ✆ 70090, V-VI
H Westfalenkrug, Münsterstr. 170, ✆ 3083800, IV-V
H Siebenpfennigsknapp, Borker Str. 281, ✆ 757500, IV
H Stadthotel Lünen, Dortmunder Str. 10, ✆ 1070, V-VI
H Haus Lüggert, Dorfstr. 66, ✆ 6954, IV
H Haus Westermann, Dortmunder Str. 236, ✆ 12460, III-IV
Pz Burger, Körnerstr. 19, ✆ 0176/20505063, II (ohne Frühstück)
Pz Böckmann, Dorfstr. 63, ✆ 61537, II (ohne Frühstück)
Pz Eckholt, Krummer Weg 35, ✆ 71162, II (ohne Frühstück)
Jugenherberge Cappenberger See, Richard-Schirrmann-Weg 7, ✆ 53546, II

Lünen-Gahmen

PLZ: 44532; Vorwahl: 02306
H Drei Linden, Lange Str. 71, ✆ 75760100, V-VI
H Ringhotel Am Stadtpark, Kurt-Schumacher-Str. 43, ✆ 20100, VI-VII
P Am Leezenpatt, Bismarckstr. 23, ✆ 206749, III
P Else Kettler, Wilhelm-Meier-Str. 40, ✆ 12465, II (ohne Frühstück)
Pz Wille, Blücherstr. 21a, ✆ 759453, III (ohne Frühstück)

Lünen-Lippholthausen

PLZ: 44536; Vorwahl: 02306
H City Partner Stadthotel Lünen, Dortmunder Str. 10, ✆ 1070, V-VI
H Lüner Brunnen, Brunnenstr. 91, ✆ 12192, III
P Wüstenhagen, Friedrichstr. 9, ✆ 14439, II (ohne Frühstück)
Pz Heimrath, An der Seilbahn 18, ✆ 0172/9470979, II

Marl

PLZ: 45768; Vorwahl: 02365
i i-Punkt, Marler Stern 10 D, ✆ 994310
H Parkhotel Marl, Eduard-Weitsch-Weg 2, ✆ 1020, V-VI
Hg Haus Overdieck, Hochstr. 33, ✆ 15481, II-IV
Gh Dorfkrug Münch, Kolpingstr. 1, ✆ 0172/2816663, II
Pz Gerd Eilmes, Sickingmühler Str. 126a, ✆ 172/2775804, III

Marl-Hamm

PLZ: 45768; Vorwahl: 02365
H Baumeister, Nordstr. 267, ✆ 24000, IV
P Borgmann, Buerer Str. 10, ✆ 2038235, II

Marl-Hüls

PLZ: 45770; Vorwahl: 02365
H Loemuhle, Loemühlenweg 221, ✆ 41450, VI
H Feierabendhaus, Lipper Weg 201, ✆ 696680, V-VI
H Lipper Hof, Lipper Weg 86, ✆ 35915, IV

Mintard (Mülheim)

PLZ: 45481; Vorwahl: 02054
H Lederfabrik, Düsseldorfer Str. 269, ✆ 488380, VI
H Mintarder Wasserbahnhof, August-Thyssen-Str. 129, ✆ 95950, V

Moers

PLZ: 47441; Vorwahl: 02841
i Stadtinfo, Neuer Wall 10, ✆ 201777

Moers-Repelen

PLZ: 47445; Vorwahl: 02841
H Wellings Romantik Hotel zur Linde, An der Linde 2, ✆ 9760, VI-VII
H Bürgerstuben, Rathausallee 169, ✆ 94250, V

H Haus Filtmann, Rheinberger Str. 497, ✆ 97220, IV
P Sadrosny, Orsoyer Allee 25, ✆ 931808, II
Pz Benigni, Wielandstr. 6, ✆ 9313119, II-III

Mülheim an der Ruhr

PLZ: 45468; Vorwahl: 0208

i Touristinfo im MedienHaus, Synagogenpl. 3, ✆ 960960

H Best Western, Hans-Böckler-Pl. 19, ✆ 308630, V-VII

H Gartenhotel Luisental, Trooststr. 2, ✆ 992140, IV-VI

H Handelshof, Friedrichstr. 15-19, ✆ 30880, V-VII

H Hotel am Ruhrufer, Dohne 74, ✆ 991850, VI-VII

H Alt Mülheim, Teinerstr. 24-26, ✆ 308740, V-VII

H Friederike, Friedrichstr. 32, ✆ 992150, V-VI

H Hopfen-Sack, Kalkstr. 23, ✆ 302320, IV-V

H Noy, Schlossstr. 28-30, ✆ 45050, V-VI

H Reck, Mahlen Str. 150, ✆ 70542, III

Jugendherberge Mülheim, Mendener Str. 3, ✆ 382191

Mülheim-Broich

PLZ: 45479; Vorwahl: 0208

H Am Schloss Broich, Am Schloss Broich 27, ✆ 993080, V-VI

Mülheim-Dümpten

PLZ: 45475; Vorwahl: 0208

H Kämpgens Hof, Denkhäuser Höfe 46, ✆ 996969, IV-V

H Dümptener Hof, Mellinghofer Str. 319, ✆ 996880, V

H Kuhn, Mellinghofer Str. 277, ✆ 790010, IV-V

Mülheim-Holthausen

PLZ: 45470; Vorwahl: 0208

H Haus Kastanienhof, Dimbeck 27, ✆ 32139, IV-VI

H Thiesmann, Dimbeck 56, ✆ 306890, V-VII

H Am Oppspring, Werdener Weg 47, ✆ 300460, V-VI

Mülheim-Raadt

PLZ: 45470; Vorwahl: 0208

Naturfreundehaus Ruhrtalhaus, Böllrodt 3, ✆ 373665, II-III

Mülheim-Speldorf

PLZ: 45478; Vorwahl: 0208

H Landhaus, Sassenhof, Schellhockerbruch 21-23, ✆ 999180, V-VI

Mülheim-Styrum

PLZ: 45476; Vorwahl: 0208

Gh Zum Jägermeister, Hauskampstr. 17, ✆ 404506, II-III

Oberhausen

PLZ: 46045; Vorwahl: 0208

i Tourist Information Oberhausen, Willy-Brandt-Pl. 2, ✆ 824570

H Residenz Oberhausen, Hermann-Albertz-Str. 69, ✆ 82080, VI-VII

H City Lounge Hotel Oberhausen Centre, Nohlstr. 88, ✆ 2996818, V

H NH Oberhausen, Düppelstr. 2, ✆ 82440, VI-VII

H Bauernstube, Lothringer Str. 162, ✆ 24574, IV-V

H Gasthof zum Rathaus, Freiherr-vom-Stein-Str. 41, ✆ 858370, V

H Hotel Garni, Saarstr. 48, ✆ 26721, III

Hg Im Europahaus, Friedensplatz 8, ✆ 859790, V-VI

Oberhausen-Alt-Oberhausen

PLZ: 46047; Vorwahl: 0208

H B&B Hotel Oberhausen-Centro, Brammenring 119, ✆ 882170, III

H Hamburger Hof, Essener Str. 331, ✆ 860327, III

H Haus Union, Schenkendorfstr. 13, ✆ 8808088, V

H Tryp Centro Oberhausen, Centroallee 280, ✆ 82020, V-VI

In Hostel Veritas, Essener Str. 259, ✆ 8690884, III-IV

Oberhausen-Buschhausen

PLZ: 46049; Vorwahl: 0208

H Haus Hagemann, Buschhausener Str. 84, ✆ 85750, V-Vi

H Zum Eisenhammer, Zum Eisenhammer 8, ✆ 850970, IV-V

Oberhausen-Holten

PLZ: 46147; Vorwahl: 0208

P Alt Holten, Wasserstr. 32, ✆ 689229, III

Oberhausen-Marienkirche

PLZ: 46049; Vorwahl: 0208

H Mercure Centro Oberhausen, Max-Planck-Ring 6, ✆ 44410, V-VI

Oberhausen-Osterfeld

PLZ: 46119; Vorwahl: 0208

H Im Volksgarten, Kapellenstr. 80, ✆ 6201234, IV

H Best Western Parkhotel Zur Bockmühle, Teutoburger Str. 156, ✆ 69020, V-VI

Recklinghausen

PLZ: 45657; Vorwahl: 02361

i Stadtverwaltung, Rathauspl. 3/4, ✆ 500

i City Management Recklinghausen GmbH, Am Lohtor 14, ✆ 306860

H Best Western Parkhotel Engelsburg, Augustinessenstr. 10, ✆ 2010, VI-VII

H Residenz Hotel am Festspielhaus, Josef-Wulff-Str. 75, ✆ 91710, V

H Barbarossa City-Hotel, Löhrhof 8, ✆ 30650, V

H Bürgerhof, Steinstr. 15, ✆ 22423, IV-V

H Am Bahnhof, Kunibertistr. 40, ✆ 909011, III-IV

H Kolping-Haus, Herzogswall 38, ✆ 22640, II-III

Hg Hotel Garni, Grafenwall 11, ✆ 25334, IV

Gh Albers, Markt 3, ✆ 95160, V-VI

Recklinghausen-Bockholt

PLZ: 45659; Vorwahl: 02361

H Landhaus Scherrer, Bockholter Str. 385, ✆ 10330, VII

Recklinghausen-Hillen

PLZ: 45665; Vorwahl: 02361

H Sporthotel Quellberg-Park, Holunderweg 3-9, ✆ 48050, V-VI

H Wüller, Hammer Str. 1, ✆ 94860, IV-V

Pz Thiel, Rügenstr. 88, ✆ 43921, II

Rheinberg

PLZ: 47495; Vorwahl: 02843

i Stadtverwaltung, Kirchpl. 10, ✆ 171-114

H Rheintor, Rheinstr. 63, ✆ 959380, V

Rheinberg-Budberg

PLZ: 47495; Vorwahl: 02843

H Landhaus Steinhoff, Bischof-Roß-Str. 24, ✆ 92920, V

P Merker, Eversaeler Str. 46, ✆ 4142, II-III (ohne Frühstück)

Pz Scheiler, An der Lehmkuhl 10, ✆ 160733, II (ohne Frühstück)

Pz Leutfeld, Bischof-Roß-Str. 8, ✆ 3292, II-IV (ohne Frühstück)

Rheinberg-Eversael

PLZ: 47495; Vorwahl: 02843

Pz Hausmann-Radau, Grafschafter Str. 3c, ✆ 2864

Rheinberg-Orsoy

PLZ: 47495; Vorwahl: 02844

H Orsoyer Hof, Hafendamm 2, ✆ 2111, V

P Schlafkammer Orsoy, Egerstr. 14, ✆ 901122, IV-V

Rheinberg-Ossenberg

PLZ: 47495; Vorwahl: 02843

H Schloss Ossenberg, Schloßstr. 81, ✆ 160395, VII

H Rheinberger, Kirchstr. 37, ✆ 9090938, IV

P Hamann, Mühlenweg 75, ✆ 908886, II (ohne Frühstück)

Schermbeck

PLZ: 46514; Vorwahl: 02853

i Touristinfo, Weseler Str. 2, ✆ 910-202

H Hecheltjen, Weseler Str. 24, ✆ 2214, IV

H Schermbecker Mitte, Mittelstr. 28, ✆ 2133, IV

H Zur Linde, Mittelstr. 96, ✆ 91360, V

Hg Ecco Schermbeck, Maassenstr. 1+3, ✆ 91930, V

Kolping-Begegnungsstätte, Windau 40, ✆ 2756

Schermbeck-Damm

PLZ: 46514; Vorwahl: 02853

Gh Pannebäcker, Malberger Str. 49, ✆ 2343, III

P Zum Fuchsbau, Üfter Weg 22, ✆ 4135, IV

Fw Dämmerwald, Brüner Weg 41, ✆ 5211, III-V

Campingplatz Wachtenbrink, Klein-Else-Weg 7, ✆ 6053

Schermbeck-Dämmerwald

PLZ: 46514; Vorwahl: 02865

Fw Appelbongert Landferien, Dämmerwalder Str. 44, ✆ 10457, III-V

Schermbeck-Gahlen

PLZ: 46514; Vorwahl: 02853

H Op den Hövel, Kirchstr. 71, ✆ 91400, V

H Zur Mühle, Kirchstr. 78, ✆ 918400, III-IV

P Holtkamp, Kirchstr. 37, ✆ 5898, III

Ev. Jugendfreizeitstätte Gahlen, Im Aap 23, ✆ 3591 od. ✆ 0209/1798151

Campingplatz Hohes Ufer, Hünxer Str. 72, ✆ 2480

Campingplatz Brückenweg, Brückenweg 135, ✆ 5583

Campingplatz Im Wiesengrund, Im Aap 69, ✆ 2461 od. ✆ 0173/5132978

Schwerte
PLZ: 58239; Vorwahl: 02304
Touristik-Information Schwerte, Brückstr. 14, ✆ 104-777
H Alte Marktschänke, Hagener Str. 35, ✆ 16840, V
H Ostentor, Schützenstr. 3, ✆ 16298, IV
Hg Reichshof, Bahnhofstr. 32, ✆ 16004, V-VI
Pz Graudejus, Holzener Weg 41, ✆ 259873
Naturfreundehaus Schwerte, Waldstr. 30, ✆ 40967
Bootshaus Kanu- und Surf-Verein Schwerte e.V., Detlef-Lewe-Weg 1, ✆ 16641

Schwerte-Geisecke
PLZ: 58239; Vorwahl: 02304
Gh Wellenbad, Zum Wellenbad 7, ✆ 4879, V

Schwerte-Wandhofen
PLZ: 58239; Vorwahl: 02304
Gh Zum Ruhrtal, Hagener Str. 178, ✆ 9106590

Schwerte-Westhofen
PLZ: 58239; Vorwahl: 02304
H Haus Breer, Reichshofstr. 104, ✆ 67031
Naturfreundehaus Jugendtagungsstätte Ebb, Ebberg 1, ✆ 67164

Unna
PLZ: 59423; Vorwahl: 02303
i-Punkt, Lindenpl. 1, ✆ 103777
H Ringhotel Katharinen Hof, Bahnhofstr. 49, ✆ 9200, VI-VII
H Kraka, Gesellschaftsstr. 10, ✆ 22022, IV-V
H Nachtwächter, Schulstr. 1, ✆ 12449, V-VII
H Saga, Herderstr. 5, ✆ 239916
H Kauke, Iserlohnerstr. 61, ✆ 80185, II
Gh Breucker, Iserlohner Str. 2, ✆ 80745, II-III
Gh Kolpinghaus, Klosterstraße 77, ✆ 12472, II-III
Pz Paduch, Schützenhof 28, ✆ 330036, II

Unna-Königsborn
PLZ: 59425; Vorwahl: 02303
H Brüggemann, Kamener Str. 34, ✆ 60281, III-IV

Unna-Massen
PLZ: 59427; Vorwahl: 02303
H Heidehof, Massener Heide 22, ✆ 83130, IV-V

Voerde
PLZ: 46562; Vorwahl: 02855
Stadtverwaltung, Rathausplatz 20, ✆ 800
H Hinnemann-Tekaat, Bahnhofstr. 88, ✆ 2211, V,
H Niederrhein, Friedrichsfelder Str. 15, ✆ 9620, V-VII
H Saathoff, Hindenburgstr. 93, ✆ 8291000, V-VI
Gh Schänzer, Mehrumer Str. 74, ✆ 6841, II,
Gh Röhl-Kretschmer, Bülowstr. 10, ✆ 41658, I,
Gh Henn-op-den-Damm, Hindenburgstr. 214, ✆ 2674, I,

Voerde-Götterswickerhamm
PLZ: 46562; Vorwahl: 02855
Pz "Rheinwacht", Dammstr. 46, ✆ 306163, IV-V

Voerde-Friedrichsfeld
PLZ: 46562; Vorwahl: 0281
H Am Nordturm, Am Nordturm 11, ✆ 206090, IV-V
Gh Voerde, Poststr. 72, ✆ 942880, IV-V

Waltrop
PLZ: 45731; Vorwahl: 02309
Stadtverwaltung, Münsterstr. 1, ✆ 9300
H Kranefoer, Hilberstr. 12, ✆ 95230, V-VI
H Sonnenhof, Ickerner Str. 113, ✆ 79022, IV-V
H Hotel am Park, Bahnhofstr. 146, ✆ 78750, IV-VI
Hg Haus der Handweberei, Bahnhofstr. 95, ✆ 96090, V
Hg Kaufhold, Bahnhofstr. 95, ✆ 96090, VI
Campingplatz Königsmoor, Marktfelder Weg 79, ✆ 4337
Campingplatz Rewinkel, Ickerner Str. 1, ✆ 40674

Werne
PLZ: 59368; Vorwahl: 02389
Stadtmarketing, Markt 19, ✆ 534080
H Am Kloster, Kurt-Schumacher-Str. 9, ✆ 526140, V-VI
H Am Solebad, Lünener Str. 2, ✆ 98800, V
H Baumhove "Am Markt", Markt 2, ✆ 989590, V-VI
H Hotel "Sim-Jú", Stockumer Str. 8, ✆ 953930, V
H Ickhorn, Markt 1, ✆ 98770, V
H Stockumer Hof, Werner Str. 125, ✆ 95070, IV-V
H Kolpinghaus, Alte Münsterstr. 12, ✆ 98500,

V
H Zwölf Bäume, Burenkamp 19, ✆ 3279, III
H Hubertus Hof, Hellstr. 22, ✆ 8090, IV-V
P Dahlkamp, Feldstr. 1, ✆ 3755, II (o. Frühstück)

Wesel

PLZ: 46483; Vorwahl: 0281
i Weseler Verkehrsverein e.V./Stadtinformation Wesel, Großer Markt 11, ✆ 24498
H Galland, Reeser Landstr. 2, ✆ 21570, IV
H Kaiserhof, Kaiserring 1, ✆ 339320, V,
H Zur Aue, Reeser Landstraße 14, ✆ 21000, III-V
Pz Bellevue, Jülicher Str. 1, ✆ 60593, II
Pz Zwar, Im grünen Winkel 3, ✆ 70226, II
Pz Grunwald, Viehtor 18, ✆ 24988, IV
Pz Kilian, Leopold-Jahn-Str. 2, ✆ 7103646, II

Wesel-Lackausen

PLZ: 46485; Vorwahl: 0281
H Haus Duden, Konrad-Duden-Str. 99, V-VI

Wesel-Obrighoven

PLZ: 46485; Vorwahl: 0281
Fw Ferienhof Häsel, Am Klosskamp 41, ✆ 51150, III

Wetter

PLZ: 58300; Vorwahl: 02335
i Stadtmarketing für Wetter e.V., Kaiserstr. 78, ✆ 840188
H Westfälischer Hof, Kaiserstr. 129, ✆ 4413, IV-V

Wetter-Wengern

PLZ: 58300; Vorwahl: 02335
H Elbschetal, Schmiedestr. 2, ✆ 84730, V
H Henriette Davidis, Trienendorfer Str. 8, ✆ 7411, IV-V
P Wengern, Kirchstr. 1, ✆ 9750, IV-V
P Zur Eiche, Wilhelmstr. 20, ✆ 17239, III

Witten

PLZ: 58452; Vorwahl: 02302
i Stadtmarketing Witten GmbH, Tourist & Ticket Service, Marktstr. 7, ✆ 12233
H Ringhotel Parkhotel Witten, Bergerstr. 23, ✆ 5880, V-VI
H Dünnebacke, Breddestr. 36, ✆ 56450, II-IV
H Amtsgericht, Gerichtsstr. 41, ✆ 24617, III-IV
Hg Haus Ulland, Poststr. 8, ✆ 580040, III-V
Gh Stoppel, Bellerslohstr. 12, ✆ 57898, II

Witten-Annen

PLZ: 58453; Vorwahl: 02302
H Specht, Westfalenstr. 104, ✆ 6713, V
H Georg, Stockumer Str. 31-37, ✆ 960260, V
H Hoppe, Stockumer Str. 6, ✆ 60307, V
H Peters Burg, Ardeystr. 306, ✆ 98710, V
H Haus Hohenstein, Hohenstein 32, ✆ 580000, III
Pz Liesenhoff, Bebelstr. 18, ✆ 699137, II-III
Pz Lohrmann, Herdecker Str. 105a, 690225, II (ohne Frühstück)

Witten-Bommern

PLZ: 58452; Vorwahl: 02302
H Reesenhof, Bodenborn 64, ✆ 390057, V

Witten-Heven

PLZ: 58455; Vorwahl: 02302
Gh Schewe, Am Steinberg 18b, ✆ 423896, II

Ortsindex

Einträge in *grüner Schrift* beziehen sich aufs Übernachtungsverzeichnis.

Ortsindex

Einträge in *grüner Schrift* beziehen sich aufs Übernachtungsverzeichnis.